Isarwinkel
Bad Tölz, Lenggries, Walchensee

Christian Schneeweiß

⬇ *GPX-Daten zum Download*
www.kompass.de/gpx

Kostenloser Download der GPX-Daten der im Wanderführer enthaltenen Wandertouren. Mehr Informationen auf Seite 3.

AUTOR

Christian Schneeweiß • 1963 in Saarbrücken geboren, studierte Geographie und Ökologie an der TU München. Als freiberuflicher Bergjournalist veröffentlicht der Allroundbergsteiger Artikel in Zeitschriften wie „Bergsteiger", „Trekking" oder „Ötztal-Magazin" und schrieb Lehrbücher und Führer über Skitouren und Schneeschuhwandern. Seine Haupttätigkeit besteht allerdings in der Erstellung von Kaufberatungen. „Ich war schon europaweit, in Nordamerika und dem Karakorum zum Bergsteigen, bin aber am liebsten in den heimatnahen Bergen vom Isarwinkel übers Karwendelgebirge bis zum Werdenfelser Land unterwegs, gerne abseits ausgetretener Wege."

VORWORT

Über sattgrünen Bauernwiesen mit braungefleckten Kühen erheben sich sanft gerundete, dunkelgrüne Waldberge, die in meist 1300 bis 1600 Meter hohen Almrücken und Gipfeln voller Blumenpracht kulminieren. Darin eingebettet strömt durch ein liebliches, weit offenes Tal der Wildfluss der Isar, nachdem sie das schroffere Vorkarwendel durchflossen und den idealtypisch gipfelumstandenen Walchensee über einen Wasserstollen aufgefüllt hat.

Bereits auf der Fahrt in den Isarwinkel erhebt sich als zentraler Kulminationspunkt die bei Föhn von München sichtbare Mauer der Benediktenwand (1801 m) aus dem grünen Alpenvorland.

Zu jeder Jahreszeit zeigen die Berge des Isarwinkels ein anderes Gesicht, lässt sich eine andere Blumenauswahl betrachten, auf einer anderen Seite aufsteigen. Wer auf den Gipfeln steht, ist erstaunt über die unerwartete Reichweite des Bergpanoramas vom schroffen Hochkarwendel- und Wettersteingebirge über die Stubaier und Zillertaler Alpen jenseits des Inntals bis zu den fernen Hohen Tauern mit der weißen Pyramide des Großvenedigers und dem dunklen Felshorn des Großglockners.

Ich wünsche viel Freude, Erholung und interessante Wanderungen im Isarwinkel.

Christian Schneeweiß

ORIENTIERUNG MIT GPS

Für Navigationsgeräte und Apps haben wir auf unserer Webseite alle Touren im GPX-Format zum Download bereitgestellt:

www.kompass.de/gpx

Hier findet man alle weiteren Information. Einfach das richtige Produkt auf der Seite auswählen, die Daten herunterladen und auf das Zielgerät oder in die gewünschte App importieren.

Mehrwert mit Spaßfaktor: Ob vorab zur Planung, als Sicherheit für Unterwegs oder zum Erinnern und Archivieren der gegangenen Tour. Die digitale Wanderroute ist in vielerlei Hinsicht wertvoll. Ein Blick auf die Daten hilft neues zu Entdecken und liefert Inspirationen für die nächsten Touren. Alle Wandertouren aus diesem Führer stehen im GPX-Format kompakt und genau zur Verfügung.

Was ist ein GPX-Track? GPX ist ein Datenformat für Geodaten. Das Wort GPS steht für Global Positioning System (Globales Positionsbestimmungssystem). Mit einem GPX-Track bekommt man die rote Linie, also den Wanderpfad, als geografische Koordinaten.

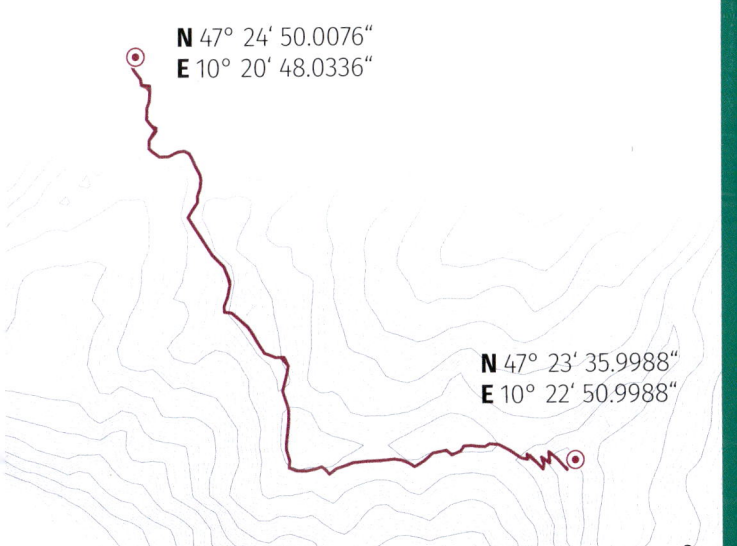

N 47° 24' 50.0076"
E 10° 20' 48.0336"

N 47° 23' 35.9988"
E 10° 22' 50.9988"

INHALT UND TOURENÜBERSICHT

Tour   Seite

Vorwort 2   Das Gebiet 14
Inhalt und Tourenübersicht 4   Meine Highlights 18
Gebietsübersichtskarte 12

01	Rechelkopf	20
02	Sonntraten (Schürfenkopf)	23
03	Isar-Runde	26
04	Wackersberg-Runde	29
05	Blomberghaus	32
06	Zwieselberg	35
07	★ Zwieselberg-Runde	38
08	Neulandhütte	41
09	Probstwand (Hennenkopf)	44

Blick über den Brauneckkamm mit dem Stangeneck.

ANHANG
Alles außer Wandern.............. 212
Übernachtungsverzeichnis ... 216
Orte/Tourismusbüros............. 218
Zufahrten/Bergbahnen.......... 219
Gasthöfe und Berghütten 220
Register 222

km	h	hm	hm	🚩	🚌	🚡	🍴	▲	❄	🚲	🛏	Karte
6	3:15	655	655	✓				✓				182
5	2:30	370	370	✓				✓	✓			182
7	2:00	70	70	✓	✓			✓			✓	182
8	2:30	93	93	✓	✓		✓	✓			✓	182
8	3:00	493	493	✓	✓	✓	✓			✓	✓	182
8	3:15	666	666	✓	✓			✓				182
10	3:30	642	642	✓			✓	✓				182
10	3:15	544	544	✓				✓	✓	✓		182
11,75	5:15	824	824	✓				✓				182

Die schroffe Südseite der Achselköpfe über der Scharnitzalm.

INHALT UND TOURENÜBERSICHT

Tour		Seite	
10	Benediktenwand	47	🧗
11	Brauneck – Benediktenwand	50	⭕
12	Brauneck-Runde	54	⭕
13	Denkalm-Runde	57	⭕ 🧸
14	Geierstein	59	🧗
15	Hohenburgrunde	61	⭕ 🧸
16	Fockenstein	65	🧗
17	Hirschbachtal-Umrundung	68	⭕
18	Kampen-Überschreitung	72	⭕
19	Seekarkreuz	75	🧗 🧸
20	Grasleitenkopf	78	⭕ 🧸
21	Winkl-Mühlbach-Runde	81	⭕ 🧸
22	Schönberg	84	🧗
23	Hochplatte	87	⭕
24	Roßstein	90	🧗
25	Hochalm von Norden	93	🧗
26	Hochalm von Süden	95	🧗 🧸
27	Juifen	98	🧗
28	Demeljoch	103	🧗
29	Hölzelstaljoch	106	🧗
30	Lerchkogel	111	🧗
31	Stierjoch-Runde	114	⭕
32	Grasköpfel	119	🧗
33	Schafreuter (ex Scharfreiter)	123	⭕
34	Vorderskopf	126	🧗

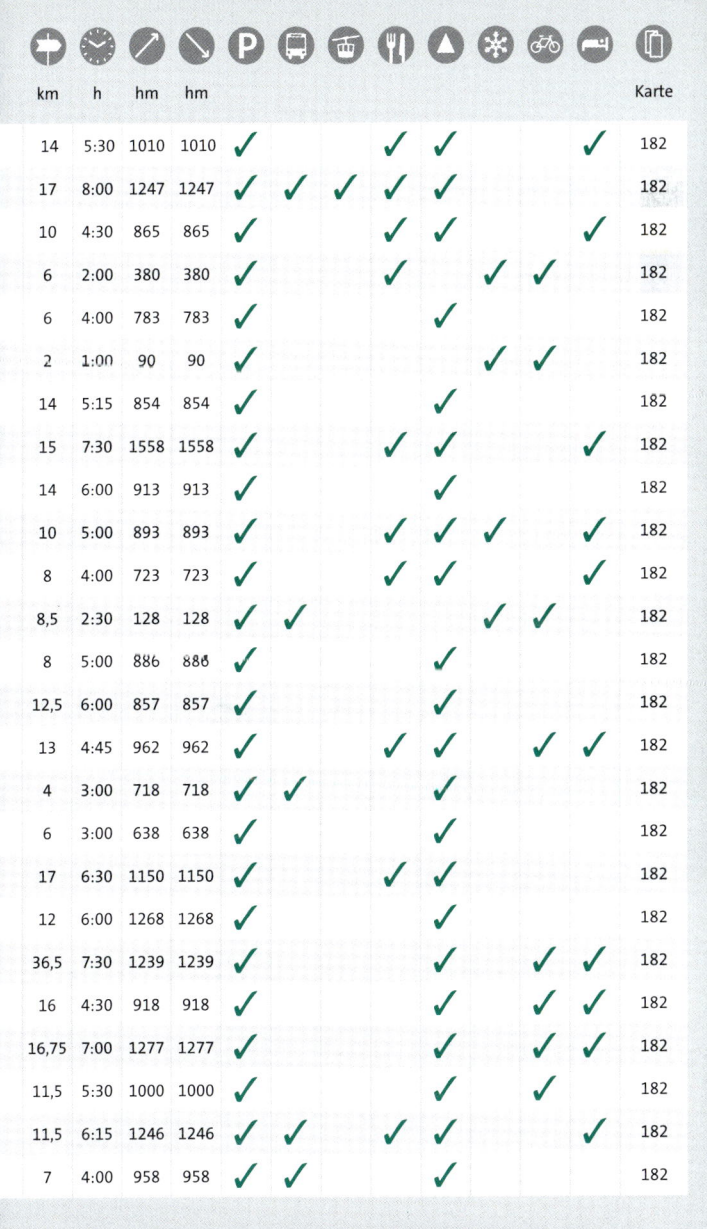

km	h	hm	hm	🚏	🅿	🚌	🚠	🍴	⚠	❄	🚲	🛏	Karte
14	5:30	1010	1010	✓				✓	✓			✓	182
17	8:00	1247	1247	✓	✓	✓		✓	✓				182
10	4:30	865	865	✓				✓	✓			✓	182
6	2:00	380	380	✓				✓		✓	✓		182
6	4:00	783	783	✓				✓					182
2	1:00	90	90	✓						✓	✓		182
14	5:15	854	854	✓				✓					182
15	7:30	1558	1558	✓				✓	✓			✓	182
14	6:00	913	913	✓				✓					182
10	5:00	893	893	✓				✓	✓	✓		✓	182
8	4:00	723	723	✓				✓	✓			✓	182
8,5	2:30	128	128	✓	✓					✓	✓		182
8	5:00	886	886	✓				✓					182
12,5	6:00	857	857	✓				✓					182
13	4:45	962	962	✓				✓	✓		✓	✓	182
4	3:00	718	718	✓	✓			✓					182
6	3:00	638	638	✓				✓					182
17	6:30	1150	1150	✓				✓					182
12	6:00	1268	1268	✓				✓					182
36,5	7:30	1239	1239	✓				✓			✓	✓	182
16	4:30	918	918	✓				✓			✓	✓	182
16,75	7:00	1277	1277	✓				✓			✓	✓	182
11,5	5:30	1000	1000	✓				✓			✓		182
11,5	6:15	1246	1246	✓	✓		✓	✓				✓	182
7	4:00	958	958	✓	✓			✓					182

INHALT UND TOURENÜBERSICHT

Tour		Seite	
35	Krapfenkarkamm	129	⟳
36	Hoher Grasberg	134	⟨⟩
37	Ochsenstaffel	137	⟨⟩
38	Rund um den Spitzberg	141	⟳
39	Staffel-Runde	144	⟳ 🐻
40	Schronbachtal mit Falkenwand	147	⟨⟩ 🐻
41	Latschenkopf (Jachenau)	151	⟳ 🐻
42	Rautberghütte	154	⟨⟩
43	Benediktenwand via Altweibersteig	157	⟨⟩
44	Rabenkopf von Süden	160	⟨⟩
45	Hirschhörnlkopf	163	⟨⟩ 🐻
46	Königshütte am Hochkopf	165	⟳ 🐻
47	Simetsberg	168	⟨⟩

Blick über die grüne Kuppe der Hochplatte auf Roß- und Buchstein.

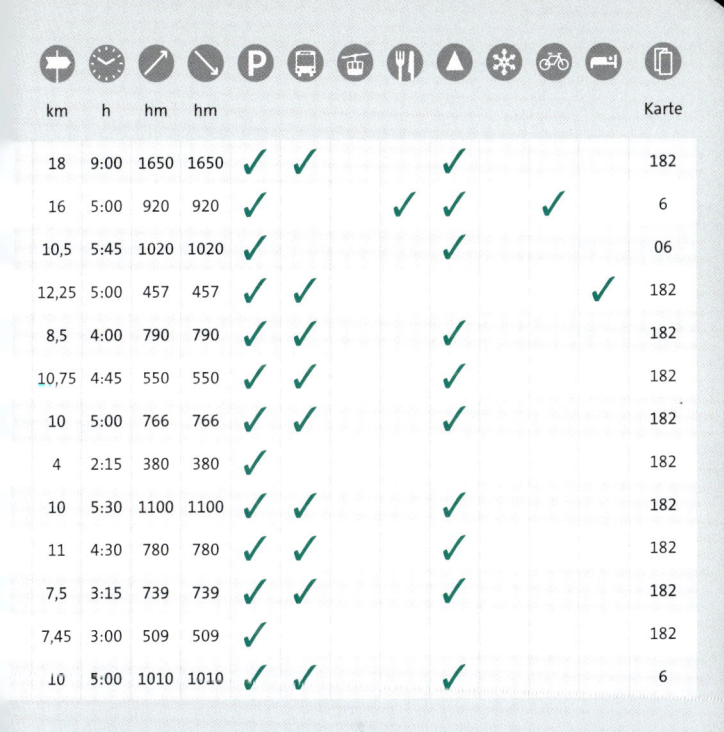

km	h	hm	hm	🧭	🕐	⊘	🧭	Ⓟ	🚌	🚠	🍴	▲	❄	🚲	🛏	📱	Karte
18	9:00	1650	1650	✓	✓						✓						182
16	5:00	920	920	✓					✓	✓				✓			6
10,5	5:45	1020	1020	✓							✓						06
12,25	5:00	457	457	✓	✓											✓	182
8,5	4:00	790	790	✓	✓						✓						182
10,75	4:45	550	550	✓	✓						✓						182
10	5:00	766	766	✓	✓						✓						182
4	2:15	380	380	✓													182
10	5:30	1100	1100	✓	✓						✓						182
11	4:30	780	780	✓	✓						✓						182
7,5	3:15	739	739	✓	✓						✓						182
7,45	3:00	509	509	✓													182
10	5:00	1010	1010	✓	✓						✓						6

Panorama vom Stierjoch im Vorkarwendel mit Delpsee und Schafreuter.

INHALT UND TOURENÜBERSICHT

Tour		Seite	
48	Heimgartenrunde	171	🔄
49	Rötelstein	174	🔄 🐻
50	Guglhör-Rundweg	177	🔄 🐻
51	Heimgarten von Norden	180	🔄
52	Kochelsee-Runde	183	🔄 🐻
53	Herzogstand	186	🔄 🐻
54	Jochberg	189	🔄 🐻
55	Jochbergrunde	192	🔄
56	Jakobsweg-Abschnitt	195	🔄 🐻
57	Sonnenspitz	199	🔄
58	Lainbachfall-Runde	202	🔄 🐻
59	Rabenkopf von Nordwesten	206	🔄
60	Benediktenwand via Tutzinger Hütte	209	🔄

Malerisch: Kochel am See.

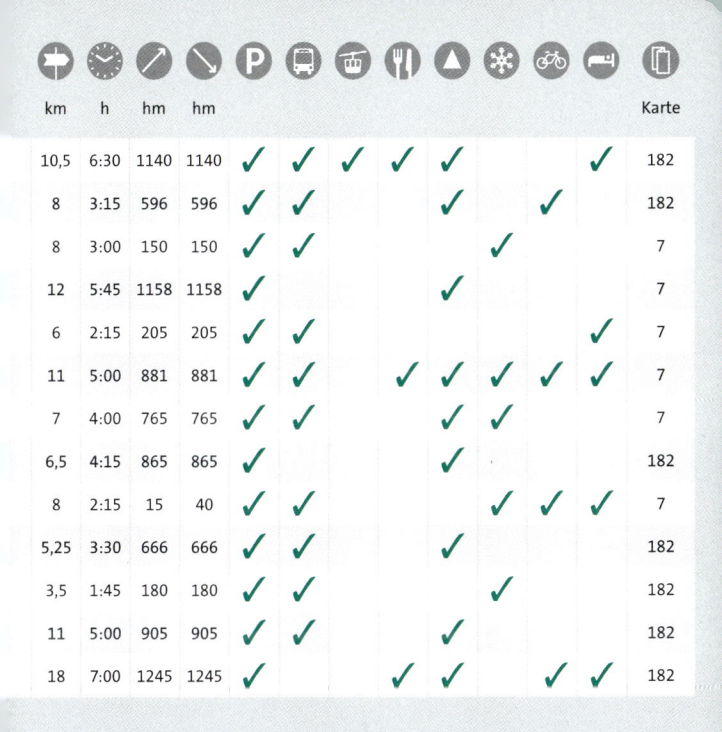

km	h	hm	hm	🅿	🚌	🚠	🍴	⚠	❄	🚴	🛏	Karte
10,5	6:30	1140	1140	✓	✓	✓	✓	✓			✓	182
8	3:15	596	596	✓	✓			✓		✓		182
8	3:00	150	150	✓	✓				✓			7
12	5:45	1158	1158	✓				✓				7
6	2:15	205	205	✓	✓						✓	7
11	5:00	881	881	✓			✓	✓	✓	✓	✓	7
7	4:00	765	765	✓	✓			✓	✓			7
6,5	4:15	865	865	✓				✓				182
8	2:15	15	40	✓	✓				✓	✓	✓	7
5,25	3:30	666	666	✓	✓			✓				182
3,5	1:45	180	180	✓	✓				✓			182
11	5:00	905	905	✓	✓			✓				182
18	7:00	1245	1245	✓			✓	✓		✓	✓	182

Gleitschirmstart am Brauneck im Angesicht der Zugspitze.

GEBIETSÜBERSICHTSKARTE

Peretshofen
Thankirchen
Klosterkirche M. Himmelf.
Klein-
Sufferloh
Schmidham
Klosterkirche St. Peter u. Paul
Weyarn
Manharts-hofen
Dietramszell
Hackensee
Groß-hartpenning
Oster-warngau
Neukchn.
Seehamer See
Isar
Bairawies
Warngau
Thalham
Reichers-dorf
Osterhofen
Hechenberg
Kirchsee
Ober-warngau
Großpienzenau
Königsdorf
Klosterkirche Maria Verkünd.
Piesenkam
Reitham
Haidhub
Kleinpienzenau
Huppenberg
Abrain
Sachsenkam
Jehl
Böttberg
Wallenburg
Kreut
Kirchbichl
Feichten
Bernloh
Mangfall
Krauthof
Miesbach
Schaftlach
Wall
Lichtenau
Thal
Ellbach
Müller am Baum
Unterbuchen
(657)
Bad Tölz
Waakirchen
Moosrain
Festenbach
Reichersbeuern
Hauserdorfl
Dürnbach
Agatharied
Stallauer Weiher
Alpamare
Greiling
Gmund am Tegernsee
Hausham
M. Himmelf.
Finsterwald
Bad Heilbrunn
Gaißbach
Marienstein
Kaltenbrunn
Ostin
Schliersee
Wackersberg
Gasse
Am See
Rainer-B. 1166
Blomberg 1248
Mühle
Bade Park
Tegernsee
1264
Breitenbach
Zwiesel-B. 1348
Isar
Lucken-K.
Ostiner Berg
Schliersee
Arzbach
Kellern
Bad Wiessee
Tegernsee
Schloss Tegernsee
Untermberg
1370
Abwinkl
Baumgarten-schneid 1449
Josefsthal
Schlegldorf
Winkel
St. Laurentius
Baunköpfl-A.
Lenggries
Rottach-Egern
Deutsche Alpenstraße
Enterrottach
Anger
Hohenburg
Scharling
Wallberg 1722
Rottachfall
Hirsch-B. 1668
Brunnbichl
Benediktenwand 1801
Brauneck-Hs.
Wegscheid
Almbach
XI-IV
XI-V
Fleck
Kreuth
Ortereralm
Klaffenbach
Roßstein 1698
Risser-Kogel 1826
Jachenau
Tannern
Hohenwiesen
Glashütte
Wildbad-Kreuth
Mangfallgebirge
1420
Klammbachfall
Rothkogel 1687
Achenpass (941)
Hüfen
Gerstenrieder Kopf
Halserspitz 1863
Staffel 1532
Guffert-H.
Sylvenstein-speicher
Isartal
Achenbach
Fall
Klammbach-A.
Isar
Juifen 1988
Guffertspitze 2195
Leiten
Achental
Kotzen 1765
Großzemm-A.
Achenkirch
Wildgehege
2078
Vorderunnutz
Schafreuter 2100
Achensee
Steinberg am Rofan
2022
Tölzer H.
Schrecken-Sp.
Schrahnbach-A.
Achensee-straße
Rofangebirge
Fleischbank 2026
Kot A.
Roßkogel 1940
Grasberg-A.
Mondschein-Sp. 2106
Seeberg-Sp. 2085
2260
2299
Rißtal
XI-V
Achensee
Gernalm
Hochiss
Rofanspitze
Pertisau
XI-IV
Buchau
Erfurter Hütte
Kramsach
Lalíderer Falk 2428
Asten
Kleiner Ahorn-boden
2287
Häusern
1483
Zwölfer-K.
Maurach
Münster
Barth-Denkmal
Bettlerkar-Sp.
Achenseebahn
Achensee-Zillertal
Karwendelgebirge
20%
Wiesing
Großer Ahorn-boden
Eben am Achensee
St. Gertraudi
Rappen-Sp. 2224
Stanser J. 2102
Strass im Zillertal
Falken-H.
Jenbach
Schl. Tratzberg
Rotholz
Grubenkarspitze
318
13
472
307
181
1
2
3
4
5
6
7
8
9-10
11
12
13
14, 16, 18-20
15
17
21
22-24
25
26
27
28
29-30
31
32
34
39
40
41, 43

DAS GEBIET

Die grüne Lunge der Nordalpen

Im Haupttal des grünen Isarwinkels, dem Isartal, bestimmen Wildfluss-Auen mit Weidengebüsch und breiten Kiesbetten das Landschaftsbild, zwischen Bad Tölz und Lenggries umrahmt von Bauernwiesen in langen Flurstreifen, die sich auf 800 bis fast 1100 Meter die Hänge hochziehen. In der zahmen, ebenen Jachenau dagegen herrschen Talwiesen-Rodungen um die verstreuten Weiler vor. Im Vorkarwendel südlich des Isartals sind die Berge noch grün, aber höher, steiler und felsiger. Tiefgründige Berghänge und rundere Gipfel sind mit großflächigen Almen garniert, besonders im langen Bächental. Die Walchenseeberge im Westen sind stärker bewaldet, brechen am Kochelsee abrupt ins Alpenvorland ab (vom Herzogstand zum Seespiegel 1130 Höhenmeter) und besitzen größere Almen nur unterhalb der latschenbewachsenen, felsigen Gipfel.

Der die niedrigen Höhenlagen des Gebirges dominierende Hangwald besteht überwiegend aus forstwirtschafts-freundlicher Fichte; Tannen sind jedoch in regenreichen und tiefgründigen westlichen und nördlichen Staulagen ebenso wenig eine Seltenheit wie Buchenmischwälder. Lärche (im höheren Vorkarwendel), Kiefer (am Ochsensitzer Kamm) und der meist vereinzelt vorkommende Bergahorn sind dagegen eher selten anzutreffen. Viele der häufig flachen Bergkämme bis 1600 Meter sowie darunter befindliche Hänge und Kessel werden von den Isarwinkler und Oberländer Bauern als nährstoffreiche und rasch nachwachsende Almweiden fürs Jungvieh verwendet. Die teils wie ein Schwamm vollgesogenen Flächen sind mit Kuhtritten übersät – eine trügerische Idylle für unwissende Wanderer abseits der Wege. Die oberhalb der Waldgrenze bisweilen lästigen, bei Sonne aufheizenden Krummholzgewächse der Latschenkiefern gibt es wegen der niedrigen Höhe der Voralpen fast nur in der Benediktenwand-Gruppe, im Vorkarwendel und den westlichen Walchenseebergen.

Während der ganzen Wandersaison vom Spätfrühling bis zum Spätherbst erfreuen die Farbtupfer ständig wechselnder Blumengemeinschaften auf Mähwiesen (Mähdern) und Almen das Herz des Bergwanderers. Eher blauen Blumen wie Enzian (v. a. Stengelloser und „Schusternagerl"), Kreuzblume, Eisenhut und Glockenblumen folgen die weißen wie Maiglöckchen, Salomonsiegel, Sterndolden und Waldvöglein, dann die roten wie Türkenbundlilie, „Almrausch", Alpendost und Heckenrose und die gelben wie Gamswurz, Wolfs-Eisenhut und „Schnapsenzian".

Die Tierwelt hat neben dem Standardwild von Reh (Waldzone) und Gämse (aufgelassene Almen, Steilwälder und Latschenzone) einige Besonderheiten zu bieten: einen starken Hirschbestand, der vom Rückzugsgebiet des Rißtals entlang der Isar Richtung München vordringt; Adler und Rauhfußhühner wie Schneehuhn oder Birkhahn im Vorkarwendel; und als besonderes „Schmankerl" Steinböcke, die sich oft frei von Scheu auf der Benediktenwand zeigen (ca. 70 Tiere) und in den Bergen um das von Fall ins Karwendel ziehende Bächental leben.

Auf dem Brauneck-Kamm, im Hintergrund die Zugspitze.

Wandern im Isarwinkel

Im Isarwinkel lässt sich mit leichtem Gepäck losziehen: Die meisten Wanderungen und Bergtouren sind Halbtagestouren, und an den populäreren Bergen wartet eine bewirtete Berghütte oder Alm auf den nicht allzu erschöpften Wanderer. Sie sind kürzer und übersichtlicher als auf den großen Bergen der Kalk- und Zentralalpen: Der Charakter ist weniger ernst. Genau deshalb ist der Isarwinkel ein Wanderparadies, das man vor allem wegen der lieblichen Landschaft unter die Füße nimmt – wenn die nicht gerade im Frühjahrs-Morast oder unter einer Weg-Wurzel steckenbleiben: Der Zustand einiger Wanderpfade ist miserabel. Gut profilliertere Trekkingschuhe mit nicht zu fester Sohle, die zur Stabilisierung über den Knöchel reichen und wasserdicht sein sollten, sind deshalb für jeden ein Muss, der seine Gebietskenntnis nicht auf langwierige geschotterte Fahrwege beschränken will – die sich übrigens für die wachsende Zahl der Rad-Zufahrer bestens eignen. Einige der häufiger begangenen Wanderrouten wie von Gaißach zum Rechelkopf oder von Lenggries zum Seekarkreuz wurden in den letzten Jahren saniert.

Zusätzlich sind in diesem Führerhandbuch einige Routen beschrieben, die größtenteils Jägersteige benutzen und meist eine gute Orientierungsfähigkeit verlangen, gelegentlich Schwindelfreiheit und in einigen Fällen sogar etwas Kraxeln verlangen. Das Wandergebiet reicht über den eigentlichen Isarwinkel (das Isartal zwischen Bad Tölz und Sylvensteinsee plus die Jachenau) hinaus ins Vorkarwendel (oberes Isar- und Rißtal) und im Westen bis zu den Bergen um Walchensee und Kochelmoos.

DAS GEBIET

Wanderausrüstung für den Isarwinkel: Leichter Rucksack, Karte, Stöcke.

Wandern im Winter

Im Winter lassen sich die meisten Tal- und Hüttenwanderungen auf geräumten Fahrwegen begehen. Zusätzlich gibt es beliebte, eingetretene Winteraufstiege auf Sommerwegen wie am Jochberg, die gerne unterschätzt werden (Spikes/Grödeln und Gamaschen sinnvoll). Zur Sicherheit sollte man beim örtlichen Tourismusverband nachfragen. Die meisten übrigen Aufstiege sind bei Schneelage nur mit Schneeschuhen (oder Skiern wie am Schönberg) begehbar und erfordern dann Orientierungsvermögen sowie Konditon fürs Spuren. Schwere Routen sind im Winter erfahrenen, konditionsstarken Alpinisten vorbehalten.

Fernwanderweg E4

Durch den Isarwinkel zieht sich ein Streckenabschnitt des Europäischen Fernwanderwegs E4 (vom Bodensee nach Berchtesgaden). Streckenverlauf der Alpin-Variante, auch Maximiliansweg genannt: Eschenlohe im Loisachtal – Heimgarten – Herzogstand/Herzogstandhaus – Kesselbergpass/evt. Urfeld am Walchensee – (Südseiten) Jochberg und Rabenkopf – Benediktenwand/Tutzinger Hütte – Brauneck/-hütte – Lenggries im Isartal – Geierstein – Fockenstein – Bad Wiessee am Tegernsee.

ALLGEMEINE TOURENHINWEISE

SCHWIERIGKEITSGRADE

■ LEICHT
Talwanderungen und Bergwanderungen bis 500 Höhenmeter Steigung, die Fahrwege verwenden. Hier reichen profilierte Schuhe aller Art aus. Bei Talwanderungen, die teils Wiesenpfade verwenden, empfehlen sich nach Regen wasserdichte Schuhe.

■ MITTEL
Wanderwege und -pfade bis 1200 Höhenmeter Steigung, deren Zustand nicht immer gut ist (Abschnitte ausgewaschen, glitschig, steinig, wurzelig oder matschig). Gut profilierte Trekkingschuhe mit weicherer Sohle und etwas Trittsicherheit notwendig. Einige Touren besitzen unmarkierte Passagen. Trekkingstöcke empfehlenswert.

■ SCHWER
Erfordert: a) gute Kondition, weil außergewöhnlich lang; b) gutes Orientierungsvermögen, da teils auf unmarkierten Steigen mit evtl. weglosen Passagen; oder c) unbedingte Trittsicherheit und Schwindelfreiheit sowie evtl. etwas Kletterkönnen, weil sie passagenweise durch heikles oder ausgesetztes Gelände führen. Bergschuhe mit härterer Sohle (außer langen Touren) und Trekkingstöcke.

HINWEIS
Gehzeiten und Schwierigkeitsbewertungen können nur Richtwerte sein. Objektive Faktoren wie das Wetter und individuelle Voraussetzungen gilt es zu berücksichtigen!

EINKEHRMÖGLICHKEITEN
Das Einkehrsymbol bezieht sich auf Einkehrmöglichkeiten unterwegs. Da sich die Öffnungszeiten saisonal und regional sehr unterscheiden, sollten Sie sich vorab über Übernachtungs- und Einkehrmöglichkeiten informieren. Infos S. 216/218/220.

MEINE LIEBLINGSTOUR

Die ideale Isarwinkler Frühlingstour mit einem Wechsel von Wiesen und Waldhängen führt über die sanft gerundeten Almrücken von Heiglkopf und Blomberg auf den aussichtsreichen Zwiesel (Tour 7). Die sichere, kindertaugliche Runde ist nur zwischen Blombergbahn-Bergstation und Zwiesel viel begangen. Etwaiger Langeweile stehen eine Freiluft-Skulpturengalerie und die Einkehr im Blomberghaus entgegen. Neben der Nahsicht aufs liebliche Isartal und die schroffe Benediktenwand reicht die Fernsicht am 1348 m niedrigen Gipfel unerwarteterweise über den Rofan bis zum firnweißen Großvenediger in den Hohen Tauern.

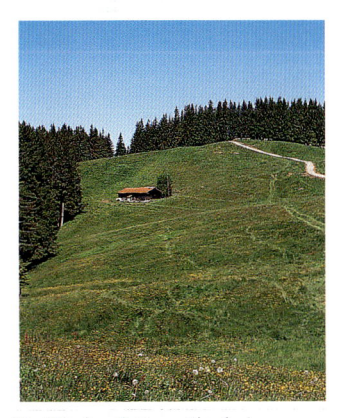

Die Wackersberger Alm beim Blomberg.

MEINE HIGHLIGHTS

⭐1

⭐2

⭐ **1: Sonntraten**: Die beliebte sonnseitige Spritztour führt über von schnurgeraden Baumrainen getrennte Hangwiesen. Apfelplantage, angelegter Steig mit Galerien aus Esche, Eiche, Buche, Fichte, Ahorn, Hügelkuppe mit Aussichtsbank, typischer Isarwinkelblick. Abstieg an Obstbäumen und Heuschobern (Herbstspaziergang). → Tour 2, Seite 23

⭐ **2: Benediktenwand**: (Der von München sichtbare Kulminationspunkt des Isarwinkels bricht nach Norden mit einer 400 Meter hohen Wand ab. Alpenwarmbad, Waldaufstieg, Schmiedbach, Eibelfleckalm, Tutzinger Hütte, Kalkkarren mit Latschen am breiten Gipfelkamm, weites Panorama. Abstieg Lainbachtal mit Wildbachlehrpfad. Kondition erforderlich! → Tour 60, Seite 209

⭐ **3: Stierjoch-Runde**: Ein echter Geheimtipp, der auf alten Almsteigen das grüne Kotzental im Vorkarwendel weit umrundet. Klammbrücke, lichter Wald, verlassene Alm, langer freier Bergkamm mit wildem Karwendelblick. Abstiegsweg über die intensiv genutzten Lerchkogelalmen. Orientierung und Kondition erforderlich! → Tour 31, Seite 114

⭐ **4: Jochberg**: Das ganze Jahr über ist der mit Felsschluchten zum Kochelsee und Steilwald zum Walchensee abfallende Jochberg Bergziel der Oberländer. Rauer Bergweg im Wald, Menschentränke mit Raststümpfen, Grataufstieg mit Alpenvorlandblick, Gipfelwiese mit weitem Rundblick (Infotafel). Abstieg Jocher Alm, Walchensee-Spaziergang.
→ Tour 54, Seite 189

⭐ **5: Heimgartenrunde**: Das Herbstgetümmel am Herzogstand lässt sich mit einer großen Runde vom Walchensee über den höheren

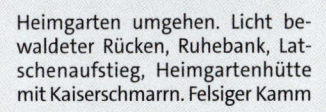

Heimgarten umgehen. Licht bewaldeter Rücken, Ruhebank, Latschenaufstieg, Heimgartenhütte mit Kaiserschmarrn. Felsiger Kamm mit großartiger Fernsicht (Trittsicherheit!), Herzogstand, Gondel-Abfahrt Walchensee.
→ Tour 48, Seite 171

19

1 RECHELKOPF • 1330 m

Kurze Waldtour auf einen typischen Vorberg

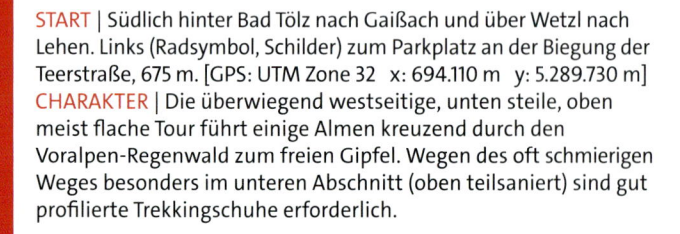

🌀 ➡ 6 km 🕒 3:15 h 📈 655 hm 📉 655 hm 📱 182

START | Südlich hinter Bad Tölz nach Gaißach und über Wetzl nach Lehen. Links (Radsymbol, Schilder) zum Parkplatz an der Biegung der Teerstraße, 675 m. [GPS: UTM Zone 32 x: 694.110 m y: 5.289.730 m]

CHARAKTER | Die überwiegend westseitige, unten steile, oben meist flache Tour führt einige Almen kreuzend durch den Voralpen-Regenwald zum freien Gipfel. Wegen des oft schmierigen Weges besonders im unteren Abschnitt (oben teilsaniert) sind gut profilierte Trekkingschuhe erforderlich.

Der eher unscheinbare Rechelkopf gilt unter den Einheimischen als klassischer Vorfrühlings- und Spätherbstberg, wenn die höheren Berge immer noch oder schon wieder verschneit sind. Wie so häufig im Isarwinkel folgt auf einen Waldaufstieg ein aussichtsreicher Almwiesengipfel. Der Weg ist gut beschildert, verfolgt die kürzestmögliche Wegführung unten und am Gipfel auf Pfaden, während oben der katastrophal sumpfige Viehtriebs-Fahrweg gut saniert wurde. Trotzdem eignet sich die gut ausgeschilderte Route besser für trockene Witterung. Trotz niedrigem Gipfel reicht der Blick erstaunlich weit an der Benediktenwand vorbei ins Hochkarwendel vom Eckpfeiler der Wörnerspitze bis zum Kulminationspunkt der Birkkarspitze und auf der anderen Seite ins Mangfallgebirge bis zur Wallberggruppe mit Plankenstein und Risserkogel.

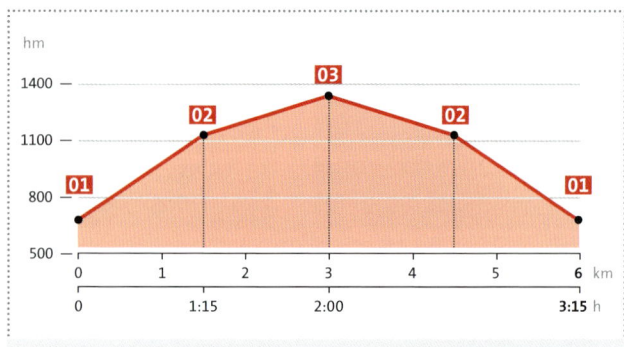

01 Gaißach-Lehen, 675 m; **02** Schweigeralm, 1123 m; **03** Rechelkopf, 1330 m

Schweigeralm-Kapelle

Die Kapelle an der Schweigeralm ist wirklich sehenswert, zumal sie ein komplett hölzernes Unikum darstellt. Am unteren Hohlweg findet allwinterlich bei genügend Schnee das berühmte urbayerische Gaißacher Schnablerrennen statt (auf alten Schlitten, die für den Holztransport verwendet worden waren). Außerdem haben die „Antlaßschützen" (Fronleichnamsmiliz) von Gaißach 2015 am Gipfel ein riesiges Eichenkreuz aufgestellt und die Bänke erneuert.

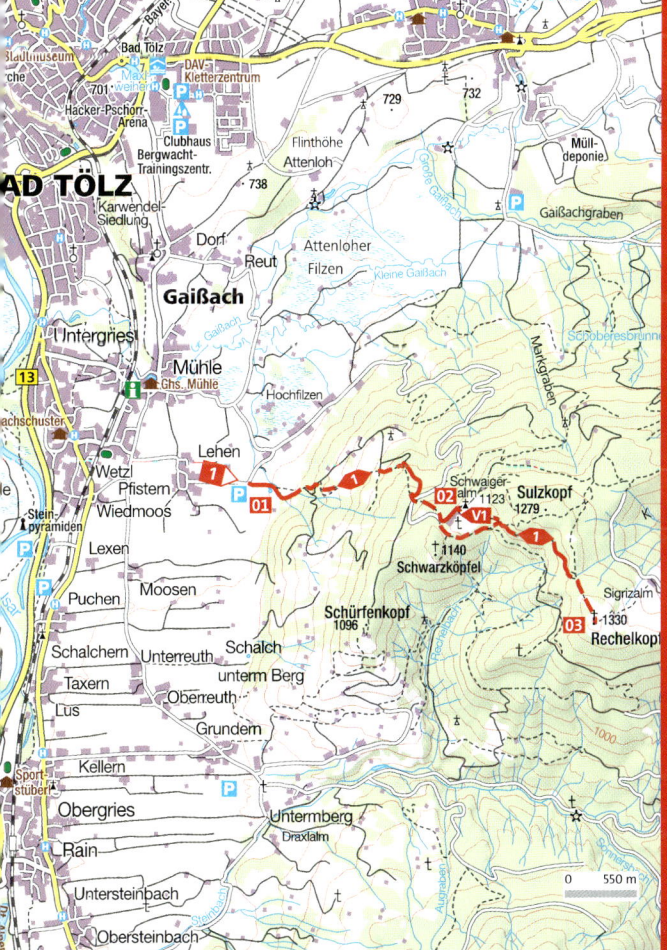

▶ Vom **Parkplatz** 01 ostwärts einen zum Hohlweg mutierenden, steinigen Fahrweg durch Wald aufwärts und bei einer Verzweigung kurz links ab (ab der ersten Linkskehre auf besserem Steig parallel aufwärts und einige Meter links hierher). Am Schild „Rechelkopf" rechts ab und erst steil nordostwärts auf eher mäßigem Pfad über Wiesen hinauf, dann südostwärts besser und weniger steil durch Wald zu einem querenden Fahrweg, den man via Karrenweg abkürzt. An einer Fahrwegverzweigung angekommen einige Meter rechts (Schild Rechelkopf) und links auf gutem Karrenweg am Rand der **Schweigeralm** 02 (1123 m) ostwärts. Auf und neben diesem aufwärts und den Südhang des Sulzkopfs auf einem Kiesweg queren. Zum Schluss kurz links hoch zu einem ausgetretenen Pfad und auf diesem über den oben freien Nordwestrücken hinauf zum Gipfel des **Rechelkopf** 03 (1328 m).

Der Abstieg verläuft über die Aufstiegsroute zum **Ausgangspunkt** 01.

Abstiegsvariante

Am Ende der Sulzkopf-Querung am Schild „nach Gaißach-Lehen" rechts ab. Auf Waldpfad hinab, rechts hinüber zu Zaundurchgang und über die Almwiese (Achtung bei Beweidung!) an einem Holzkapellchen vorbei zur Hütte der Schwaigeralm (1123 m). Dahinter auf einem Fahrweg links abwärts zur Fahrwegverzweigung der Aufstiegsroute.

Die wohlverdiente Pause auf der sonnigen Bergwiese.

SONNTRATEN (SCHÜRFENKOPF) • 1096 m

Der Lieblingsberg der Isarwinkler

5 km 2:30 h 370 hm 370 hm 182

START | Südlich hinter Bad Tölz nach Gaißach und Richtung Reiserlifte/Reiserhang über Wetzl zum großen rechtsseitigen Wanderparkplatz hinter Grundern.
[GPS: UTM Zone 32 x: 694.140 m y: 5.287.610 m]
CHARAKTER | Die Wiesentour mit Baumrainen führt über den zügigen Wanderpfad des Südwestrückens hoch zu einer Almkuppe und gemächlich über das Fahrwegenetz des Südhangs hinunter. Oder umgekehrt. Profilierte Trekkingschuhe nötig.

Der Standardspaziergang der Isarwinkler für Herbst und Frühjahr ist immer noch ein Geheimtipp für alle anderen. Während der Aufstieg über den Sonntratensteig meist zügig verläuft, resultiert die seltsame Wegführung des zwischen verschiedenen Fahr- und Karrenwegen pendelnden Abstiegs (Sonntratenweg) aus der grätenartigen Erschließung der Bauernwiesen. Dafür gibt es diverse geheime Durchgänge mit Abkürzungen oder zum Verfransen. Der Reiz der Mini-Bergtour: Der südwestliche Vorberg des Rechelkopfs liegt fast den ganzen Tag in der Sonne, und deshalb reichen hier die Wiesen der typischen Streifenflur bis auf knapp 1100 Meter hinauf, wo der Blick über das Isartal auf die Benediktenwand und das Vorkarwendel fällt. Besonders im Herbst sieht man Familien und Pärchen, Alte und Junge, Einheimische und Tou-

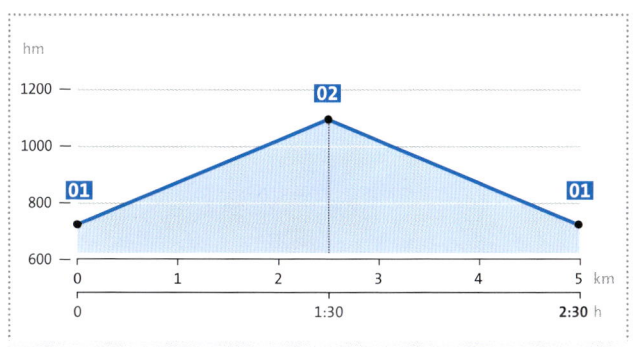

01 Grundern (P), 720 m; **02** Aussichtskuppe, 1090 m

Lohnende Variante:

Sonntratenweg: Absteigen zum kreuzenden Fahrweg. A) Links in langer Serpentine ostwärts abwärts zu einer Aussichts-Alm (hier etwas schlammig; zu öffnender Zaun) und im Waldstück hinterm Zaun hinab zum unteren Karrenweg. B) Gerade abkürzend den Waldpfad steil hinab, an der Bank kurz links und auf einem Pfad abwärts zum unteren Karrenweg queren. In langen Serpentinen frei oder an Baumreihen abwärts zu einer Verzweigung. Linkshaltend den Zaundurchgang nehmen, später desgleichen und nach Rechtsschleife auf ausgebautem Fahrweg westwärts zurück zum Parkplatz.

risten wo es ihnen gerade gefällt über die warmen Wiesenhänge pilgern oder an einem kleinen Heuschober eine Pause zum Sonnen einlegen. Ein eklatantes Beispiel für Goethes „Hier bin ich Mensch, hier darf ich sein".

▶ Schräg gegenüber vom **Parkplatz** 01 nordostwärts über eine Wiese (rechts „Sonntratenweg"; in Karte falsch „Sonntratensteig"), nordwärts dem „Sonntratensteig" folgend durch ein Waldstück aufwärts zu einer Fahrwegs-Verzweigung mit Schild „Privatgrund" (Buckel-Abkürzer; ca. Mitte September bis Anfang Mai begehbar). In Rechtskehre eben einen Wiesenhang ostwärts auf einem Karrenweg queren, der in einen Wanderweg übergeht und links steil nordwärts durch ein Waldstück hinauf zu einer Wiese mit Zaundurchgang (links der Buckel-Abkürzer). Steil mit Stufen an einer der typischen Baumreihen hinauf zu einem weiteren Durchgang, linkshaltend aufwärts zu einer weiteren Baumreihe mit Durch-

Die private Gipfelhütte am Sonntratn.

gang und ostwärts auf dem oberen Karrenweg zu einer Bank. Links den Waldpfad steil hinauf (im Winter/Frühjahr evtl. vereist) zu einem kreuzenden Fahrweg und durch Wiese/Gebüsch mit einigen Stufen linkshaltend hinauf zu einer Aussichtsbank. Kurz gerade aufwärts und via Stacheldraht-Überstieg (nur September bis April) zur **Aussichtskuppe** 02 vor einem Almhütterl. Sonst am Zaun links Pfad zum Gipfel im Wald (Schürfenkopf 1096 m; rechtshaltend weiter auf schlammigen Karrenweg zum Rechelkopf).

Abstieg wie Aufstieg, evtl. über den Buckel-Abkürzer hinab zum **Ausgangspunkt** 01.

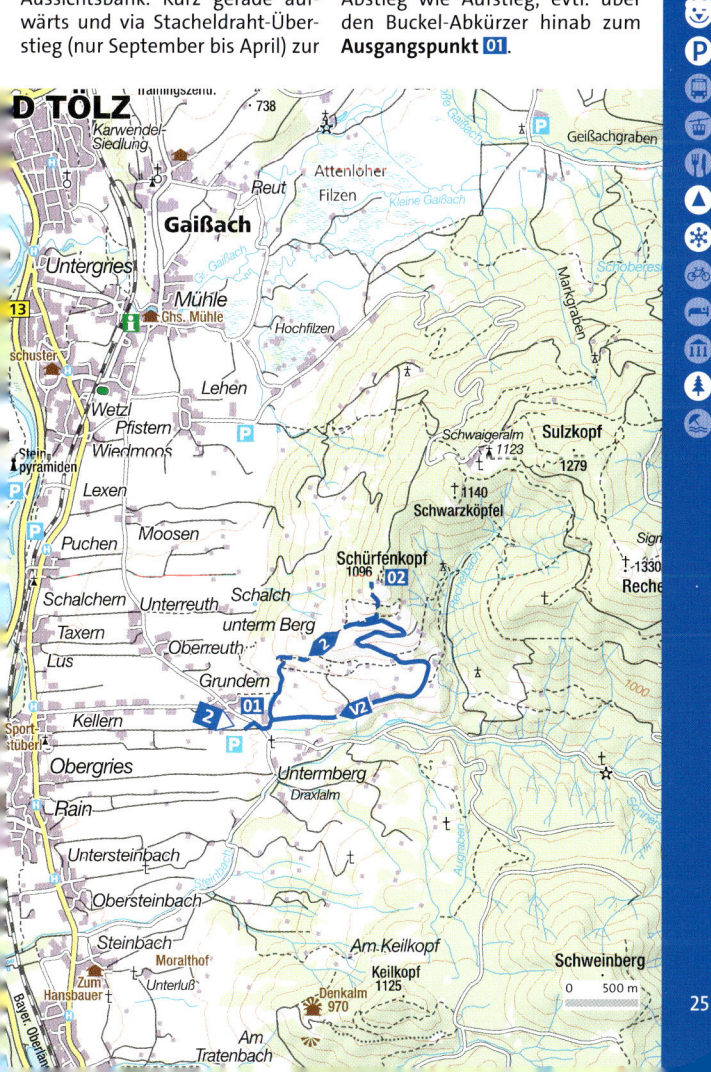

ISAR-RUNDE

Kultur & Natur light

🔄 ➡️ 7 km 🕐 2:00 h 📈 70 hm 📉 70 hm 📄 182

START | Wackersberg, 748 m, viel Parkraum am südlichen unteren Ortsende. [GPS: UTM Zone 32   x: 690.930 m   y: 5.289.830 m]
CHARAKTER | Die leichte Runde von der Wackersberger Wiesen-hochfläche über den Isartaler Hangwald zur Isarau ist sehr abwechslungsreich und führt teils auf dem Bad Tölzer „Geokulturlehrpfad", teils auf einem Waldlehrpfad am Wildfluss der Isar und einem Gefallenmal vorbei.

Der Baumeister nannte sich Karl-Heinz, saß etwas schüchtern abseits und bat per aufgestellter Sammelbüchse freundlich um eine Spende für sein Werk: In Reih und Glied standen seine regional berühmten, übermannshohen Steinkegel auf einer Kiesbank neben der Isar. Die zerstörte sie regelmäßig jedes Jahr beim Frühjahrs- und Sommerhochwasser, und seit Karl-Heinz Sisyphus nicht mehr da ist und keiner sie wieder aufbaut, sind die Steinkegel verschwunden. Übrig sind einige niedrige Haufen am bewachsenen Rand… Erste Attraktion ist noch die grünlich-frische Isar selbst mit ihren Kiesbänken und ihrer Au aus Weiden-Buschwald. Zweite Attraktion der Runde bleibt das Spielhahnjäger-Denkmal mit einer besseren Aussicht über Bad Tölz als vom Kalvarienberg. Es ist nicht etwa ein Ehrenmal für die berühmten Isarwinkler Wilderer,

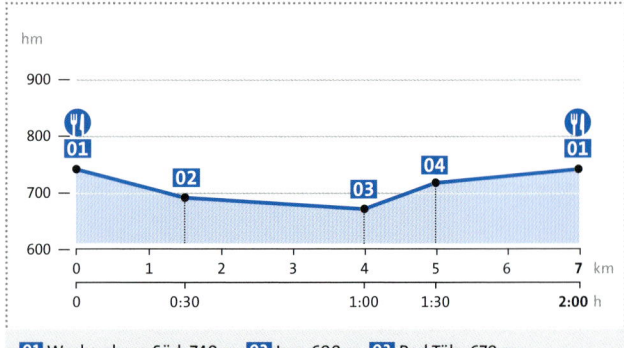

01 Wackersberg-Süd, 740 m; **02** Isar, 690 m; **03** Bad Tölz, 670 m; **04** Spielhahnjäger-Denkmal, 716 m

3

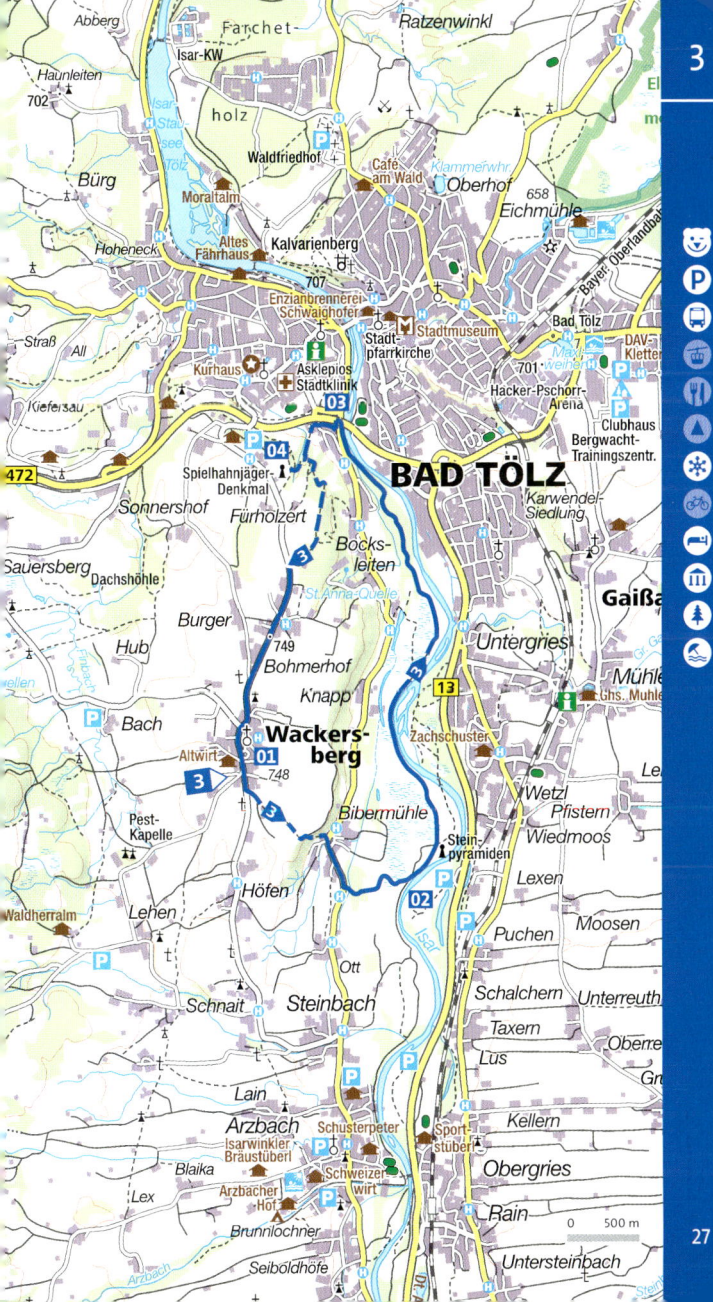

27

sondern ein Mahnmal für die im Zweiten Weltkrieg in Russland Gefallenen einer Gebirgsjägerdivision.

▶ Hinter dem letzten Haus von **Wackersberg 01** geht es links kurz auf einen Fahrweg (Schild Biburg) und dann halbrechts (südostwärts) über ein Wiesenpfädchen zu einer Bank am Rand des bewaldeten Isarhangs (Infotafel des „Geokulturlehrpfads"). Diesen auf steilem Weg hinab nach Bibermühle und rechts neben einer viel befahrenen Straße südwärts, bis links der „Isarweg" abzweigt. Ost- und nordostwärts auf einem mäandrierenden Kiesweg durch Auwald und -busch zu einer weiteren Infotafel und rechts von dieser auf einem Stichweg zu einer Kiesbank der **Isar 02** (Baden möglich, aber Strömung beachten!). Zurück zur Infotafel und auf dem Kiesweg nordwärts an der Isar entlang talaus nach **Bad Tölz 03**. Hier ein Stück auf dem Bürgersteig bis unter die Brücke der Südumfahrung, dahinter einige Meter links auf einer Teerstraße hinauf (Schild Wackersdorf), links unter der Brücke zurück und zwischen Häusern auf einem Teerweg steil südwestwärts durch Wald hinauf. Nach Stufen an einer Verzweigung entweder kurz rechts, südwestwärts auf einem Weg weiter zu einer Straße und links auf dem Radweg neben dieser zwischen Wiesen südwärts nach Wackersberg; oder nach links auf dem Waldlehrpfad mit einem Abstecher zum **Spielhahnjäger-Denkmal 04** (mit bester Aussicht über Bad Tölz) unterhalb der Hangkante auf dem Spielhahnjägerweg südwärts, bis rechts ein Fahrweg zum Ortseingang von Wackersberg abgeht. Südwärts durch den Ort abwärts zum **Ausgangspunkt 01**.

Keine Naturerscheinung, sondern Landschaftskunst waren diese Pyramiden an der Isar.

WACKERSBERG-RUNDE

Auf alten Spuren

🔄 ➡️ 8 km 🕐 2:30 h 📐 93 hm 📉 93 hm 📱 182

START | Wackersberg, 748 m, etwas Parkraum am oberen nördlichen Ortsbeginn.
[GPS: UTM Zone 32 x: 690.970 m y: 5.290.230 m]
CHARAKTER | Kleine Straßen und schmale Pfade führen durch eine kleinräumige, idyllische Voralpenlandschaft mit sattgrünen Blumenwiesen. Während der zur Waldherralm führende, leichte Mittelabschnitt der Route an Wochenenden dicht bevölkert ist, erfordert die sonst wenig begangene Rundtour mit ihren Wiesenpfaden Gespür für die Wegfindung.

Bei dieser Wanderung begeben wir uns auf die Suche nach Spuren aus vergangener Zeit. Wir entdecken borkige Ahornbäume, die mehrere hundert Jahre alt sind und deren Blätter im Herbst golden leuchten (in manchen Karten irrtümlich mit „Tausendjährige Eichen" bezeichnet), kommen am einst berühmten „Quellenwirt" vorbei, der schon lange nicht mehr existiert und sehen das verfallende Wasserwerk der berühmten Jodquellen von Bad Tölz, das längst durch moderne Anlagen in den Kurkliniken und durch das „Erlebnisbad" Alpamare ersetzt wurde, das aber 2017 statt einer Renovierung geschlossen wurde. Auch Wackersbergs bekanntester Stammgast, der ehemalige Bundespräsident Richard von Weizsä-

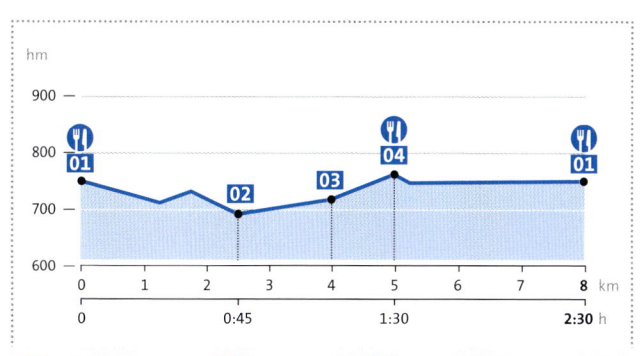

01 Wackersberg, 748 m; **02** Finbach, 690 m; **03** Pestkapelle, 716 m;
04 Waldherralm, 760 m

Altar der vergitterten Pestkapelle bei Wackersberg.

cker hat bereits das Zeitliche gesegnet. Ein kulturelles Highlight bleibt die einfache Pestkapelle aus dem Jahr 1634 mit dem prächtigen Arme-Sünder-Kreuz.

▶ Wir verlassen **Wackersberg** 01 nordwärts und wandern halblinks (nordwestwärts) auf einem Teer- und Schotterweg zum Sonnershof. Dahinter geht es in einer Linksschleife meistens am Waldrand in Richtung Süden (Schild Dachsgrube, Waldherralm) an einer Bank vorbei abwärts in ein Tälchen. Hinter einer Baumreihe rechts via unmarkiertem Durchgang über ein Wiesenpfädchen westlich aufwärts zu einem weiteren Durchgang und einem Ahornhain. Die Ahornbäume sind mehrere hundert Jahre alt.

Via Durchgang geht es nun gerade abwärts zu einem Auwäldchen mit verstecktem Pfad, der auf Bohlen über den **Finbach** 02 zu einem freien Sträßchen führt (gegenüber der hässliche ehemalige Quellenwirt mit dem alten Wasserhaus der Bad Tölzer Jodquellen). Wir halten uns links und nehmen anschließend den bei einer Imkerschule abzweigenden Fahrweg Richtung Süden. Bei einer Linkskurve entweder geradeaus auf einen Wiesenpfad abzweigen (Schild Waldherralm); oder auf dem Weg weiter zur **Pestkapelle** 03 mit Kreuz auf einem Hügelchen. Dahinter rechts auf einem Sträßchen, anschließend auf dem gerade abzweigenden Fahrweg zum Wiesenpfad am Waldrand. Auf diesem gehen wir südwestwärts durch ein Waldstück und erreichen bald ansteigend die bewirtete **Waldherralm** 04 (760 m).

Nun kurz hinab zu einem Parkplatz, auf einem Sträßchen zwischen Wiesen über Lehen bis kurz vor die Brücke über den Steinbach und links durch eine Lücke im Elektrozaun. Immer am Fuß des Wackersberger Höhenzugs über Wiesen gerade nordwärts auf einen Fahrweg und über ein weiteres Sträßchen dann rechtshaltend nach **Wackersberg** 01.

BLOMBERGHAUS • 1203 m

Die Tölzer Kur-Tour

8 km 3:00 h 493 hm 493 hm 182

START | Westlich von Bad Tölz zum großen Parkplatz beidseitig der Straße an der Talstation des Blomberg-Sessellifts, 710 m.
[GPS: UTM Zone 32   x: 688.610 m   y: 5.291.330 m]
CHARAKTER | Die relativ steile, beliebte nordseitige Waldtour auf einem guten Fahrweg endet am bewirteten Blomberghaus mit Sicht auf die Benediktenwand und über das hintere Isartal. Bei dieser Bergtour sind ausnahmsweise weder besondere Ausrüstung noch besonderes Können nötig.

Diese Wanderung kann man das ganze Jahr über unternehmen. Im Winter empfiehlt es sich allerdings, über den deutlich längeren Abstiegsweg aufzusteigen, sonst kann man auf dem Eis ausrutschen oder von einem Schlittenfahrer über den Haufen gerodelt werden. Das oben in der Sonne wartende Blomberghaus ist außer in der kurzen Zwischensaison am Übergang vom Herbst in den Winter stets bewirtschaftet. Der laut Karte höchste Punkt des Blombergs im Wald hinterm Blomberghaus ist unzugänglich, da er von der Bundeswehr mit einer Richtfunkstation belegt ist. Zu dieser wurde der hier als Abstieg vorgeschlagene Fahrweg hinaufgelegt, der zu einer beliebten Mountainbike-Strecke geworden ist. Zudem gibt es seit wenigen

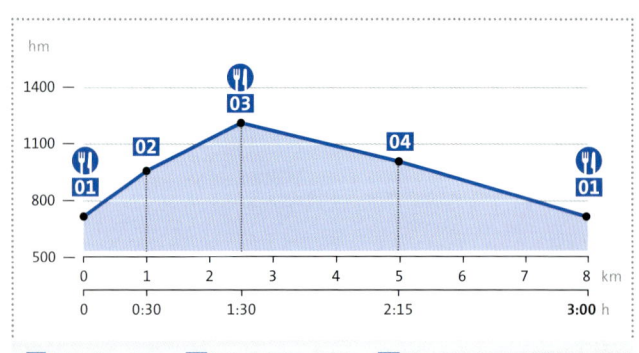

01 Talstation, 710 m; **02** Mittelstation, 950 m; **03** Blomberghaus, 1203 m; **04** Verbindungs-Karrenweg, 1000 m

Jahren zwischen den Bäumen am Blomberghaus aufgespannt, einen weitläufigen „Klettergarten", sprich Hochseilgarten mit Drahtseilrutschen, Balancierbrücken und was sonst noch so dazugehört.

▶ Von der **Talstation** 01 südwestwärts auf dem „heilklimatischen" Wanderweg im Wald kurz aufwärts zu einer Verzweigung (der rechte Weg mit Rodel-Verbotsschild wird besser im Abstieg und im Winter genommen). Den gut beschilderten linken Fahrweg nehmen und insgesamt südwärts an den je nach Kondition er- oder entmutigenden Höhenmeter-Schildern sowie Kin-

Sommerrodelbahn

Im unteren Bereich des Abstiegs sollten Familien mit Kindern unbedingt die Sommerrodelbahn nehmen. Es lohnt sich! Die Bobs fahren auf Rollen mit einfachem Bremssystem in einer 1286 m langen Eternit-Bahn mit Steilkurven von der Mittelstation zur Talstation der Blombergbahn.

derattraktionen wie Holz-Klangspiel, Baumstamm-Weg oder Bäume-Raten („Entdecker-Pfad") vorbei zügig hinauf auf teils neuer Fahrwegführung zur **Blombergbahn-Mittelstation** 02 (950 m). Hier können die Roller-Bobs für die kurz darunter beginnende Sommerrodelbahn ausgeliehen werden. An einem Brünnlein und an mit Baumstämmen für die winterlichen Schlittenfahrer gesicherten Serpentinen sowie einem (noch) freien Borkenkäferschlag vorbei geht es mit abschließender westwärts ansteigender Querung zu einem Sattel (hier links aufwärts zur Bergstation der Blombergbahn und dem eigentlichen Blomberg-Wiesengipfel) und geradeaus über freie Almwiesen in wenigen Minuten zum **Blomberghaus** 03.

Abstieg: Nach der Einkehr auf dem Fahrweg südwestwärts unterhalb des Blomberg-Waldgipfels (1248 m) flach weiter und hinter dem Wegabzweig zum Zwiesel in Nordostrichtung gemächlich abwärts. Nach einer langen Ostquerung können Aspiranten der Sommerrodelbahn an einer Linkskehre rechts auf einem kurzen **Verbindungs-Karrenweg** 04 zum Aufstiegs-Fahrweg hinüberwechseln. Wer nicht rodeln will, wandert auf der langen Forststraße weiter hinab zum **Ausgangspunkt** 01.

Das beliebte Blomberghaus am Blomberg.

ZWIESELBERG • 1348 m

Durch den Wald zur Fernsicht

8 km 3:15 h 666 hm 666 hm 182

START | Bad Heilbrunn, südseitige Bushaltestelle mit Telefonzelle gegenüber einer Gärtnerei, 682 m (Parkmöglichkeit dahinter am Zustiegssträßchen).
[GPS: UTM Zone 32   x: 684.490 m   y: 5.290.940 m]
CHARAKTER | Die nord- bis nordwestseitige Wald- und Kammroute für heiße Sommertage ist zwar nicht gerade im besten Zustand, aber dafür warten immer wieder Aussichtsbänke auf den müden Wanderer.

Der unscheinbare, nicht häufig begangene Waldaufstieg von Bad Heilbrunn zum Zwiesel ist bei feuchter Witterung trotz Teilsanierung der schwierigste Weg auf diesen Aussichtsberg, da dann Wurzeln, Erde und Lehm zu einem glitschigen Abenteuertrail werden. Man kann die Problempassagen des unteren Teils aber auf Fahrwegen umgehen. Nichtsdestotrotz ist die Wegführung über zwei Rücken mit einigen Aussichtspunkten und vielen Ruhebänken elegant und geruhsam. Die unerwartete Fernsicht vom „Zwiesel" bis in die Hohen Tauern ist im ganzen Oberland bekannt.

▶ Auf dem Teerweg hinter der **Bushaltestelle 01** südwärts aufwärts ins bewaldete Tal des Schellenbachs zu einem Wasserhaus.

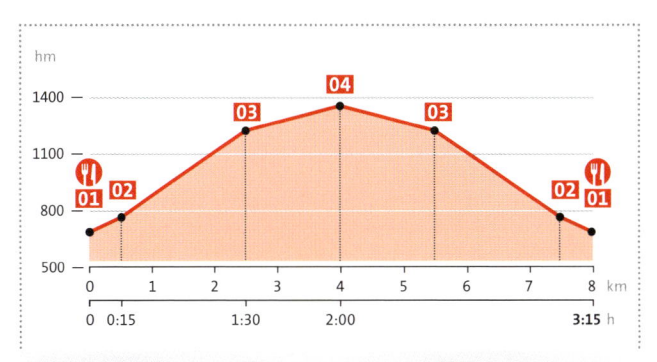

01 Bad Heilbrunn, 682 m; **02** Madonnenbild, 760 m; **03** Stallauer Eck, 1216 m; **04** Zwiesel, 1348 m

Wegkreuzung mit Madonna beim Aufstieg zum Zwiesel.

A) Bei feuchter Witterung kurz dahinter links auf einem Fahrweg zum kreuzenden Weg vom Bierhäusl und rechts aufwärts zu einer Wegkreuzung mit Beschilderung auf einem Rücken mit **Madonnenbild** 02.

B) Etwas weiter dahinter links per Steig hinauf zu einem Rücken und per Karrenspur zur Wegkreuzung mit Madonnenbild (760 m).

Der Markierung Zwiesel – Blomberg bzw. ST/462/roter Punkt folgend auf und links von einem Rücken östlich des Schellenbachgrabens auf dem teilsanierten wurzeligen Weg aufwärts (an einem ehemaligen Steinbruch lässt sich durch eine feuchte Mulde abkürzen) an einem Aussichtsbankerl vorbei zu einem Fahrweg.

A) Bei feuchter Witterung erst links auf diesem aufwärts, dann rechts ab auf einen anderen Fahrweg und aufwärts Richtung Stallauer Eck.

B) Schräg gegenüber auf die steinige Fortsetzung des Wanderwegs, auf diesem links ansteigend zu einem Rücken queren, über diesen hinauf, den oberen Fahrweg kreuzen und oberhalb erst ansteigen, dann rechts Richtung Stallauer Eck queren.

Nach der Vereinigung von Fahrweg und Wanderweg links auf dem fortsetzenden Wanderweg aufwärts, rechts queren, links ab (gerade Abkürzungsmöglichkeit zum Sattel hinter dem Stallauer Eck) und steil und meist glitschig hinauf zum freien, mit Bänken garnierten Vorgipfel des **Stallauer Ecks** (1216 m) 03. Auf einem Kamm südwärts über Wiesen hinab zu einem Sattel mit Durchgang (hier Einmündung des Abkürzers), anschließend wieder im Wald über steile Aufschwünge und flache Passagen an der Aussichtslichtung mit Brotzeitplatz auf dem Stallauer Kopf (1322 m) vorbei zu einem Übergang zwischen zwei Bäumen. Zuletzt geht es über einen bei feuchter Witterung recht sumpfigen Wiesenpfad hinauf zum Gipfel des **Zwieselbergs** 04 (1348 m).

Der Abstieg verläuft über die Aufstiegsroute.

7 ZWIESELBERG-RUNDE • 1348 m

Die Sonnenseite des kleinen Aussichtsbergs

10 km 3:30 h 642 hm 642 hm 182

START | Parkplatz hinter Wackersberg-Lehen unterhalb der Waldherralm, 740 m.
[GPS: UTM Zone 32   x: 689.850 m   y: 5.288.620 m]
CHARAKTER | Die südseitige Frühlingstour führt mit kurzen Waldunterbrechungen über Almrücken und -kämme auf den aussichtsreichen Zwiesel. Der relativ steile Abstieg nimmt einen schmalen Pfad, der profilierte Trekkingschuhe erfordert.

Die kleine, aber feine Voralpenrunde führt nach zügigem Aufstieg über einen sonnigen Kamm vom Heiglkopf über den Blomberg im abwechslungsreichen Wechsel von kühlen Nadelwäldern und bunten Almwiesen an dunklen Almhütten vorbei. Eine kulturelle Attraktion in der sanften Bergwelt bilden die Holzkunstwerke und Perspektivenmalereien einheimischer Künstler am Wegesrand zwischen Wiesengipfel des Blombergs und Blomberghaus. Fahrweg und lehmig-steiniger Schneisenweg im Wald zum Wiesengipfel des Zwiesel sind dagegen eher unscheinbar. Neben der Nahsicht aufs liebliche Isartal und die schroffe Benediktenwand reicht hier oben die Fernsicht unerwarteterweise über den Rofan bis zum Großvenediger in den Hohen Tauern.

▶ Vom **Parkplatz** 01 auf einem Fahrweg kurz westwärts, vor der Brücke über den Steinbach rechts

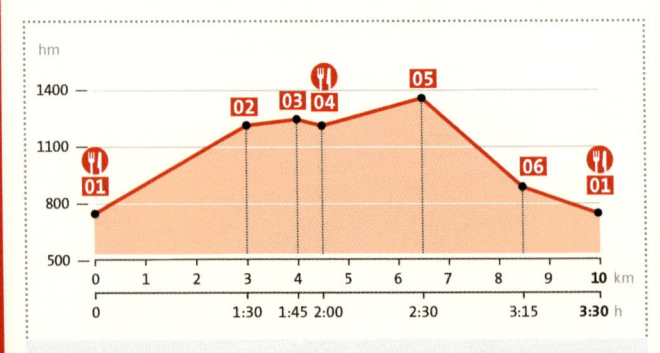

01 Parkplatz Waldherralm, 740 m; 02 Heiglkopf, 1205 m; 03 Blomberg, 1237 m;
04 Blomberghaus, 1203 m; 05 Zwiesel, 1348 m; 06 Großbach, 880 m

im Wald talein Richtung Blomberg/Zwiesel und kurz darauf rechts aufwärts Richtung Blomberg (kleines Schild Heiglkopf/Blomberg/Zwiesel). Über die Wiesen der Unteren Hirschalm auf einem schlechteren Fahrweg anfangs flach, dann steil nordwestwärts hinauf und an einer Verzweigung im Wald rechtshaltend auf einen Karrenweg Richtung Heiglkopf (vorher Kreuzung eines Fahrwegs). Nach einer Rechtsquerung mit abschließendem Durchgang gehen wir links auf einem Steig über einen Wiesenrücken nordwärts hinauf zum Gipfelkreuz des **Heiglkopfs** 02 (1205 m).

Auf der Rückseite kurz hinab zu einem Fahrweg und nordwestwärts am Kreuz des Blomberg vorbei aufwärts zum Wiesengipfel des **Blombergs** 03 (1237 m; Waldgipfel hinter Blomberghaus 1248 m) mit vielen Bänken und Panoramakarte. Bereits vorher hat der Weg „Sinneswandel" mit Kunstobjekten aus Holz und Stein begonnen. Dahinter an der Bergstation der Blombergbahn („Gipfeltrimm"-Stätten aus Holz)

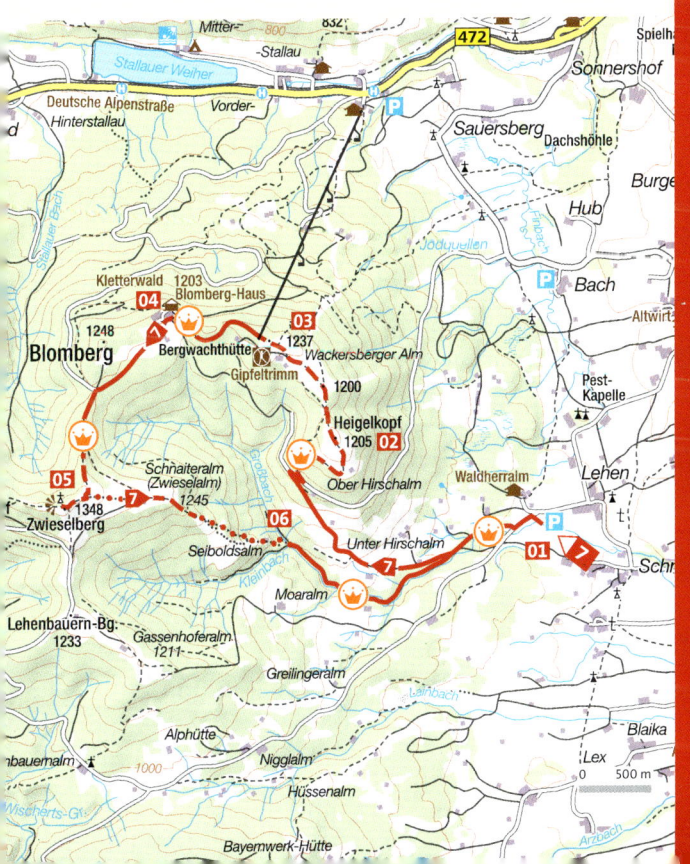

vorbei im Wald (auf Stämme perspektivisch gemalter Fisch) abwärts zu einer Fahrwegverzweigung und kurz aufwärts zum **Blomberghaus** `04` (1203 m) auf einer Wiese (dahinter im Wald großer Hochseilgarten; Ende des „Sinneswandels").

Nun geht es südwestwärts durch Wald flach weiter, bis links der Wanderweg zum Zwieselberg abzweigt. Etwas mühsam und bei Nässe rutschig südwärts über einen Rücken durch Jungwald hinauf und am Gipfelkamm kurz rechts über eine Almwiese zum Gipfel des **Zwieselbergs** `05`.

Abstieg: Ostwärts über den Gipfelkamm auf einem Steig hinab zur Schnaiteralm und leicht rechtshaltend auf einem Pfad zum Wald. Südostwärts über einen Rücken auf einem schlechten Wegstück hinab zu einem freien Flachstück und weiter über die Seiboldsalm abwärts zu einer Jagdhütte. In einer Linksschleife durch den Wald hinab erreichen wir rechts die charakteristische Treppe mit Brückerl über den **Großbach** `06` (880 m). Abschließend geht es rechts zum Steinbach und an diesem talaus zum **Ausgangspunkt** `01`.

Tipp Kletterwald

Der TÜV-geprüfte, familienfreundliche Hochseilgarten am Blomberghaus ist baumschonend in den natürlichen Bergwald integriert und bietet mit seinen 10 Parcours einen passenden Rahmen in freier Natur. Kletterwald Blomberg, Tel. 08041/7935692, mobil 0176/47006906. Geöffnet: Samstag/Sonntag/Feiertage & Ferien 10–18 Uhr, Montag bis Freitag 12–18.00 Uhr (nicht im Winter!). Erwachsene 22 €, Kinder 17 €. (www.kletterwald-blomberg.de)

Der Weg „Sinneswandel" mit Kunstobjekten aus Holz und Stein.

NEULANDHÜTTE • 1235 m

Idyllische Almentour unter die Isarwinkler Wände

⟳ ➡ 10 km 🕒 3:15 h ◢ 544 hm ◣ 544 hm 📱 182

START | Von Arzbach über Untermberg zum Parkplatz vor der Brücke über den Arzbach, 740 m (nicht bis zum Straßenende durchfahren).
[GPS: UTM Zone 32 x: 689.650 m y: 5.286.280 m]
CHARAKTER | Die süd- und westseitige Frühsommertour bietet blumenübersäte Almen mit glücklichen Kühen und die imposante Szenerie einer der felsigsten Ecken des Isarwinkels. Eine besondere Ausrüstung ist nicht erforderlich.

Nachdem man über sonnige und blumenreiche Almen mit weiß gemauerten und dunkel gemaserten Hütten spaziert ist, wandelt man über Wiesen mit Blick auf die Benediktenwand und durch ein hübsches Tal, dem ein anstrengender Aufstieg folgt. Die Belohnung der Mühe: Ein ungewöhnlicher Einblick in die östliche Hälfte des Benediktenwandkamms mit Probstwand, Achselköpfen und Kirchstein – und am Wochenende eine gemütliche Runde mit selbst mitgebrachtem Essen und Trinken auf der Neulandhütte.

▶ Vom **Parkplatz** `01` geht es westwärts auf einem Fahrweg im Wald kurz aufwärts. Bei einer Verzweigung queren wir nach links, dann geht es, teils relativ steil,

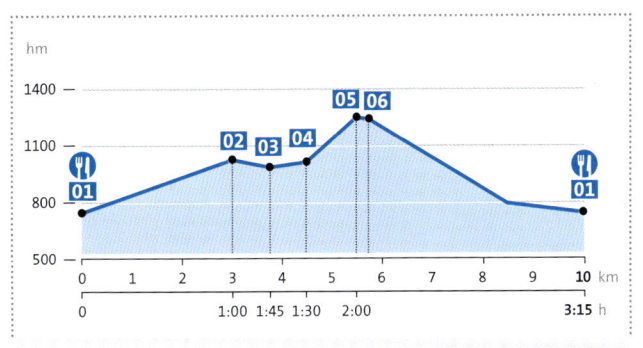

`01` Parkplatz Arzbach, 740 m; `02` Lexenalm, 1020 m; `03` Forstweg, 980 m;
`04` Waldrand Dudlalm, 1007 m; `05` Gefallenenmal, 1244 m;
`06` Neulandhütte, 1235 m

„Sumpfiges"

Ob der Aussichtshöcker über der Längenbergalm natürlichen Ursprungs ist, lässt sich schwer sagen. Die Almwiesen rundum sind die meiste Zeit des Jahres so sumpfig (außer im August und bei trockenem Herbstwetter), dass man sie am besten nur mit wasserdichten Schuhen betritt.
Die Staunässe des breiten flachen Kamms (hinter der Neulandhütte gibt es sogar ein Moor) entsteht durch das relativ wasserdichte, schmierige und weiche Gestein des Flyschs, aus dem die rundlichen nördlichen Vorberge des Isarwinkels aufgebaut sind.

hinauf zu den Almwiesen. Über die Probstbauern- und die Brunnlocheralm mit den gleichnamigen Almhütten queren wir mit Sicht auf den Braunegckkamm bis zum Wiesenende mit Gatter, dahinter geht es im Auf und Ab auf einem Karrenweg und durch einen Graben zu einem freien Wiesenrücken. Über diesen führt uns ein Wiesenpfad südwärts hinab an der Hütte der **Lexenalm** 02 (1020 m) vorbei auf einen Fahrweg, der flach an der Baunköpflalm vorbei einen breiten **Forstweg** 03 erreicht, den man kurz scharf rechts aufwärts verfolgt. Kurz danach links ab auf einen Fahrweg, der erst flach durch das hübsche Tälchen der **Dudlalm** 04 verläuft und dann durch Wald steil zum breiten sumpfigen Wiesenkamm der Längenbergalm hinaufführt. Über Steigspuren wenige Meter gerade hoch zum Aussichtshöcker mit **Gefallenenmal** 05 und Bank (1244 m) über den Hütten der Längenbergalm. Dann in wenigen Minuten hinab zur am Waldrand liegenden **Neulandhütte** 06 (1235 m, DAV), die am Wochenende „bewartet" ist (keine Bewirtung).

Die Probstenbaueralm am Almenweg zur Neulandhütte.

Abstieg: Von der Hütte hinab zum Abzweig zur Dudlalm und rechts (ostwärts) über den Forstweg hinab zum Forstweg durchs Längental. Auf diesem geht es links hinab zum Arzbach und etwas eintönig an diesem entlang auf einem Teersträßchen zum **Ausgangspunkt 01**.

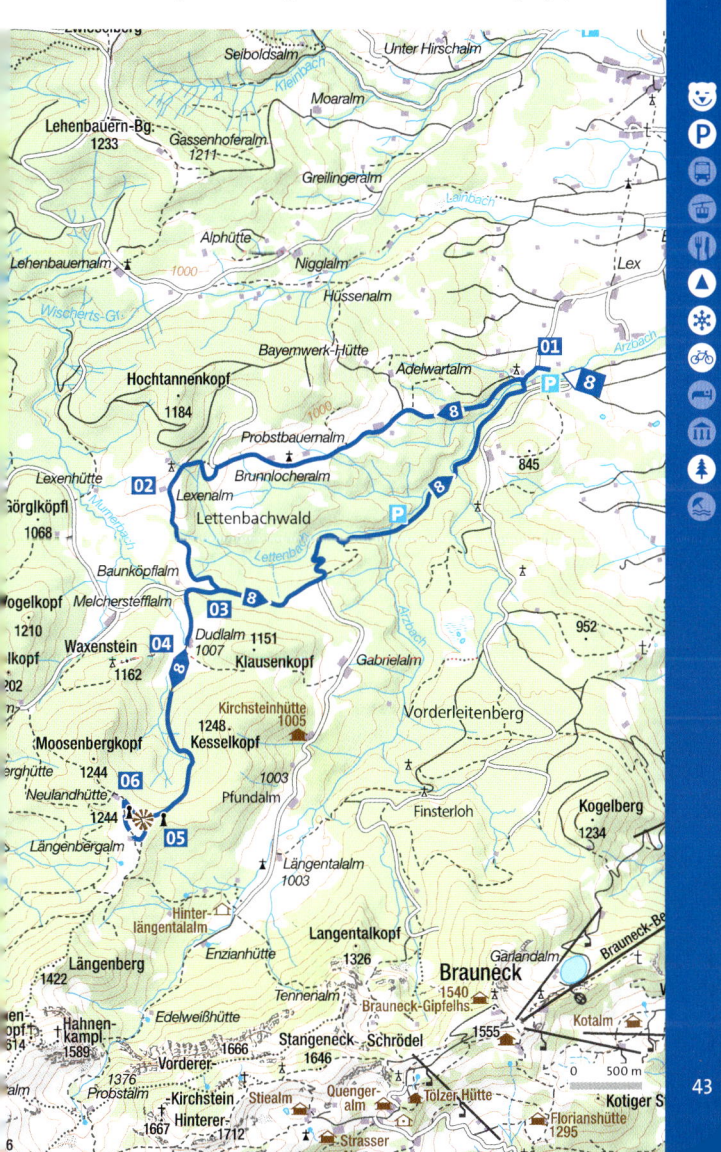

HENNENKOPF (PROBSTENWAND) • 1614 m

Auf verborgenen Steigen zur Wand über dem Isartal

11,75 km • 5:15 h • 850 hm • 850 hm • 182

START | Von der Arzbacher Kapelle über Untermberg zum Parkplatz am Ende des durchs Längental führenden Teersträßchens, 790 m. [GPS: UTM Zone 32 x: 688.630 m y: 5.285.190 m]
CHARAKTER | Obwohl diese einsame Route bis auf die letzten 15 Höhenmeter (Klettern I-II) technisch einfach ist und die im oberen Bereich verwendeten unmarkierten Steige meist gut sind (teils sumpfige Alm-Passagen), erfordert sie Orientierungsvermögen und Trittsicherheit. Ideal mit Zufahrt per Rad.

Wer von Bad Tölz südwärts ins breite Isartal einfährt, dem fällt der Benediktenwand vorgelagert eine glatt nach Nordosten abbrechende Felsmauer auf. Obwohl die „Probstwand" der Bezeichnung Wand mit ihren schweren Kletterrouten neueren Datums alle Ehre macht (im Gegensatz zu den „Klassikern" der grasdurchsetzten Benediktenwand), wird der Gipfel nur von wenigen, meist einheimischen Insidern bestiegen: Wer so weit anmarschiert, geht lieber gleich auf den 200 Meter höher aufragenden Berg im Hintergrund. Deshalb ist man auf dem abwechslungsreichen Steig ab der Längenbergalm auch an sonnigen Herbstwochenenden meistens allein unterwegs.

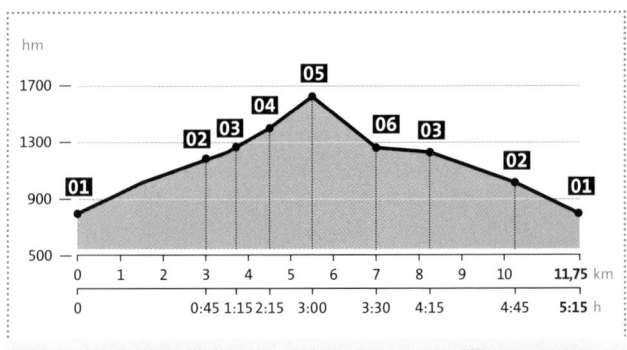

01 Längental, 790 m; **02** Hintere Längentalalm, 1043 m; **03** Längenbergalm, 1210 m; **04** Zaun, 1390 m; **05** Hennenkopf, 1614 m; **06** Tiefentalalm, 1252 m

▶ Per Bike vom **Parkplatz 01** auf dem Forstweg Richtung Benediktenwand gerade talauf, links Serpentinen relativ steil hinauf und gerade (Fahrweg rechts ab und später links ab: Fußvariante über Dudlalm plus staunasse Wiese der Längenbergalm) aufwärts ins Längental. An der bewirteten Kirchsteinhütte vorbei, leicht abwärts über die Wiesen der Längentalalm und aufwärts zur **Hinteren Längentalalm 02** (1043 m; Juni bis Mitte September bewirtet; Raddepot). Rechts per Brücke über den Arzbach auf einen

Die Mauer der Probstenwand mit Gipfelkopf.

teils steinigen, teils matschigen Karrenweg, der im Wald hinaufführt zum Wiesenplateau der **Längenbergalm** 03 (1210 m). Am einfachsten diesseits des Zauns am Waldrand auf teils schlammigem Steig südwestwärts queren bis zum Ende der Alm und per Übergang wieder zum Karrenweg. Durch Wald kurz ansteigend weiter und am Beginn einer Querung (Weg zur Tiefentalalm) links ab. Auf einem Steig immer am Rücken, teils mühsam rechtsseitig hinauf zu einem **Wiesenkamm** (1422 m; Gipfel Längenberg) und abwärts zu einem Sattel (1390 m). Von einem **Zaundurchgang** 04 linksseitig auf einem Steig südwärts durch eine Karmulde und links der Felsflanke des **Hauptgipfels** teils etwas mühsam hinauf. Am Kamm in der Latschenzone entweder links zum Nebengipfel über der namengebenden Felsmauer (Kreuz „Probstwand", ca. 1590 m); oder rechts (westwärts) südlich des Felsriffs des Hauptgipfels zum Beginn einer Wiese und scharf rechts über Felsen (I-II) kurz hinauf zum bekreuzten **Hennenkopf** 05 (1614 m).

Abstieg: Wieder herunter vom Felsgipfel, westwärts auf einem Kuhsteig meist über Wiesen durch ein Tälchen linksseitig abwärts, über eine Flanke in eine Senke und gerade weiter zu einem Weg (links zur bewirtschafteten Tutzinger Hütte, 20 min.). Auf diesem rechts (nordwärts, Schild Zwieselberg) hinab zu den Wiesen im nordseitigen Kessel der **Tiefentalalm** 06 (1252 m). An einem Felsblock (Schild „Arzbach") leicht rechtshaltend abwärts der Markierung (meist roter Plastikdeckel) folgend zu einem Fahrweg (1230 m, Sackgasse!). Unter diesem rechts auf einem Waldpfad die Nordwestflanke des Wiesenkamms queren und am Ende kurz zum Karrenweg Richtung Längenbergalm hinauf. Zurück zum **Ausgangspunkt** 01.

BENEDIKTENWAND • 1800 m

Die schwerste Wanderung auf den höchsten Berg

14 km 5:30 h 1010 hm 1010 hm 182

START | Von der Arzbacher Kapelle über Untermberg zum Parkplatz am Ende des durchs Längental führenden Teersträßchens, 790 m. [GPS: UTM Zone 32 x: 688.610 m y: 5.285.190 m]
CHARAKTER | Die technisch anspruchsvollste Wanderroute auf die Benediktenwand eignet sich gut als Spätsommer- und Herbsttour. Trittsicherheit und Kondition sind Voraussetzung.

Einen kurzen Anstieg zur Benediktenwand gibt es nicht. Der Aufstieg von Arzbach hat zwar den Vorzug, den Knien am wenigsten Höhenmeter abzuverlangen; dafür ist er ab dem oberen Längental eher mühsam zu gehen. Der felsige Rücken zum breiten Gipfelkamm ist sogar teilweise mit Drahtseilen gesichert. Aber nicht nur die Benediktenwand und die vorgelagerten Achselköpfe, sondern auch die Schrofenflanken der Kirchsteine und die über der Längentalalm aufragende Probstwand geben dieser Tour einen alpinen Charakter.

▶ Vom **Parkplatz** 01 auf einem Fahrweg durch Wald aufwärts (den nach den Serpentinen an einer Lichtung rechts abzweigenden Fahrweg ignorieren). Mit nur geringem Höhengewinn (ab der bewirteten **Kirchsteinhütte** 02 leicht abfallend) geht es weiter zu den Almwiesen des Längentals und über diese zur **Hinteren Län-**

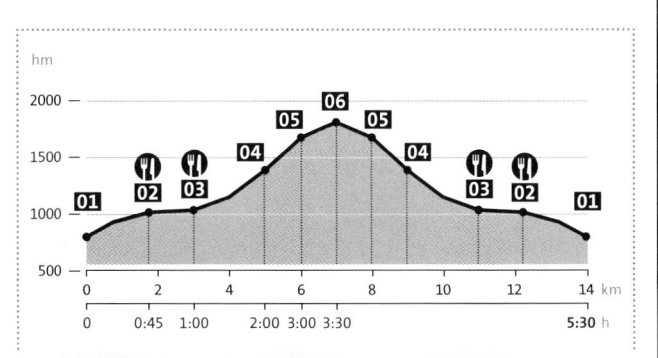

01 Parkplatz, 790 m; 02 Kirchsteinhütte, 1005 m; 03 Hintere Längentalalm, 1025 m; 04 Probstalm, 1376 m; 05 Rotöhrsattel, 1665 m; 06 Benediktenwand, 1800 m

Wettersturz am gratartigen Ostrücken der Benediktenwand.

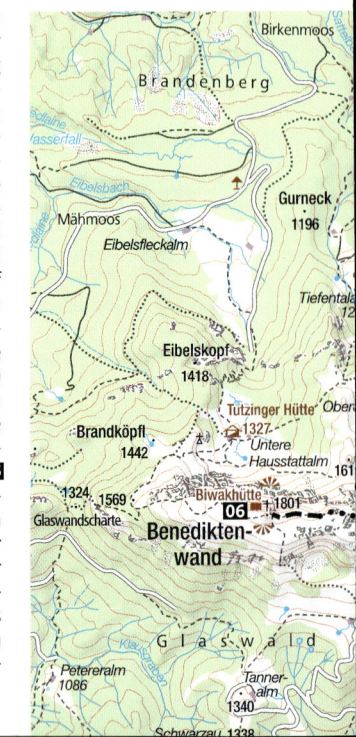

gentalalm 03 (1025 m; einfach bewirtet). Südwestwärts über einen Bach zu einem Karrenweg und auf diesem das obere Längental links des Arzbachs talein wandern, bis es rechts über diesen weitergeht. Auf schotterigem Weg aufwärts unter eine Felswand, links an einem Drahtseil wieder über den Bach und auf steinigem Weg links- und rechtsseitig des Baches hinauf zur **Probstalm** 04 (1376 m). Von hier geht es auf einem matschigen Weg nordwärts unter die Achselköpfe, rechts (westwärts) hinüber zu einer schmierigen und steinigen Rinne, durch diese steil hinauf über die Wegzusammenführung am **Rotöhrsattel** 05 (1665 m; der direkte Weg ist leider gesperrt) und über Wiesen weiter zu einer Bergschulter nördlich der ersten Felsen der Benediktenwand. Dahinter mühen wir uns südwestwärts, teils drahtseilgesichert, über einen abgespeckten felsigen Weg einen steilen, schmalen Rücken hinauf und gelangen schließlich über den breiten, mit Latschen bewachsenen Ostkamm zum **Gipfel** 06 (1800 m; der höchste Punkt des Ostkamms ist 20 cm höher).

Abstieg über die Aufstiegsroute zum **Ausgangspunkt** 01.

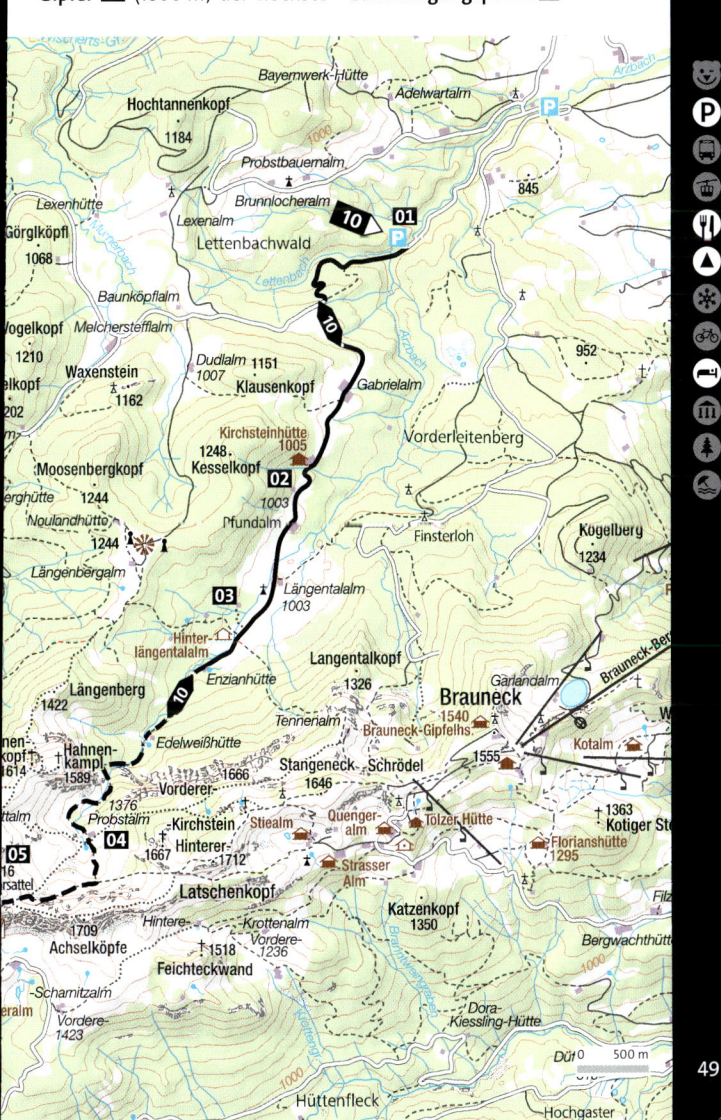

BRAUNECK – BENEDIKTENWAND

Kamm-Überschreitung für „echte" Bergsteiger

🔄 ↕ 17 km ⏱ 8:00 h ↗ 1247 hm ↘ 1247 hm 📱 182

START | In Lenggries der Beschilderung folgend über die Isar zur Talstation der Brauneckbahn, 715 m.
[GPS: UTM Zone 32 x: 691.780 m y: 5.283.510 m]
CHARAKTER | Dem steilen nordostseitigen Aufstieg zum Brauneck folgen die lange und aussichtsreiche, aber anspruchsvolle Kammwanderung zur Benediktenwand und ein nordseitiger Abstieg zur Talstation. Feste Schuhe, Kondition, Trittsicherheit und für den Abstieg etwas Orientierungssinn sind unbedingt erforderlich. Die Achselköpfe erfordern zusätzlich Schwindelfreiheit und leichtes Klettern (I). Im Frühsommer oft Schneereste.

Dies ist in diesem Wanderbuch die längste und anspruchsvollste Bergtour des eigentlichen Isarwinkels – abgesehen von einigen Routen, die sich bereits im Vorkarwendel befinden. Nach dem anstrengenden Aufstieg über die Piste kann man auf dem (leider etwas überlaufenen) Kamm vom Brauneck zum Latschenkopf die Aussicht genießen. Die folgenden einsamen Achselköpfe sind nur für Bergsteiger ein Genuss (Wanderer nehmen die leichte, aber glitschige Umgehungsvariante), während man sich auf der Bene-

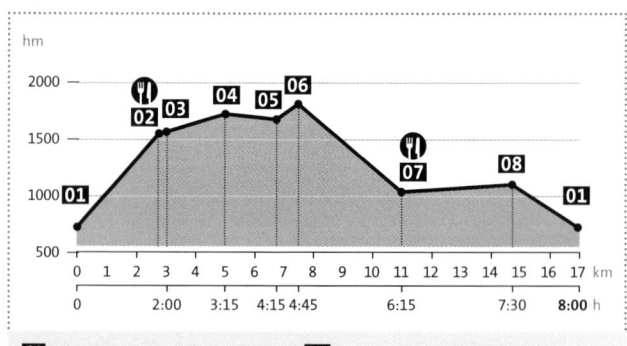

01 Talstation Brauneck-Bahn, 715 m; **02** Brauneck-Gipfelhaus, 1540 m;
03 Brauneck, 1555 m; **04** Latschenkopf, 1712 m; **05** Rotöhrsattel, 1665 m;
06 Benediktenwand, 1800 m; **07** Hintere Längentalalm, 1025 m;
08 Kogelberg, 1090 m

diktenwand unter Bergwanderern tummelt. Der höchste Punkt des Isarwinkels bietet eine sagenhafte Rundumsicht.

Der Rückweg wird mühsam und auch die Wegfindung im Fahrwegsgewirr am Vorderleitenberg ist nicht immer leicht.

▶ Vom **Seilbahn-Parkplatz** 01 wandern wir südwestwärts auf einem freien Schotter-Fahrweg erst über Wiesen, dann nach der Abzweigung zur bewirtschafteten Reiseralm in Serpentinen der Piste folgend überwiegend steil hinauf. Am Ende der Piste gehen wir unter der Gondelbahn hindurch und über eine Eisentreppe zur Bergstation hinauf. Von hier geht es zuerst einige Meter westwärts auf dem Panoramaweg, scharf rechts auf einen bis zum bewirtschafteten **Brauneck-Gipfelhaus** 02 (1540 m) geteerten Weg und kurz hinauf zum Gipfel des **Brauneck** 03 (1555 m).

Nun geht es auf dem Höhenweg westwärts zunächst flach zum Schrödelstein, südwärts um diesen herum (Drahtseilsicherung) und nach einer Liftstation mit kurzer Kraxeleinlage aufwärts zum Stangeneck. Der Weg führt in einem teils luftigen Auf und Ab am Vorderen Kirchstein vorbei zum **Latschenkopf** 04 (1712 m; kurz links hoch zum Gipfel). Der ausgewaschene Weg schlängelt sich nordwestwärts durch Latschen hinab, am Hinteren Kirchstein links vorbei und südwestwärts zu einem Sattel (1610 m; hier Abzweig der nordseitigen Umgehung zum Rotöhrsattel, ca. 170 Höhenmeter Zwischenabstieg, mühsam, bei Feuchtigkeit rutschig).

Der Steig verläuft am Kamm erst flach weiter, dann kraxeln wir mit einigen felsigen Aufschwüngen, aber mit Leiterunterstützung und kurzem nordseitigem „Ausbeißen" unterm höchsten Achselkopf durch (3¾ Std.; bis I, insgesamt 5 Köpfe). Der Gipfel (1709 m) lässt

Brauneckkamm mit Latschenkopf (ganz links) überm Klettergarten am Idealhang.

sich gegen Ende der Unterquerung über einen unscheinbaren Einschnitt in den Latschen und einen steilen, grasig-felsigen Aufstieg erreichen.

Nach gleichem Prinzip, aber ohne Leiter und dafür mit einigen Drahtseilen geht es hinab zur Wegvereinigung am **Rotöhrsattel** 05 (1665 m, Zwischenabstieg ca. 60 Hm) und nördlich der ersten Felsen der Benediktenwand hinauf zu einer Schulter. Südwestwärts teils drahtseilgesichert über einen abgespeckten felsigen Weg einen schmalen Rücken steil hinauf und über den breiten Ostkamm durch Latschen hindurch zum **Gipfelkreuz** 06 (1800 m).

Abstieg: Wie im Aufstieg zurück zur Umgehung, auf dieser ostwärts die bei Feuchtigkeit unangenehme Schuttrinne hinab und flache Ostquerung zum Abzweig am tiefsten Punkt, der meist matschig nordwärts zur Probstalm führt (1376 m; Direktabstieg leider gesperrt).

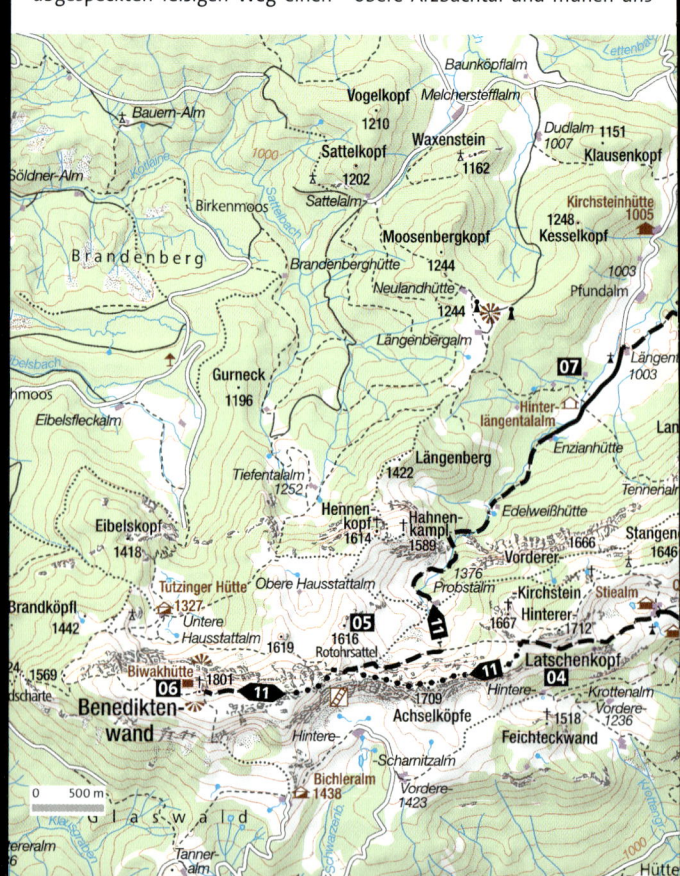

Von hier wandern wir weiter ins obere Arzbachtal und mühen uns im Wald auf steinigem Weg links und rechts des Arzbaches abwärts. An einem Drahtseil geht es auf die linke Seite und nun angenehmer weiter zu einem Karrenweg. Dieser führt uns nun talaus zu den Wiesen der bewirtschafteten **Hinteren Längentalalm** 07 (1025 m). Kurz auf einem Fahrweg weiter bis zur Vorderen Längentalalm (1003 m), dann aber rechts ab und nordostwärts über ebene sumpfige Wiesen, einen Moorbach und durch eine Parklandschaft zum Wald. Hier quert der wieder deutlich erkennbare Steig ein Bachbett, steigt etwas an, quert anschließend ein weiteres Bachbett und wird dann Teil eines Netzes von Forstwegen am Vorderleitenberg (Linksabzweigungen nach Arzbach und Lenggries), aus denen der Wegweiser „Braunebahn" – mit scharf rechts bergauf führender Unterbrechung – ostwärts herausleitet. Es folgt eine links ansteigende Querung am **Kogelberg** 08 (1090 m). Kurz dahinter führt ein steiniger Karrenweg südostwärts hinab zum Beginn des Aufstiegs und ostwärts zurück zum **Ausgangspunkt** 01.

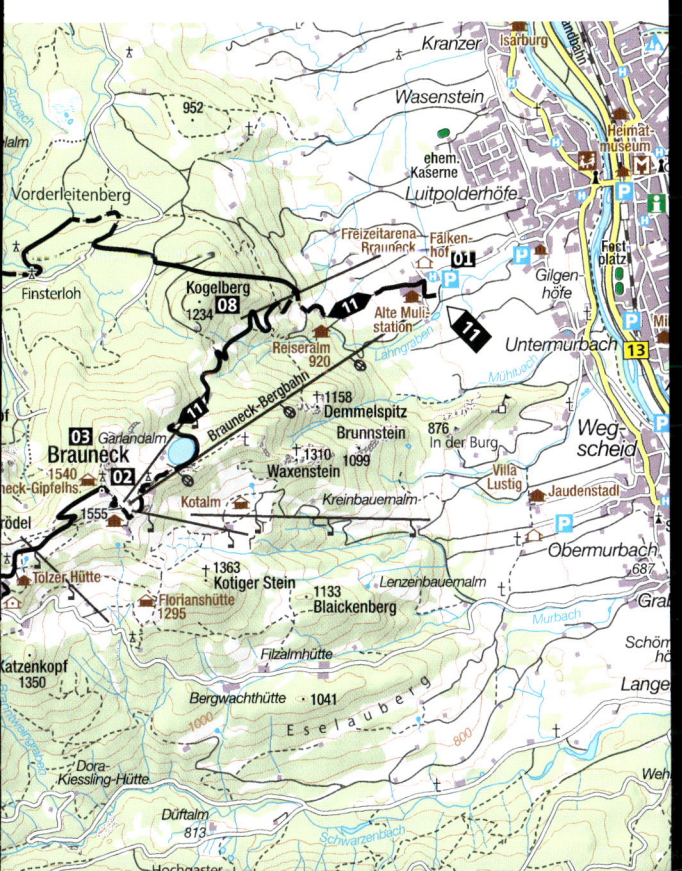

BRAUNECK-RUNDE • 1555 m

Der Sonnenbalkon des Isarwinkels

10 km　4:30 h　865 hm　865 hm　182

START | In Lenggries über die Isar, links nach Wegscheid und dort rechts die zweite Straße hoch zu den Kotalmlift-Parkplätzen an der Draxlalm, 720 m.
[GPS: UTM Zone 32 x: 692.650 m y: 5.281.950 m]
CHARAKTER | Die fast problemlose süd- bis ostseitige Tour führt über die Wald- und Wiesenhänge der Almenzone unterhalb des Brauneckkamms und lädt besonders im Frühsommer und Herbst zum Flanieren ein (freier Alpenblick).

Nichts für heiße Tage ist der zügige Aufstieg zu den sonnseitigen Almwiesen und -hütten im Skigebiet des Brauneck – es sei denn, man kehrt den Faulpelz heraus und fährt wie die meisten Touristen mit der Gondel hoch. Belohnt wird man so oder so mit einer prachtvollen Sicht auf Karwendel und Wetterstein. Obwohl die Runde überwiegend teils beschilderten Fahrwegen folgt, sind Straßenschuhe wegen einiger glitschiger Passagen nicht empfehlenswert. Bis zur Kotalm folgt der Aufstieg übrigens einer beliebten Trainingsstrecke für Hardcore-Mountainbiker.

▶ Von der **Draxlalm** 01 geht es links (westwärts) auf einem Karrenweg flach über Wiesen aufwärts, anschließend leitet uns ein Fahrweg rechts durch Wald erst an einem Bach, dann in Kehren relativ steil hinauf zu den Wiesen im Liftgebiet. Oberhalb der Kotalm queren wir nach links und folgen einem Wanderweg hinauf zu einem Sattel (zum Schluss matschig). Dahinter nordwestwärts in Wald queren, nun nordwärts etwas glitschig hinauf zu einer Piste mit Wiese, auf dieser kurz links, dann rechts zu einer Schul-

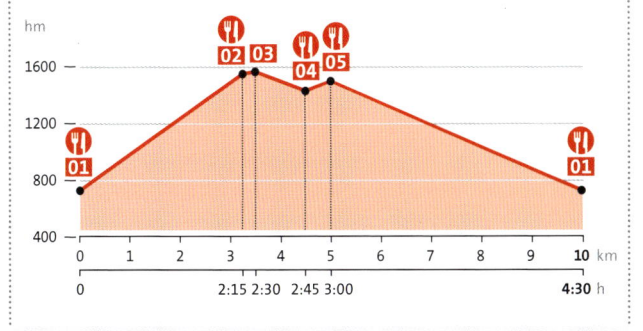

01 Draxlalm, 720 m; **02** Brauneck-Gipfelhaus, 1540 m; **03** Brauneck, 1555 m; **04** Quengeralm, 1420 m; **05** Stiealm, 1520 m

ter unterhalb der Bergstation der Brauneckbahn, die wir über eine Eisentreppe erreichen. Von hier erst einige Meter links auf dem Panoramaweg, dann scharf rechts zum bewirtschafteten **Brauneck-Gipfelhaus** **02** (1540 m) und hinauf zum Gipfel des **Brauneck** **03** (1555 m). Zunächst geht es westwärts auf dem Kamm (Höhenweg) Richtung Schrödelstein, vor diesem gehen wir jedoch links hinab zum Panoramaweg (Fahrweg) und wandern auf diesem südwestwärts hinab

Pferdeweide an der Stiealm auf der beliebten Sonnenseite des Braunecks.

zur bewirteten **Quengeralm** 04. Nun in westlicher Richtung erreichen wir über die Schulter an der Latschenkopfhütte die bewirtschaftete **Stiealm** 05 (1520 m). Wer den höchsten Gipfel des Brauneckkamms noch mitnehmen will, erreicht den Latschenkopf (1712 m) von hier westwärts auf anfangs gutem Weg am linken Rand des Idealhangs steil hinauf und schließlich auf einem etwas felsigen Pfad rechts hinauf (mit Abstieg 50 Min. mehr).

Abstieg: Wir gehen zurück zur Quengeralm, nehmen rechts den Fahrweg und wandern an der Bayernhütte und der Finstermünzalm (beide bewirtet) vorbei in Südostrichtung abwärts zum Wald. Weiter geht es zur Lichtung der Filzalm und ostwärts hinab zu flachen Wiesen. Beim Schild „Brauneck-Bahn" biegen wir links auf einen Wiesenpfad ab und erreichen nach Passieren einiger Zaundurchlässe den **Parkplatz** 01.

Info

Steffes Jaudenhangflitzer an der Talstation des neuen Sessellifts ist keine Sommerrodelbahn wie am Blomberg, sondern ein Alpencoaster, der nach dem Prinzip einer Achterbahn wie auf einer Kirmes oder der Münchner Wies'n funktioniert. Hiermit lässt sich theoretisch ungebremst über 24 Steilkurven und Jumps über 1600 Streckenmeter ins Tal sausen. Geöffnet täglich 10–19 Uhr; Kinder von 4–7 Jahren fahren mit zusätzlichem Sicherheitsgurt und Erwachsenem. Steffes Jaudenhangflitzer, Tel. 0175 5473765, www.jaudenhangflitzer.de

DENKALM-RUNDE • 1080 m

Spritztour zur Almwirtschaft

6 km | 2:00 h | 380 hm | 380 hm | 182

START | Lenggries, Parkplatz am Schwimmbad, 700 m.
[GPS: UTM Zone 32   x: 693.780 m   y: 5.284.320 m]
CHARAKTER | Zwar verläuft die beliebte Runde vollständig auf Fahrwegen und – bis auf den Wiesenbeginn – meist schattig im Wald, aber der Abschlussaufstieg ist steinig und der südseitige Abstieg stellenweise steil. Dafür entschädigt jedoch die freie westseitige Denkalm mit herrlichem Blick über das Isartal auf die Benediktenwandgruppe.

Überall im Gras des Wiesenbuckels verstreut, sitzen und liegen sie herum, die Sonnenanbeter. Kinder laufen geschäftig hin und her, während sich ihre Eltern geruhsam unterhalten oder einfach das Panorama des Isarwinkels genießen. Weniger romantische Naturen oder Wanderer ohne eigene Wegzehrung kehren im gemütlichen Gasthaus der ehemaligen Denkalm ein, das an sonnigen Herbstnachmittagen proppenvoll ist. Die hier vorgestellte Runde führt erst angenehm kühl am Tratenbach im Wald aufwärts, um nach einer kurzen Steilstufe im sonnenwarmen Hochwald schnell zur grünen Oase hinabzuführen.

▶ Vom **Parkplatz** 01 folgen wir der Beschilderung „Denkalm" in Richtung Nordwesten über einen Wiesenpfad hinter Häusern zu

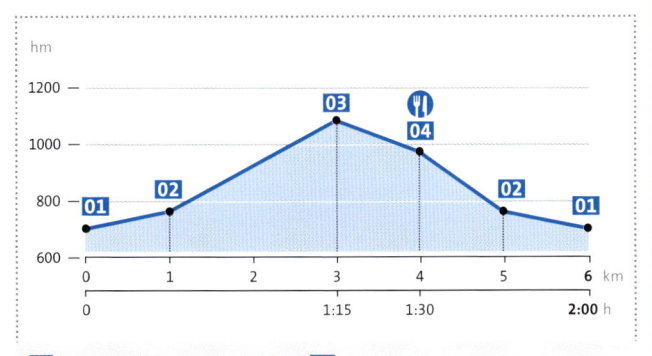

01 Lenggries/Schwimmbad, 700 m; 02 Brücke, 760 m;
03 Höchster Punkt, 1080 m; 04 Denkalm, 970 m

Die Denkalm ist ein beliebtes und vielbesuchtes Ziel für kurze Ausflüge und für Familien mit Kindern.

einem Teerweg. Auf diesem geht es rechts (nordostwärts) aufwärts an einem Parkplatz vorbei zu einer **Brücke 02** im Wald (760 m; von links kommt unser Rückweg).

Nun wandern wir geradeaus auf einem Fahrweg rechts des Tratenbachs zügig hinauf und gelangen an einem Flachstück links über den Bach. Der Beschilderung „Denkalm" folgend biegen wir zweimal links ab und erreichen einen Karrenweg, der westwärts steil zum **höchsten Punkt 03** (1080 m) der Tour hinaufführt. Rechts zweigt ein Steig über den Südostrücken zum 1125 Meter hohen Waldgipfel des Keilkopfs ab und führt via Westrücken wieder hinab zum Weg.

Abstieg: In stark wechselnder, teils sehr steiler Neigung geht es zügig hinab zu einem steilen Wiesenrücken, an den sich die zur gemütlichen Einkehr ladende, bewirtschaftete **Denkalm 04** (970 m) schmiegt. Mehr oder weniger steil geht es anschließend von dieser auf einem Fahrweg hinab zur **Brücke 02** und zur Aufstiegsroute zurück. Am **Ausgangspunkt 01** verspricht das Schwimmbad an heißen Tagen eine willkommene Abkühlung.

GEIERSTEIN • 1491 m

Per aspera ad astra

6 km | 4:00 h | 783 hm | 783 hm | 182

START | Hinter Lenggries links Richtung „Lenggries/Schloss Hohenburg" und gerade durch zum Wanderparkplatz (auch rechts des Hirschbachs) hinterm Schloss Hohenburg, 705 m.
[GPS: UTM Zone 32   x: 694.570 m   y: 5.283.010 m]
CHARAKTER | Der zügige westseitige Waldaufstieg über einen Rücken zum freien Gipfelgrat eignet sich ideal für Sommernachmittage. Der teils schlechte und oben stellenweise felsige Weg erfordert Trittsicherheit und Wanderschuhe.

Nach idyllischem Spaziergang entlang von den Fischteichen geht es im Wald auf nicht saniertem Weg immer steiler bergan, bis ein Felsköpfel einen wunderschönen Talblick auf das charakteristische Isarwinkler Nadelstreifenmuster aus sattgrünen Wiesen und dazwischen eingezogenen Baumreihen gestattet. Nichts für Flachlandtiroler ist allerdings der anstrengende Abschlusssteig mit seinen Fußfallen aus Wurzeln und Steinen zum 1491 m messenden Gipfel des auch Geigerstein genannten Bergs. Weniger trittsichere Wanderer können das bei 1483 m stehende Gipfelkreuz als Wendepunkt nehmen.

▶ Vom **Parkplatz** 01 gehen wir nordwärts einige Meter zu einem Wanderweg (Schilder), auf diesem eben durch Wald an einem Fischteich vorbei, rechts über ein Brückerl zu einem kleinen See (Schlossweiher) und kurz weiter.

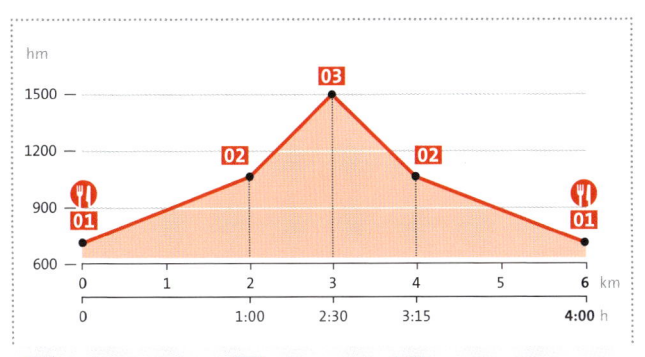

01 Hohenburg (P), 708 m; 02 Markeck, 1057 m; 03 Geierstein, 1491 m

Der Geierstein ist zwar eine Waldtour, der felsige Gipfel bietet aber eine schöne Aussicht.

A) Links ab, nördlich des Sees westwärts auf einem Fahrweg spazieren, dann auf einen rechts abzweigenden Fahrweg, gleich wieder rechts auf einen Weg (den Beginn des Westanstiegs zum Geierstein; Schild) und über den Westrücken aufwärts. B) Kürzer rechts ab, ein Stück einen Fahrweg talein, links einen Karrenweg hinauf und links aufwärts zum Aufstiegsrücken queren. Entlang diesem ostwärts in eine Mulde, durch diese auf schlechtem Weg (Schlamm, Wurzeln) zu einem Aufschwung, diesen hinauf serpentinieren und teils rechts des buckligen Kamms anstrengend aufwärts zu einem Felsköpfel mit Aussichtsbank (**Markeck** 02, 1057 m). An einem weiteren Aussichts-Felskopf vorbei geht es nun überwiegend steil und wurzelig den Rücken hinauf zu einer Verflachung, dann weiter rechts des fortführenden Grats über anfangs erdige und wurzelige Felsen (aufpassen!) und eine Rinne zu einem parkartigen Wiesenhang. Wir halten uns weiter rechts und gelangen über steile, steinige Serpentinen und anschließend über eine unterhalb des Grats verlaufende Rechtsquerung hinauf zum Gipfelkreuz des **Geierstein** 03 (1483 m). Trittsichere können auf der Querung unter den höchsten Felszacken weitergehen und die paar Meter zum Hauptgipfel (1491 m) hinaufklettern.

Abstieg über die Aufstiegsroute zum **Ausgangspunkt** 01.

HOHENBURGRUNDE

Spaziergang zwischen Ruine und Ritualstätte, Fels und Fischweiher

🔄 ➕ 2 km ⏱ 1:00 h 📏 90 hm 📐 90 hm 📖 182

START | Südlich der Ausfahrt Lenggries links ab Richtung „Lenggries/Hohenburg" und gerade durch zum Parkplatz links (oder rechts) des Hirschbachs hinterm Schloss Hohenburg, 705 m. [GPS: UTM Zone 32 x: 694.580 m y: 5.283.020 m]

CHARAKTER | Die gemütliche Waldrunde auf sandalentauglichen Wegen fast ohne Hohenmeter um einen felsigen Bergkopf und einen Fischweiher bietet auf kurzer Distanz ein Feuerwerk an kulturellen und natürlichen Attraktionen. Daher werden Interessierte wesentlich länger als die reine Gehzeit brauchen. Da man die Runde erst nachmittags (im Sommer ab 15–16 Uhr) begehen sollte, lässt sie sich ideal an eine Bergtour mit Hütteneinkehr anhängen.

Der Spaziergang um den Burgberg alias Weinberg der Ruine Hohenburg bietet ein geballtes Kultur- und Naturerlebnis auf kleinstem Raum. Die imposante Fassade des nach dem Brand der Hohenburg 1718 unterhalb erbauten Schlosses und jetzigen Mädcheninternats lässt sich am besten vorher vom Schloss-Parkplatz aus begutachten.

Die von einem rührigen Verein betreute Burg besteht zwar nur noch aus überwachsenen Grundmauern, wird aber auf anschaulichen

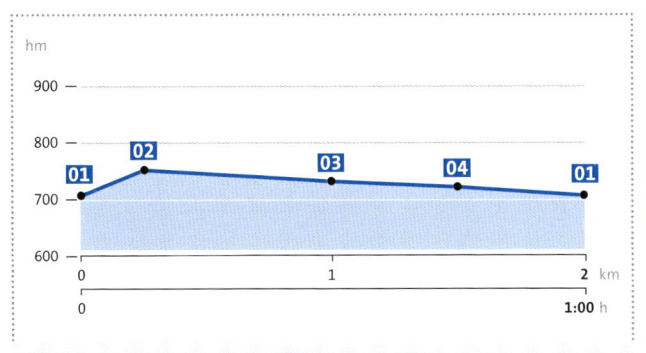

01 Parkplatz Hohenburg, 705 m; **02** Burgruine, 750 m;
03 Kalvarienberg, 730 m; **04** Schlossweiher, 720 m

Infotafeln wiedererweckt. Von ihrem Sattel lässt sich als Abstecher nordostwärts auf einem Steig unter eine überhängende Felswand mit kühn eingebohrter Klettertour und Alpenveilchen queren. Die nächste Attraktion ist der gegen die Isar vorgeschobene Kalvarienberg, ein kulturelles Kleinod in Form eines großen Wiesenhofs mit Kreuzgang inklusive Kreuzgruppe, Jakobusstatue und Marienbrunnen. Natürliches Highlight der Minirunde ist die folgende Umrundung des Schlossweihers, in dem sich der umgebende Wald in den sattesten Grüntönen spiegelt und die Karpfen ihre dunklen Rücken zeigen. Als Abschluss lässt sich in der Wirtschaft gegenüber dem Schloss einkehren (nur sonntags) oder von einem der vielen Parkplätze am Rand der Bundesstraße in die Isar springen (statt zu schwimmen, lässt man sich flussabwärts treiben).

▶ Vom **Parkplatz** 01 nordwärts über die Straße, Richtung Hohenburg/Lenggries links einige Meter hoch auf den Schlossweiher-Rundweg (führt umgekehrt) im meist lichten Mischwald und auf dem breiten Wanderweg westwärts zu einer Verzweigung (gerade ab durch Parks und Hinterhöfe des Schlosses Hohenburg und in Rechts-Links-Schleife an der Dionyskapelle vorbei zum Kalvarienberg).

Rechts Richtung Schlossweiher kurz zu einer Verzweigung mit Infotafel zur Geschichte der Burg Hohenburg, rechts abschließend durch einen Hohlweg hinauf zu einem Sattel, rechts auf einem Pfad zur Plateaulichtung der **Burgruine** 02 und hinauf zum ehemaligen Bergfried (2 Infotafeln).

Zurück zur Verzweigung, auf dem Sonnenweg weiter zu einem Fahrwegknoten und links auf inoffiziellem Weg oder dem linken Fahrweg westwärts zum **Kalvarienberg** 03 (gibt es auch in Bad Tölz). Wieder zurück zum Fahrwegknoten.

Variante: Weglos von rechts oder links auf den Rücken zwischen Sonnenweg und südlichem Weiherweg, südwärts auf deutlichen

Am Nachmittag spiegelt sich der Wald im Hohenburger Fischweiher.

Im Barockschloss Hohenburg befindet sich heute eine Mädchenschule.

Steigspuren sehr steil hinauf und einen Querungssteig kreuzend südostwärts weiter zum Gipfel an der Nordwestecke des Weinbergs (800 m). Nordwärts zum Nordufer des **Schlossweihers** `04`, ostwärts entlang, dahinter rechts und über ein Brückerl südwärts unter Felswänden wieder zurück zum **Ausgangspunkt** `01`.

Hohenburg

Seit dem 11. Jahrhundert gab es bei Lenggries die Hohenburg, die jahrhundertelang unter diversen Herren den rechtsseitigen Isarwinkel beherrschte, während der linksseitige von Bad Tölz verwaltet wurde. Seit 1566 war die Burg im Besitz des Augsburger Patriziergeschlechts Herwarth, die die schlichte Wehrburg in eine wohnlichere Schlossburg umbauten. Während des Bayerischen Volksaufstandes von 1705 im Spanischen Erbfolgekrieg stand Hohenburg im Zentrum der Erhebung der Isarwinkler und wurde von den in der „Sendlinger Mordweihnacht" siegreichen österreichischen Soldaten besetzt. Bei deren Abzug 1707 brannte die Schlossburg vermutlich durch Brandstiftung aus, wurde aufgegeben, durch das bis heute prächtige Schloss Hohenburg ersetzt und als Steinbruch u. a. für Lenggrieser Sakralbauten verwendet. Das neue Schloss gehörte nach ab 1800 wechselnden Besitzern ab 1890 den Nassau-Weilburger Großherzögen von Luxemburg, bis es 1953 vom Radio- und Fernsehmagnaten Max Grundig erworben und dem Ursulinenorden gestiftet wurde. Heute befinden sich im Schloss Mädchengymnasium und -realschule der Erzdiözese München und Freising.

Nahe der Burgruine ragen überhängende Kletterfelsen überm Weg auf.

FOCKENSTEIN • 1564 m

Eingehtour für Bergwanderer

14 km 5:15 h 854 hm 854 hm 182

START | Hinter Lenggries links Richtung „Lenggries/Schloss Hohenburg" und gerade durch zum Wanderparkplatz (auch rechts des Hirschbachs) hinterm Schloss Hohenburg, 705 m.
[GPS: UTM Zone 32 x: 694.570 m y: 5.283.010 m]

CHARAKTER | Die west- und südseitige Sommertour folgt relativ lang einem eingeschnittenen, bewaldeten Bachlauf, um oben auf recht gutem Weg über sanfte freie Almrücken zum felsigen Gipfel zu leiten.

Der Fockenstein beeindruckt wie die meisten Isarwinkler Berge mit der Endung „-stein" nur in seinem obersten Zehntel durch einen felsigen Gipfelkopf. Dafür wartet der Grenzberg zum Mangfallgebirge mit Blick auf den Tegernsee ab dem Hirschtalsattel mit hübschen Wiesenrücken und urigen Almhütten auf. Wer zusätzlich ausgedehnte Bachwanderungen mag und (noch) nicht allzu gebirgstauglich ist, für den ist die (bis auf die Felspassage unter dem Gipfel) leichte, aber lang gezogene Bergtour das Richtige – zumal im Sommer der größere Teil des Aufstiegs immer kühl bleibt. Auf dem guten Forstweg bis zum Hirschtalsattel ist die Benutzung eines Fahrrads eine sinnvolle Alternative.

▶ Wir wandern oder biken vom **Parkplatz** 01 ostwärts an den

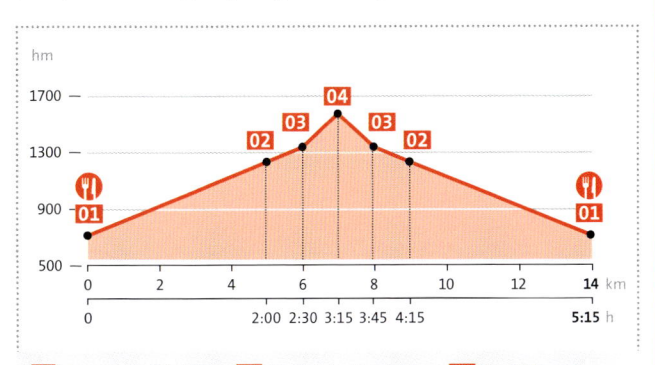

01 Hohenburg (P), 708 m; 02 Hirschtalsattel, 1224 m; 03 Neuhüttenalm, 1329 m; 04 Fockenstein, 1564 m

16

Der Fockenstein mit seiner parkartigen Gipfel-Alm.

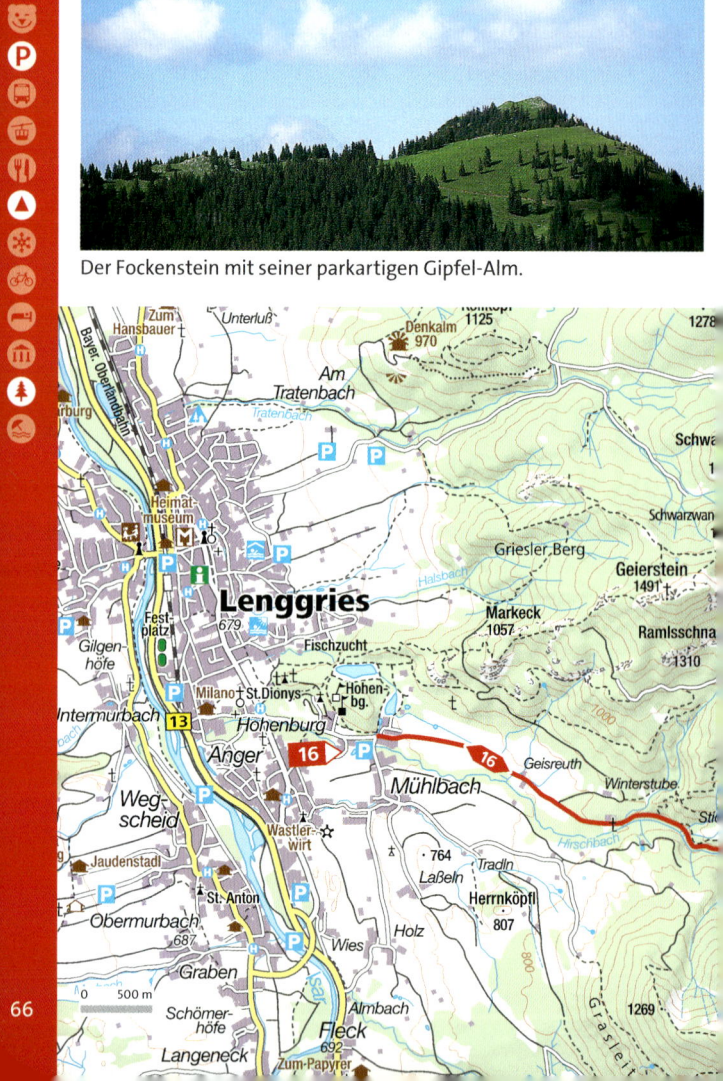

letzten Häusern des Orts vorbei anfangs noch auf einem Teerweg, dann auf einem Forstweg nördlich des Hirschbachs über Bauernwiesen flach talein. Der Weg führt durch Wald ins teils schluchtartig eingekerbte Hirschbachtal und ab der Stickelalm (nördlich oberhalb des Wegs, nicht sichtbar) weiter nordostwärts aufwärts, bis es dann abschließend steiler wird (2 Kehren; am besten das Bike nach ca. 4 km deponieren) und es – kurz einen Südhang querend – zu einem freien Knotenpunkt von diversen Fahr- und Wanderwegen hinaufgeht, dem **Hirschtalsattel** 02 (1224 m). Von hier nordwärts auf einem Wanderweg durch Wald aufwärts zu einem Wiesenrücken und dann leicht abfallend zu den Hütten der **Neuhüttenalm** 03 (1329 m) hinüber queren. Dort geht es scharf links (südwestwärts) über einen Karrenweg aufwärts in einen Sattel, dann rechts (nordwärts) auf einem guten Pfad in Serpentinen relativ steil hinauf zu einem Schrofenköpfel. Rechts von diesem (links geht es zum Geierstein, siehe Tour 14) nordostwärts kurz queren und durch einen Felsengarten hinauf zum Gipfel des **Fockenstein** 04 (1564 m).

Abstieg über die Aufstiegsroute zum **Ausgangspunkt** 01.

HIRSCHBACHTAL-UMRUNDUNG

Vier Gipfel auf einen Streich

15 km 7:30 h 1558 hm 1558 hm 182

START | Hinter Lenggries links Richtung „Lenggries/Schloss Hohenburg" und gerade durch zum Wanderparkplatz (auch rechts des Hirschbachs) hinterm Schloss Hohenburg, 705 m.
[GPS: UTM Zone 32   x: 694.570 m   y: 5.283.010 m]
CHARAKTER | Die Hälfte aller Wanderberge östlich des weiten Isarwinkler Tals lassen sich mit einer großen Kammrunde überschreiten – wegen sumpfiger Abschnitte am besten im Hochsommer und Herbst. Trittsicherheit und viel Kondition ist nötig.

Die Umrundung des Hirschbachtals, die fast ausschließlich über Kämme und Rücken namhafter Isarwinkler Berge verläuft, ist nicht nur eine Monstertour im Voralpenformat, sondern auch eine Panoramatour par excellence: Die Aussicht wird von Gipfel zu Gipfel besser. Nachdem der Geierstein mit Blick übers Isartal mühsam, aber schnell durch den Wald erklommen ist, lockt der Fockenstein mit seinem Tegernseer Panorama und freien Wiesenhängen.

Die hier folgende, erstaunlich problemlose Besteigung des eindrucksvollen Latschen- und Schrofen-Kamms über den Auerkamp zum Spitzkamp wird mit einem

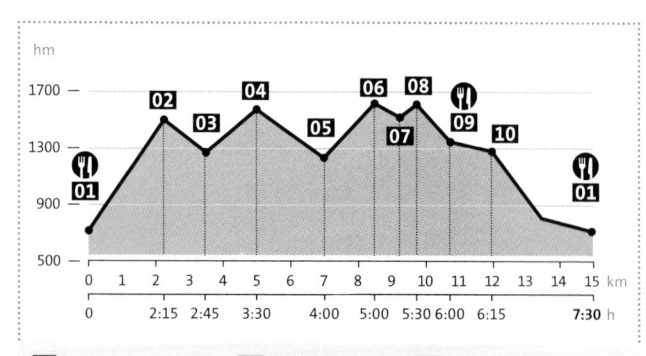

01 Hohenburg (P), 708 m; **02** Geierstein, 1491 m; **03** Sattel, 1261 m; **04** Fockenstein, 1564 m; **05** Hirschbachsattel, 1224 m; **06** Auerkamp, 1607 m; **07** Joch, 1510 m; **08** Seekarkreuz, 1601 m; **09** Lenggrieser Hütte, 1338 m; **10** Grasleitenstein, 1269 m

Blick vom massigen Felsklotz des Guffert bis zu den auch im Herbst weiß gleißenden Zentralalpen belohnt. Und von der Kammfortsetzung des beliebten Almbuckels des Seekarkreuzes reicht der Alpenblick noch weiter in die Runde. Beim Abstieg wird man auf saniertem Weg direkt zur Lenggrieser Hütte gelenkt, um nach dem vierfachen Gipfelsturm ein wohlverdientes Bierchen zu zischen und anschließend über den Grasleitenkamm abzusteigen.

▶ Vom **Parkplatz** 01 gehen wir nordwärts einige Meter zu einem Wanderweg (Schilder), auf diesem eben durch Wald an einem Fischteich vorbei, rechts über ein Brückerl zu einem kleinen See (Schlossweiher) und kurz weiter. Rechts ab, ein Stück einen Fahrweg talein, links einen Karrenweg hinauf und links aufwärts zu Aufstiegsrücken queren. An diesem entlang ostwärts zu einer Mulde hinauf und durch diese auf schlechtem Weg (Schlamm, Wurzeln) zu einem Aufschwung. Nun geht es in Serpentinen und teils rechts des buckligen Kamms zu einem Felsköpfel mit Aussichtsbank (Markeck, 1057 m) hinauf. An einem weiteren Felskopf vorbei und über den steilen und wurzeligen Rücken erreichen wir eine Verflachung. Dann geht es rechts des fortführenden Grats über anfangs erdige und wurzelige Felsen und eine Rinne zu einem Wiesenhang, anschließend rechts in steilen und steinigen Serpentinen und von der unterhalb des Grats verlaufenden Rechtsquerung hinauf zum Gipfelkreuz des **Geierstein** 02 (1483 m).

Auf dem Steig weiter und links hinab (nordostwärts) über Schutt und Fels in den Wald zu einer Verzweigung (1340 m; links nach Lenggries). Wir gehen rechts Richtung Fockenstein über eine Lichtung und über sumpfige Waldwege und rutschige Holzstege südostwärts zu einem **Sattel** 03 (1261 m) hinunter. Auf dem fortsetzenden Fahrweg nördlich des

Einfach durchatmen und genießen.

Schlagkopfs queren wir ostwärts in einen weiteren Sattel (1270 m). Nun geht es links auf den ansetzenden Rücken, über diesen auf einem Pfad durch lichteren Wald hinauf zu einem steinigen Almrücken und auf einem Wiesensteig ostwärts durch eine Mulde aufwärts. Rechtshaltend um einen Schrofenkopf und auf einem kreuzenden Weg nordwärts an einem Felsengärtlein vorbei gelangen wir hinauf zum Gipfel des **Fockenstein** 04 (1564 m).

Wir wandern auf dem Weg über den Südrücken hinab in einen Sattel (1390 m), auf Steigspuren in der Ostflanke des Neuhüttenecks zum abgekürzten Weg und auf diesem nun leicht rechtshaltend zum **Hirschbachsattel** 05 (1224 m). Gegenüber geht es auf einem Pfad eine Wiesenflanke steil gerade hinauf, etwas ausgewaschen und schrofig zwischen Latschen weiter, zum Schluss rechtshaltend zum Kampen-Kamm (links Abstecher zum Ochsenkamp, 1595 m, möglich). Uns anfangs nördlich des Kammes haltend, kommen wir zum südwestlich liegenden **Auerkamp** 06 (1607 m). Weiter am Kamm geht es auf einem felsigen Steig zum Spitzkamp (1603 m).

Anschließend gelangen wir über einen teils gesicherten und sanierten Felsensteig hinab in einen Sattel und auf einem Fahrweg nördlich des Brandkopfs zu einem **Joch 07** (1510 m). Dahinter geht es über einen schmalen Wiesenrücken hinauf zum **Seekarkreuz 08** (1601 m). Auf der anderen Seite über den Südwestrücken steil hinab, kurz aufwärts zum Vorgipfel und rechts über den breiten Westrücken durch teils lichten Wald auf saniertem Weg abwärts. Zum Schluss rechtshaltend erreichen wir einen Sattel mit der einladenden **Lenggrieser Hütte 09** (1338 m).

Nach unserer wohlverdienten Einkehr queren wir auf einem unmarkierten Steig nordwestwärts durch eine bewaldete Flanke zu einer Lichtung auf dem Grasleitenkamm. Über diesen geht es dann auf einem Pfad westwärts an dem freien Kreuz des **Grasleitensteins 10** (1269 m) vorbei abwärts und kurz rechts zu einem Karrenweg. Auf diesem durch Wald hinab zu einer Almlichtung, westwärts auf einem Fahrweg (evtl. geschlossenes Gatter) über Wiesen abwärts und links des Hirschbachs talaus weiter zu einigen Bauernhöfen (links nach Mühlbach). Rechts erreichen wir auf einer Straße in wenigen Minuten den **Ausgangspunkt 01**.

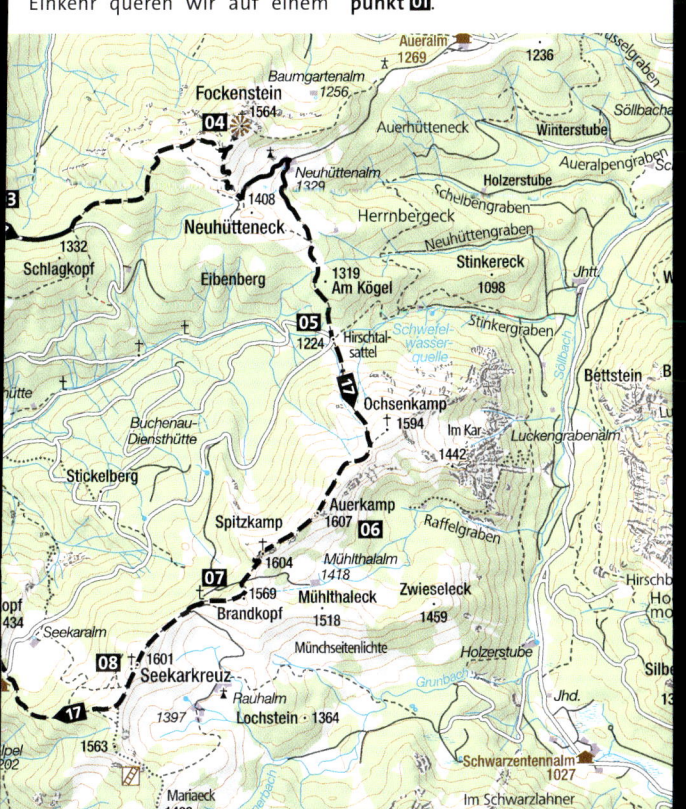

KAMPEN-ÜBERSCHREITUNG • 1607 m

Alpiner Kamm zwischen Isartal und Tegernsee

14 km 6:00 h 913 hm 913 hm 182

START | Hinter Lenggries links Richtung „Lenggries/Schloss Hohenburg" und gerade durch zum Wanderparkplatz (auch rechts des Hirschbachs) hinterm Schloss Hohenburg, 705 m.
[GPS: UTM Zone 32   x: 694.570 m   y: 5.283.010 m]

CHARAKTER | Nach längerem und nicht immer logischem Zustieg folgt als Highlight die aussichtsreiche, alpin angehauchte Überschreitung des Kampenkamms. Trittsicherheit und Schwindelfreiheit für die 30 Hm zum Spitzkamp erforderlich! Auch als Bike&Hike-Tour via Hirschtalsattel machbar.

Zugegeben, der Zustieg zum selten besuchten, aussichtsreichen Kampenkamm ist relativ lang und etwas unlogisch; aber der Hohlweg, der früher wunderbar direkt zu den Almen um den markanten Spitzkamp hochgeführt hat, ist leider verfallen. Wer abkürzen will und Orientierungsfähigkeit besitzt, mag ihn im Abstieg probieren – er ist in der Karte (noch) als Steig eingezeichnet. Mit ihren schrofen- und rinnendurchsetzten Latschenflanken, dem kurzen, aber heftigen Aufstieg zum Spitzkamp und einem steigartigen

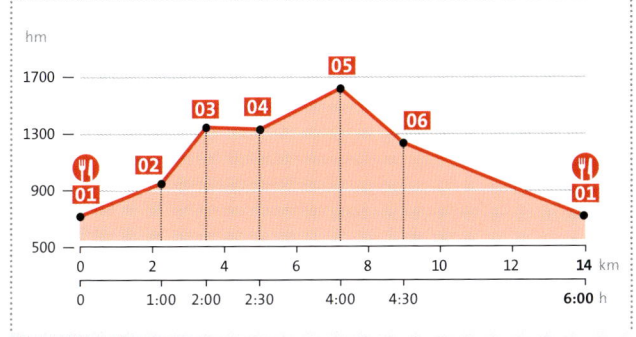

01 Hohenburg (P), 708 m; **02** Brücke, 940 m; **03** Seekaralm, 1334 m; **04** Diensthütte, 1320 m; **05** Auerkamp, 1607 m; **06** Hirschtalsattel, 1224 m

Wanderpfad besitzen die Kampen neben Roß- und Buchstein als einzige Grenzberge zum Tegernsee alpinen Charakter.

▶ Vom **Parkplatz** **01** geht es anfangs auf einem Teerweg ostwärts an den letzten Häusern des Orts vorbei, dann folgen wir einem Forstweg nördlich des Hirschbachs über Bauernwiesen und marschieren flach talein. Im teils schluchtartig eingekerbten Hirschbachtal geht es durch Wald weiter, bis nach einer **Brücke** **02** über den Bach rechts ein Fahrweg abgeht (910 m; Schild Lenggrieser Hütte; bis hierher auch mit Rad). Neben einem Bächlein in einem Einschnitt südostwärts talein, gerade auf einen Wanderweg (links neuer Fahrweg zur Lenggrieser

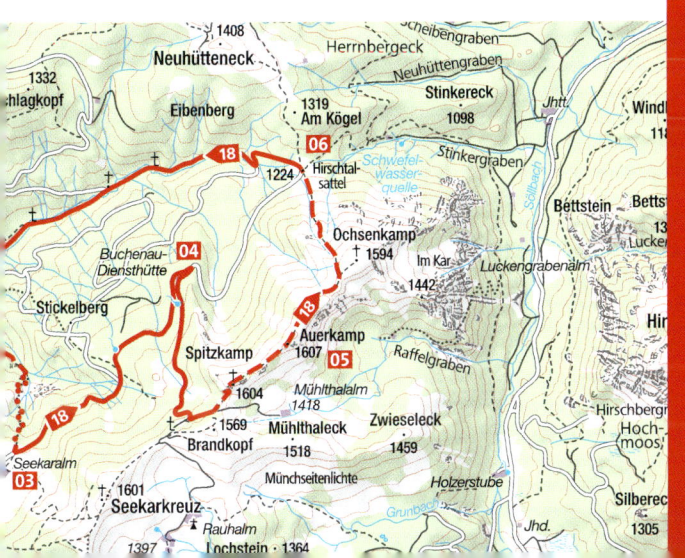

Hütte) und nach einem Holzbrückerl rechts kurz steil einen Pfad in Serpentinen aufwärts zu einer ansteigenden Querung. Danach rechts (südwärts) erst über einen kaum merklichen Rücken im Hangwald, nach kurzer ansteigender Querung dann durch eine steile Mulde hinauf zu einem Durchgang und den Wiesen der **Seekaralm** 03 (1334 m).

Von hier zu einem Wegweiser (rechts Abstecher zur bewirtschafteten Lenggrieser Hütte) und links auf einem Fahrweg praktisch eben durch Wald nordostwärts Richtung Hirschtalsattel (Abkürzer: auf altem Steig und weglos hinter dem am tiefsten eingeschnittenen Bach rechts hinauf). An einem markanten nordseitigen Rücken nach **der Buchenau-Diensthütte** 04 (1320 m) wandern wir scharf rechts (südwärts) auf einem Fahrweg in Richtung Seekarkreuz/Rauhalm aufwärts, bis nach einer Almlichtung und Serpentinen links ein Karrenweg abzweigt. Auf diesem nördlich des Brandkopfs ostwärts kurz in einen Sattel queren, links (nordwärts) ab auf einen steinigen Pfad am Kamm und steil, ausgesetzt und stellenweise mit Drahtseil gesichert auf den felsigen, mit Holzstufen verbesserten Pfad hinauf zum markanten Nebengipfel des Spitzkamp. Auf dem Aussichtskamm der Kampen flach weiter zum **Auerkamp** 05 (1607 m).

Abstieg: Stellenweise nördlich des Kamms geht es auf einem nicht immer deutlichen Pfad kaum abfallend zu einer Mulde (Abstecher zum Ochsenkamp, 1594 m) und links zwischen Latschen auf teils ausgewaschenem und schrofigem Pfad hinab zu einem Wiesenhang und dem **Hirschtalsattel** 06 (1224 m). Von hier wandern wir links auf dem breiten langen Forstweg durch das bewaldete Hirschbachtal abwärts und talaus zum **Ausgangspunkt** 01.

Die Schlüsselstelle des Anstiegs zum Auerkamp am wenige Meter niedrigeren Spitzkamp.

SEEKARKREUZ • 1601 m

Beliebte Familienwanderung mit Hütte

10 km 5:00 h 893 hm 893 hm 182

START | Hinter Lenggries links Richtung „Lenggries/Schloss Hohenburg" und gerade durch zum Wanderparkplatz (auch rechts des Hirschbachs) hinterm Schloss Hohenburg, 705 m.
[GPS: UTM Zone 32 x: 694.570 m y: 5.283.010 m]
CHARAKTER | Die beliebte Tour führt nach dem Wiesenzustieg in meist lichtem Wald auf teilsaniertem Weg an der Flanke des west- bis südseitigen Grasleitenkamms entlang und auf einem breiten Westrücken zum aussichtsreichen Almgipfel.

Früher kämpfte man hier mit Wurzeln und Schlamm, und wer beim Abstieg nicht ausrutschte oder stolperte und auf den Hintern fiel, konnte als echter Bergsteiger gelten. Jetzt sind die meisten neuralgischen Wegpassagen zur Erleichterung von Mensch und Natur saniert, so dass man die subtropisch wuchernde Farnwildnis am licht bewaldeten Aufstiegsrücken zum Vorgipfel richtig würdigen kann. Erstaunlich ist das weite Gipfelpanorama des unscheinbaren grünen Gipfelbuckels: vom nahen Karwendel und Rofan über die Stubaier und Zillertaler Alpen jenseits des Inntals bis zu den fernen Hohen Tauern mit der flachen Pyramide des makellos weißen Großvenediger und dem dunklen Felshorn des Großglockner.

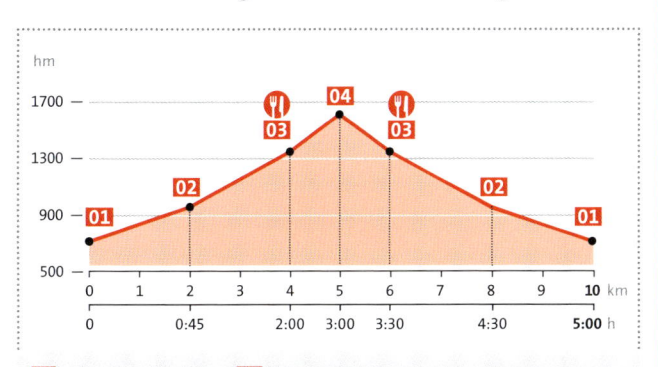

01 Hohenburg (P), 708 m; **02** Durchgang, 950 m;
03 Lenggrieser Hütte, 1338 m; **04** Seekarkreuz, 1601 m

▶ Vom **Parkplatz** `01` gehen wir zunächst auf der Straße ½ km südwärts zwischen Wiesen und Bauernhöfen nach Mühlbach, hier links ab Richtung „Seekar" und am Mühlbach südostwärts durch Wiesen auf einen Fahrweg. Vor dem Tradln-Hof zweigen wir links auf einen Karrenweg ab (Seekarkreuz/Lenggrieser Hütte), der in einen Pfad übergeht, der steil hinauf zu einem **Durchgang** `02` am Waldrand führt (950 m). Von hier kurz weiter auf wurzeligem Wanderweg südwärts die „Grasleiten" queren, auf von Fleck hochkommendem, neuem Fahrweg weiter und auf saniertem Weg ostwärts ansteigen zur **Lenggrieser Hütte** `03` (1338 m) mit der einladenden Sonnenterrasse.

Dem geschwungenen Rückenverlauf des von unten sichtbaren Seekarkreuzes süd- bis ostwärts folgend, steigen wir durch teils lichten Wald mit Farnfeldern auf dem sanierten Weg auf den freien Vorgipfel. Nun nordostwärts auf dem zunehmend schmalen Kamm hinüber und steil, einer Schrofenstelle links ausweichend, hinauf zum Gipfel des **Seekarkreuzes** `04` (1601 m).

Abstieg über die Aufstiegsroute zurück zum **Ausgangspunkt** `01`.

Der hübsche Wiesenrücken zum Gipfel des Seekarkreuzes.

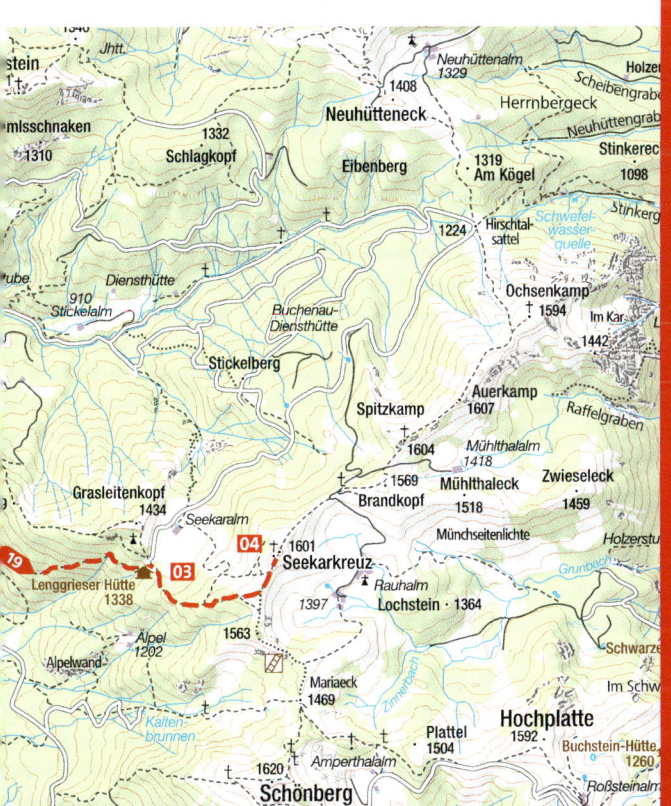

GRASLEITENKOPF • 1434 m

Geheimtipp im überlaufenen Revier

8 km • 4:00 h • 723 hm • 723 hm • 182

START | Hinter Lenggries links Richtung „Lenggries/Schloss Hohenburg" und gerade durch zum Wanderparkplatz (auch rechts des Hirschbachs) hinterm Schloss Hohenburg, 705 m.
[GPS: UTM Zone 32 x: 694.570 m y: 5.283.010 m]
CHARAKTER | Vom Frühling bis Spätherbst lässt sich die idyllische, einsame und licht bewaldete oder freie und blumenreiche Kammwanderung begehen. Orientierungsvermögen erforderlich.

Die Route über den idyllischen Grasleitenkamm zum Grasleitenkopf wird aus unerfindlichen Gründen wenig begangen, vielleicht weil der „Einstieg" zu dieser Wanderung leicht übersehen wird. Es handelt sich hier also um einen absoluten Insider-Trip, der Aussicht über das Isartal und Blumenpracht auf dem sonnigen Kamm garantiert. Am steil zur Seekaralm abfallenden Wiesenhang des Gipfelkamms wachsen die hohen Stauden des Gelben Enzians, dessen Wurzeln zum Brennen des Enzianschnaps ausgerissen werden. Man kann die Route besonders im Frühling oder im Spätherbst entweder als eigenständige Tour gehen oder ab der Lenggrieser Hütte noch das Seekarkreuz (s. vorige Tour) anhängen.

▶ Vom **Parkplatz** 01 geht es auf der Straße ½ km südwärts nach Mühlbach, hier links ab Richtung

01 Hohenburg (P), 708 m; 02 Viehgatter, 780 m; 03 Nordwestrücken, 1120 m; 04 Grasleitenkopf, 1434 m; 05 Lenggrieser Hütte, 1338 m; 06 Hirschbachtal, 900 m

Seekarkreuz und am Mühlbach südostwärts durch Wiesen erst auf einen Fahrweg, dann vor dem Tradln-Hof links auf einen Karrenweg (Schilder Seekarkreuz/Grasleiten-steig/Lenggrieser Hütte), den man bis zu einer Waldhecke mit Linden und eisernem **Viehgatter** 02 verfolgt (780 m). Dahinter kurz links über ein Wiesenstück zu einem parallelen Fahrweg (keine Beschilderung!), auf diesem ostwärts in den Wald und zu einem Zaunüberstieg. Dahinter am rechten Rand der Almlichtung auf einem Steig in den Wald und relativ steil südwärts hinauf zu einem Karrenweg, an dessen Verzweigung man rechts zum **Nordwestrücken** 03 des Grasleitenkamms quert (1120 m). Auf einem Pfad, teils zwischen Bäumen, teils frei aufwärts zu einem Aussichtspunkt mit **Kreuz** (1269 m; Grasleitenstein), ausgesetzter Bank und Blick über den gesamten Isarwinkel. Flach dahin, bis rechts die ausgesetzte Pfadquerung zur Lenggrieser Hütte abzweigt. Gerade über den Rücken auf einem Steig ostwärts hinauf zum freien **Grasleitenkopf** 04 (1434 m) mit kleinem Gipfelkreuz über einem Wiesenhang mit Gelbem Enzian..

Abstieg: Kurz in Ostrichtung abwärts, scharf rechts unterm Gipfel zu dessen Nordrücken queren und über diesen (an einer Waldhütte einen Zaun übersteigend) auf teils rutschigem Steig direkt hinab zur bewirtschafteten **Lenggrieser Hütte** 05 (1338 m). Nach der Einkehr wandern wir nordwärts auf einem Fahrweg über Almwiesen flach an See und Seekaralm vorbei zu einem Linksabzweig (Schild „Lenggries über Sulzersteig"). Via Durchgang gelangen wir nordwärts zum steilen Hangwald und über Serpentinen hinab in ein eingeschnittenes Tälchen. Wir gehen talaus über ein Brückerl zu einem Fahrweg und schließlich links auf dem breiten Forstweg im **Hirschbachtal** 06 (910 m) westwärts talaus zurück zum **Ausgangspunkt** 01.

Der Aussichtspunkt am Kreuz des Grasleitensteins am Kammweg zum Grasleitenkopf

WINKL-MÜHLBACH-RUNDE

Wiesenwanderung zwischen Isar und Gebirge

8,5 km 2:30 h 128 hm 128 hm 182

START | Weiler Winkl südlich von Lenggries, Parkplatz beim Gasslerwirt, 705 m.
[GPS: UTM Zone 32 x: 694.870 m y: 5.279.280 m]
CHARAKTER | Die Route zum Kennenlernen des hinteren besiedelten Abschnitts des Isartals führt auf viel begangenen Rundwegen über die Wiesen und Terrassenweiden der Isarwinkler Bauern. Auf Teersträßchen und guten Schotterwegen bummelt man ohne große Höhenunterschiede durch die Gegend, muss aber zum Schluss ein Stück neben der Straße entlangmarschieren. Die wenig begangene Variante erfordert gute Schuhe und 120 Höhenmeter Aufstieg zusätzlich.

Egal ob während der Heuernte oder beim Almabtrieb: Hier kann man den Isarwinkler Bauern bei der Arbeit zusehen und gleichzeitig die braungefleckten Kühe um ihr ruhiges Landleben beneiden. Je nach der Jahreszeit blüht gelber Löwenzahn auf den Weiden oder blauer Enzian auf den Sumpfwiesen. Baumreihen aus Eschen oder Ahornen erscheinen im Frühjahr in grüner Farbe und Schlehe oder Weißdorn an Feldrainen in weißer. Darüber locken die dunklen Wälder der Isarwinkler Berge, deren Wege man auf einer Variante kurz erkunden kann. Man hat beim Spazierengehen eher den Ein-

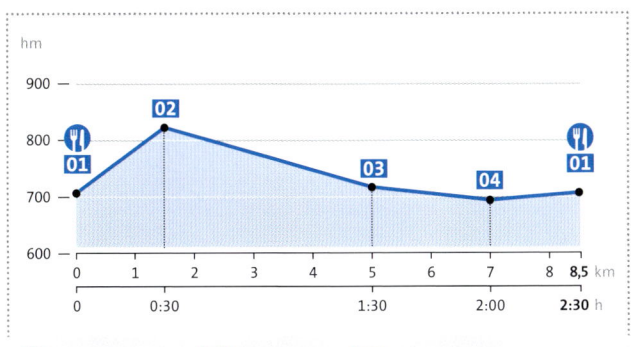

01 Gasslerwirt, 705 m; 02 Marterl, 820 m; 03 Mühlbach, 715 m;
04 Fleck, 692 m

druck, sich auf einer freien Hochebene anstatt in einem Talgrund zu bewegen, weil man sich größtenteils auf der weiten nacheiszeitlichen „Schotterterrasse" oberhalb der Isar befindet, in die sich der Wildfluss eingefressen hat.

▶ Wir gehen vom **Gasslerwirt** 01 auf einem Radweg parallel zur Straße kurz südwärts, halten uns auf Teerstraßen kurz zweimal links (Schild Runde I) und flanieren nordostwärts durch Wiesen zu einigen Bauernhöfen. Dahinter geht es steil hinauf zu einer Terrasse und auf einem Fahrweg ostwärts aufwärts zu einem **Marterl** 02 (820 m) an einem Teerweg.

Auf dem Teerweg links (nordwestwärts) durch Wiesen abwärts, rechts über eine Brücke (750 m) auf einen Fahrweg, hier rechts und dann in einer Linksschleife nordwärts durch ein Waldstück zu einem Forstweg. Nun wandern wir zwischen Sumpfwiesen und Viehweiden nordwestwärts hinab nach **Mühlbach** 03 (715 m).

Variante:

Beim Marterl gegenüber dem Schild Lenggrieser Hütte den Weidezaun öffnen, gerade auf einem Pfad aufwärts in den Wald, rechts eines Bächleins teils schmierig weiter mit abschließender Linksschleife zu einem Forstweg (950 m) und auf diesem links (nordwestwärts) hinab.

Vor dem Bach geht es auf dem „Lasseln-Rundweg" links auf eine Teerstraße und kurz darauf wieder links südwärts nach Holz. Auf einem Fahrweg gehen wir bis zu einem weiteren Fahrweg und einer Brücke über den Almbach. Dahinter halten wir uns rechts und wandern auf einer Teerstraße über Wiesen hinab nach **Fleck** 04 (das Gasthaus Papyrer ist geschlossen). Von hier geht es auf dem Radweg neben der Hauptstraße B 13 südwestwärts nach Winkl, wo uns der **Gasslerwirt** 01 erwartet.

BSE – nein danke: Schottische Hochlandrinder in bayerischer Bauernwiese.

Lenggries
679
Fischzucht
Milano
St. Dionys
Hohenbg.
Hohenburg
Anger
Mühlbach
03
Wastlerwirt
St. Anton
Wies
Graben
Isar
Almbach
Fleck
692
Zum Papyrer
04
Hohenreuth
Wehrholz
Hellerschwang
Leger
Landerermühle
Gasslerwirt
Winkel
01
Klaffenbach
Hohenwiesen
Bommerhof
Deutsche Alpenstraße
Vordergruberalm Niederleger
Rauchenberg
Almgraben
Holzerhütte
Schwarzbergel
1307
Schwarzwand
1340
Jhtt.
Griesler Berg
Geierstein
1491
Halsbach
Markeck
1057
Ramlsschnaken
1310
Geisreuth
Winterstube
Diensthütte
910
Stickelalm
Hirschbach
764
Laßeln
Tradln
Herrnköpfl
807
Holz
21
800
Grasleite
1269
Grasleitenkopf
1434
Lenggrieser Hütte
1338
Almbach
Bauernrast
Älpel
1202
Alpelwand
780
Schmickerstein
861
784
02
V21
Kaltenbrunnen
Winkelbach
1000
1155
Gufelkopf
Klafferbach
Hohenwiesner Berg
Breitenl
1347
Roßkopf
1403
0 500 m

SCHÖNBERG • 1620 m

Der feuchte Weg zur weiten Sicht

8 km 5:00 h 886 hm 886 hm 182

START | Durchs Isartal einwärts bis Fleck und vor „Bäckerei/Lebensmittel Bammer" links (ostwärts) hinauf zum Parkplatz am Waldrand, 735 m.
[GPS: UTM Zone 32 x: 695.150 m y: 5.280.780 m]

CHARAKTER | Die unten schattige und oben feuchte, überwiegend westseitige Tour ist ideal für Hochsommer und Herbst bei trockenen Verhältnissen geeignet und bietet am freien Almgipfel einen weiten Blick. Die Abstiegsvariante über den Westrücken ist ein Schmankerl für jeden Bergsteiger.

Obwohl die Beschreibung etwas kompliziert klingt, folgt der Aufstieg zum Schönberg einer klaren, abkürzenden Linie, die meist jedoch eine recht feuchte Angelegenheit ist. Die Fernsicht vom sanft gerundeten Gipfelkamm über steilen Wiesenflanken reicht vom markanten Roß- und Buchstein und dem Mangfallgebirge mit Rißerkogel und Plankenstein im Osten über die Benediktenwand des Isarwinkels im Westen und das noch überwiegend grüne Vorkarwendel im Süden bis zur kalkgrauen Guffertspitze des Rofan und in die Hohen Tauern.

▶ Vom **Parkplatz** 01 wandern wir südostwärts auf einem Sträßchen kurz talein, gehen links über den Almbach zu einem Fahrweg

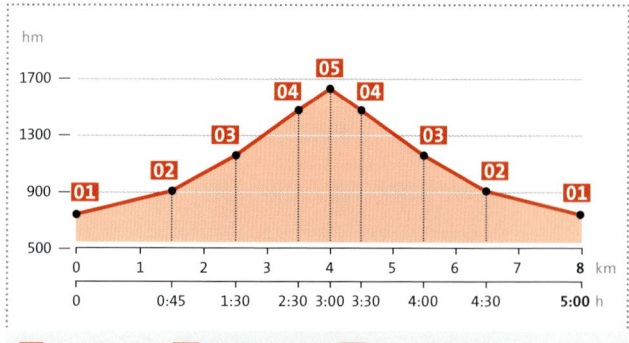

01 Fleck (P), 735 m; 02 Almbach, 900 m; 03 Wanderweg, 1150 m;
04 Mariaeck, 1468 m; 05 Schönberg, 1620 m

Variante:

Dieser Abstieg erfordert etwas Orientierungsvermögen und Trittsicherheit. Auf Wegspuren über den Westrücken zum Kreuz absteigen (hier links zur Schönbergalm und der Teerstraße nach Fleck) und gerade über die Almwiesen weiter hinab bis zum Beginn des Walds (Zaundurchgang). Auf deutlichem, unmarkiertem Steig den Rücken steil hinab zu einer flachen Schlag-Lichtung (1150 m) leicht rechtshaltend durch Krautwuchs, Jungwald rechtsseitig ausweichen und im Hochwald den Rücken wieder zügig hinab bis zu einem Fahrweg (1083 m). Auf diesem rechts abwärts zum Aufstiegsweg.

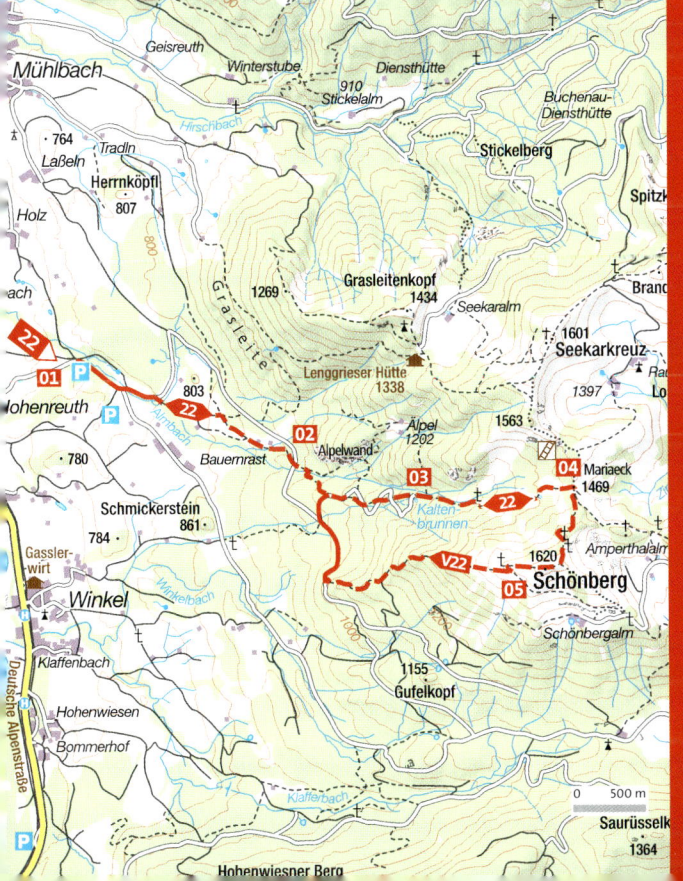

Der wohlgeformte Rücken des Schönbergs mit Kreuz unterhalb des Gipfels.

neben einer Freifläche und erreichen kurz darauf rechts durch ein Waldstück einen Almhof. Nun geht es zwischen Stacheldraht durch Wiesenflächen aufwärts und am Schild Mariaeck gerade ab zu einem weiteren Waldstück. Hier nicht links ab, sondern auf einem Weg kurz rechtshaltend über ein Bächlein auf eine weitere Freifläche, über diese aufwärts zu einer mächtigen Tanne und durch Wald hoch zum abgekürzten, querenden Fahrweg (900 m). Wir gehen gegenüber kurz einen Hohlweg aufwärts, rechts ab über den **Almbach** 02 und rechts neben der verfallenden Fortsetzung des Hohlwegs südostwärts hinauf zum abgekürzten Fahrweg. Hier geht es kurz auf diesem weiter, dann die Fahrwegskehren immer wieder abkürzend aufwärts, bis der Fahrweg links in den Graben des Almbachs abweicht und der **Wanderweg** 03 beginnt (1150 m). Bis hierher können – besonders bei feuchter Witterung – alternativ die Fahrwegsserpentinen verwendet werden. Durch eine markante Muldenschneise und entlang eines Hangs gehen wir rechts des Almbachs auf einem Pfad ostwärts hinauf zu einer parkartigen Almfläche und einer Tränke (Trinkwasser). Danach überqueren wir links den feuchten Quellbereich des Almbachs und wandern entlang eines Wiesengratls ostwärts gerade weiter aufwärts bis zum Übergang **Mariaeck** 04 (1468 m). Hier wandern wir rechts (südwärts) über den bewaldeten Nordrücken des Schönbergs, dann auf der freien rechten Seite des Nordgrats aufwärts und durch ein kurzes Waldstück und einen Felsengarten unter den freien Gipfelrücken. Gerade hinauf zum höchsten Punkt des **Schönbergs** 05 (1620 m; das weithin sichtbare Kreuz steht tiefer am Westrücken).

Abstieg über die Aufstiegsroute zum **Ausgangspunkt** 01.

HOCHPLATTE • 1592 m

Lange Bergwanderung mit einsamem Gipfel

⟳ ⊕ 12,5 km ⏱ 6:00 h ↗ 857 hm ↘ 857 hm 📱 182

START | Durchs Isartal einwärts bis Fleck und vor „Bäckerei/Lebensmittel Bammer" links (ostwärts) hinauf zum Parkplatz am Waldrand, 735 m. [GPS: UTM Zone 32   x: 695.150 m   y: 5.280.780 m]
CHARAKTER | Der feuchte, schattige Anstieg wird mit einer idyllischen Parklandschaft und einem hübschen Aussichtsberg belohnt. Dafür büßt man mit einem langgezogenen sonnseitigen Abstieg.

Der Aufstieg zur Hochplatte ist meist eine feuchte Angelegenheit, die Wegführung ist aber weniger kompliziert, als die Beschreibung vermuten lässt. Die nördliche Umgehung des Schönbergs durch eine hügelige Park- und Almlandschaft endet in einem hübschen, wenig besuchten Almgipfel über der Roßsteinalm. Die Fernsicht reicht von den Tegernseer Bergen über den Rofan bis zu den Hohen Tauern. Die Tour klingt mit einem langen Teerweg-Abstieg in sonnendurchflutetem Wald aus.

▶ Vom **Parkplatz** `01` gehen wir südostwärts auf einem Sträßchen kurz talein, dann links über den Almbach zu einem Fahrweg neben einer Freifläche und kurz darauf rechts durch ein Waldstück zu einem Almhof. Zwischen Stacheldraht geht es durch Wiesenflächen aufwärts und am Schild Mariaeck gerade ab zu einem weiteren Waldstück. Hier nicht links

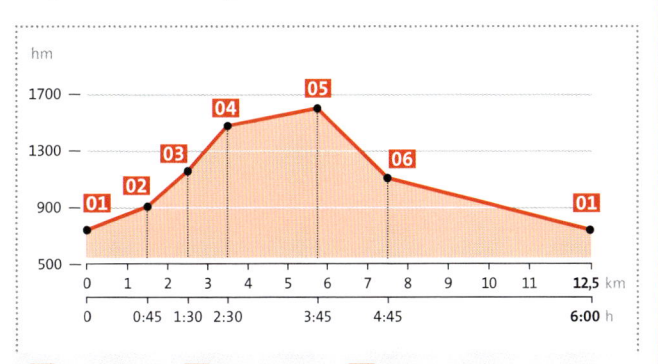

`01` Fleck (P), 735 m; `02` Almbach, 900 m; `03` Wanderweg, 1150 m;
`04` Mariaeck, 1468 m; `05` Hochplatte, 1592 m; `06` Röhrlmoosalm, 1100 m

ab, sondern auf einem Weg kurz nach rechts und über ein Bächlein auf eine weitere Freifläche, über diese aufwärts zu einer mächtigen Tanne und durch Wald hoch zu einem querenden Fahrweg (900 m). Wir nehmen gegenüber kurz einen Hohlweg aufwärts, dann geht es rechts ab über den **Almbach** 02 und rechts neben der verfallenden Fortsetzung des Hohlwegs südostwärts hinauf zum abgekürzten Fahrweg. Kurz auf diesem, dann die Fahrwegskehren wieder abkürzend aufwärts, bis der Fahrweg links in den Graben des Almbachs abweicht und der **Wanderweg** 03 beginnt (1150 m). Bis hierher können bei feuchter Witterung alternativ die Fahrwegserpentinen verwendet werden.

Durch eine markante Muldenschneise und entlang eines Hangs gehen wir rechts des Almbachs auf einem Pfad ostwärts hinauf zu einer parkartigen Almfläche und einer Tränke (Trinkwasser). Danach überqueren wir links den feuchten Quellbereich des Almbachs und wandern entlang eines Wiesengratls ostwärts gerade weiter aufwärts bis zum Übergang **Mariaeck** 04 (1468 m). Dahinter wandern wir in einer weiten Wiesenmulde auf feuchtem Pfad rechtshaltend (südostwärts) leicht abfallend zu einem felsigen Kamm, queren unter diesem links, dann geht es kurz rechts hinauf zur Scharte dahinter und rechtsseitig um das Plattel zu einem Fahrweg. Kurz auf diesem durch Almwiesen ostwärts, dann über den Westrücken auf Steigspuren hinauf zur kreuzlosen **Hochplatte** 05 (1592 m).

Abstieg: Über den Südrücken hinunter zu einem Fahrweg und auf diesem unterhalb der Roßsteinalm links im Halbrund abwärts bis zu einer Linkskehre mit

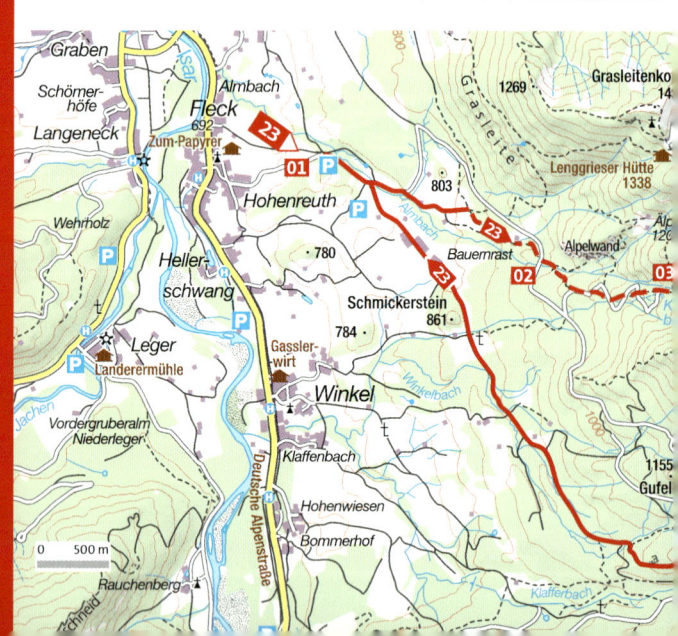

Die Bergflockenblume ist ein wunderschöner Sommerblüher der Bayerischen Voralpen.

Bank. Hier auf einem Pfad und dem abgekürzten Fahrweg zügig südwestwärts hinab zur **Röhrlmoosalm** `06` (1100 m). Dort geht es westwärts flach über eine Almfläche, ab einem Sattel auf einem Teersträßchen abfallend durch Wald und ab 800 m über Wiesenflächen zurück zum **Ausgangspunkt** `01`.

24 ROSSSTEIN • 1697 m
(BUCHSTEIN • 1701 m)

Langer Weg zum felsigen Doppelgipfel

🟥 13 km   ⏱ 4:45 h   ↗ 962 hm   ↘ 962 hm   📖 182

START | Durchs Isartal einwärts bis Fleck und vor „Bäckerei/Lebensmittel Bammer" links (ostwärts) hinauf zum Parkplatz am Waldrand, 735 m. [GPS: UTM Zone 32 x: 695.150 m y: 5.280.780 m]
CHARAKTER | Überwiegend sonnseitig führt die klassische Herbsttour mit leichtem Klettersteig (Trittsicherheit notwendig) zu den Felsgipfeln. Bis zur Röhrlmoosalm im schattigen Wald von Westen mit Rad. Zum Gipfel des Buchsteins Klettern (II/schwarze Tour).

Diese Tour in der Grauzone zwischen Isarwinkel und Mangfallgebirge lohnt sich nur, wenn man mit dem Rad das lange Teersträßchen bis zur Röhrlmoosalm fährt. Nach dem folgenden kurzen Waldaufstieg zu Fuß bewegt man sich oben frei über Almwiesen

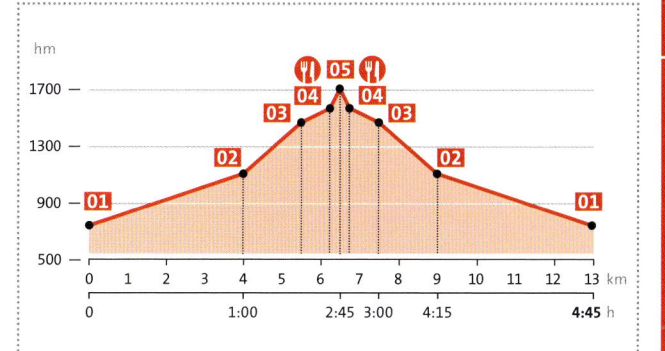

01 Fleck (P), 735 m; **02** Röhrlmoosalm (Raddepot), 1100 m; **03** Roßsteinalm, 1460 m; **04** Tegernseer Hütte, 1560 m; **05** Roßstein, 1698 m

und einen Klettersteig zwischen Roßsteinnadel und Roßstein zur Tegernseer Hütte mit ihrer herrlichen Aussichtsterrasse, die wie ein Adlerhorst am Fels klebt. Der Felskopf des Buchsteins ist nur Bergsteigern anzuraten. Der kürzeste Aufstieg zum Roßstein dagegen führt steil südseitig von einem Parkplatz bei Bayerwald im Weißenbachtal der Tegernseer Berge hinauf.

Die abgespaltene Roßsteinnadel.

▶ Mit dem Rad geht es vom **Parkplatz** 01 auf einem geteerten Sträßchen erst südostwärts durch Wiesen leicht aufwärts, dann durch Wald teils steiler ostwärts weiter zu einem Sattel und abschließend auf gutem Schotterweg eben über Wiesen zur **Röhrlmoosalm** 02 (1100 m). Am linken Rand der Almfläche geht es nun zu Fuß auf dem anfangs grasigen Pfad kurz nordwärts hinauf, dann im Wald auf nicht immer gutem Weg die Fahrwegserpentinen abkürzend aufwärts und steil zu einer Aussichtsbank an einer Kehre (1340 m). Oberhalb des gekreuzten Fahrwegs erst parallel ansteigend queren, dann über freie Almwiesen direkt hinauf zur **Roßsteinalm** 03 (1460 m). Nun geht es scharf rechts südwärts auf gut saniertem Weg unterhalb des Verbindungsrückens zwischen Hochplatte und Roßstein aufwärts, dann südostwärts querend unter der plattigen Roßstein-Südwand zum Südaufstieg (von Bayerwald im Weißachtal). Wir mühen uns links an der Roßsteinnadel vorbei nordwärts hinauf zu einem Klettersteig. Auf diesem geht es gerade und rechts hinauf, gefolgt von einer etwas felsigen ungesicherten Rechtsquerung zur **Tegernseer Hütte** 04 (1560 m). Für nicht ganz trittsichere Wanderer ist das der Endpunkt der Tour. Wer sich mehr zutraut, kraxelt über den kurzen mühsamen Ostgrat auf den felsigen **Roßstein** 05 (1698 m). Bergsteiger klettern hinter der Hütte eine breite, griffige, aber teils abgespeckte Felsrinne hinauf (II, 30 Hm) und gelangen auf dem etwas schlüpfrigen Gratsteig zum Gipfel des **Buchstein** (1701 m).

Der Abstieg verläuft über die Aufstiegsroute zum **Ausgangspunkt** 01.

Alpinvariante über den Roßstein

Von der Roßsteinalm auf dem Weg südwärts bis unter den Westgrat des Roßsteins und auf Steigspuren über die Wiese, dann zwischen Fichten und Latschen hinauf zum Ansatz des Schrofengrats. An der Südseite des Grataufschwungs ostwärts hinauf (I), einige Tritte links auf den begehbaren, plattigen Grat und zum Schluss über Wiesenmatten aufwärts zum Gipfel des Roßsteins (Grat ca. 150 Höhenmeter). Über den Ostgrat-Steig kurz hinab zur Tegernseer Hütte.

HOCHALM VON NORDEN • 1428 m

Anstrengende Spritztour

4 km　3:00 h　718 hm　718 hm　182

START | Durch das Isartal südwärts von Fleck zum Parkplatz links der Straße 1 km hinter Hohenwiesen (Schild Hochalm), 710 m. [GPS: UTM Zone 32 x: 695.050 m y: 5.277.940 m]
CHARAKTER | Steil führt der Nordwestanstieg anfangs auf einem schottrigen Karrenweg, dann einem Pfad durch Wald hinauf zum Aussichtsplateau überm Isarwinkel. Für den Abkürzer ist Trittsicherheit nötig.

Der wenig begangene, schattseitige Anstieg auf die Hochalm ist ideal für den Hochsommer oder einfach zum Auspowern. Die steinigen Abkürzungen des Karrenwegs im unteren Bereich sind so mühsam, dass man diese allenfalls für einen Schnellabstieg verwenden sollte.

▶ Den beim **Parkplatz** 01 beginnenden Fahrweg kurz in einer Linksschleife aufwärts und dann nach Osten querend bis zu einem kreuzenden Karrenweg weiter (hier kommt von links unten die „offizielle" Route von Hohenwiesen, allerdings gibt es dort kaum Parkplatzmöglichkeiten). Dem Schild „Hochalm" folgend, wandern wir rechts auf dem steinigen Karrenweg meist steil in Kehren hinauf (kurz vor einer Bachquerung Abkürzer auf einem schlechten Steilpfad), kurz nach der Bachquerung bei einer Verzweigung scharf rechts, bis zu einem Fahrweg mit blockierendem **Stein** 02 (880 m). Hier geht es links ab auf einen teilweise mäßigen Fußpfad,

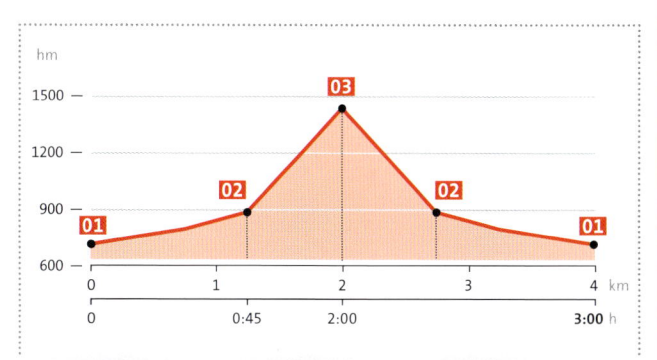

01 Parkplatz, 710 m; 02 Stein, 880 m; 03 Hochalm, 1428 m

Blick vom Wiesenplateau der Hochalm zum Rofan mit der Guffertspitze.

steil durch Jungwald etwas rechtshaltend zu einem Kahlschlag und linkshaltend wieder auf gutem Pfad aufwärts zu einem Bachgraben. Immer rechts von diesem wandern wir hinauf zu einem Wiesenpfad, gehen durch eine Mulde aufwärts zum Südanstieg und gelangen auf diesem scharf rechts zwischen den Ruinen der **Hochalm** 03 zum Gipfel (1428 m).

Abstieg über die Aufstiegsroute zum **Ausgangspunkt** 01.

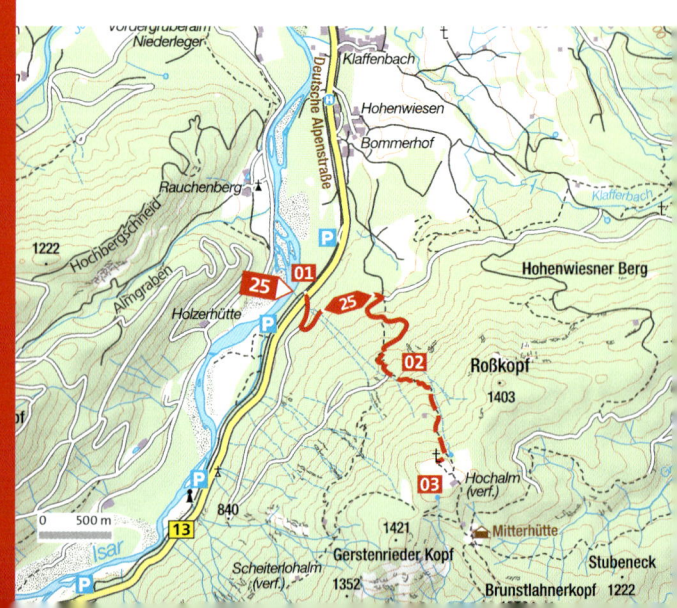

HOCHALM VON SÜDEN • 1428 m

Sonnenweg zum Familienberg

6 km   3:00 h   638 hm   638 hm   182

START | Durch das Isartal zur Staumauer und links bis zum linksseitigem Parkplatz hinterm Ostende des Sylvensteinsees (Schild „Hochalm"), 790 m.
[GPS: UTM Zone 32   x: 695.260 m   y: 5.273.240 m]
CHARAKTER | Der abwechslungsreiche südwest- bis südseitige, lichte Aufstieg auf meist guten Pfaden zur Hochalm bietet von Frühjahr bis Herbst ständig changierende Blütenvariationen.

Die sonnseitige Tour auf den beliebten Wanderberg ist ideal für einen herbstlichen Familienausflug mit Kindern. Sie führt überwiegend auf gemütlich ansteigenden Wanderpfaden durch sehr lichten Wald mit sonnigen Hangwiesen, auf denen wechselnde Enzianarten und Knabenkräuter, Kugelblumen und Kreuzblumen und mit etwas Glück sogar Frauenschuh blühen. Höhepunkte sind das Gipfelplateau mit Blick durch das Isartal über den gesamten Isarwinkel und auf die diesen im Süden abschließende, wilde Nordflanke des Demeljochs. Unten locken die Gumpen des Gerstenrieder Grabens, in denen man sich herrlich abkühlen kann.

▶ Vom **Parkplatz 01** wandern wir nordostwärts im Wald auf einem für Fahrzeuge versperrten Fahrweg aufwärts zu der Bachüberquerung im Gerstenrieder

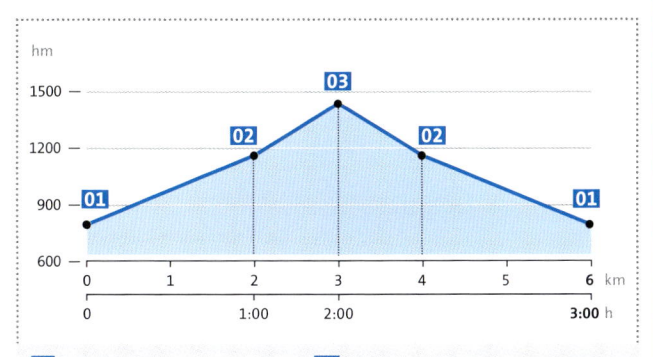

01 Parkplatz Sylvensteinsee, 790 m; **02** Hölleialm, 1154 m;
03 Hochalm, 1428 m

Teleblick in die senkrecht abbrechenden Nordwände des Rofan-Plateaus.

Graben (talein Bade-Gumpen und abschließender Wasserfall). Auf der Gegenseite geht es auf einem Karrenweg steil zwischen weit stehenden Bäumen hinauf (lässt sich anfangs über eine Schleifensteig umgehen) und rechtshaltend über einen breiten und flachen Südrücken aufwärts (zwischendurch ein Stück Jungwald) weiter bis zu einer Querung, die man kurz nordwärts verfolgt. An einem Buchen-Fünfling gehen wir rechts auf den fortsetzenden Wanderweg, der links des Rückens zu einer Mulde führt. Hier geht es links auf einen freien Rücken, über diesen hinauf und am Schild „Haltet die Berge sauber" links auf eine Almfläche (geradeaus kurz zur Aussichts-Schulter der **Hölleialm** 02, 1154 m).

Dem Schild „Hochalm" folgend in eine Mulde queren, über zwei Schultern aufwärts und auf der folgenden, insgesamt leicht ansteigenden Querung in lichtem Wald durch eine Südwestflanke unters freie Joch der Mitteralm, zu dem es kurz steil hinauf geht (Almhütte ostseitig unterhalb). Durch lichten Wald kurz über den folgenden Rücken, dann rechtshaltend hinauf zu einem gewell-

Attraktion Gumpentunken

Es lohnt sich, sich unten in die Gumpen des Gerstenrieder Grabens zu legen und talein zum Wasserfall zu gehen. Die Honig-Färbung kommt von der Huminsäure oberhalb liegender Sümpfe. Man kann auch an der Straße kurz westwärts gehen und links kurz südwärts Richtung Demeljoch zur Brücke über die lotrecht abbrechende Walchenklamm absteigen.

ten Plateau und linkshaltend über die freie Wiese an verfallenen Grundmauern vorbei zum Gipfelkreuz der **Hochalm** 03 (1428 m). Abstieg über die Aufstiegsroute zum **Ausgangspunkt** 01.

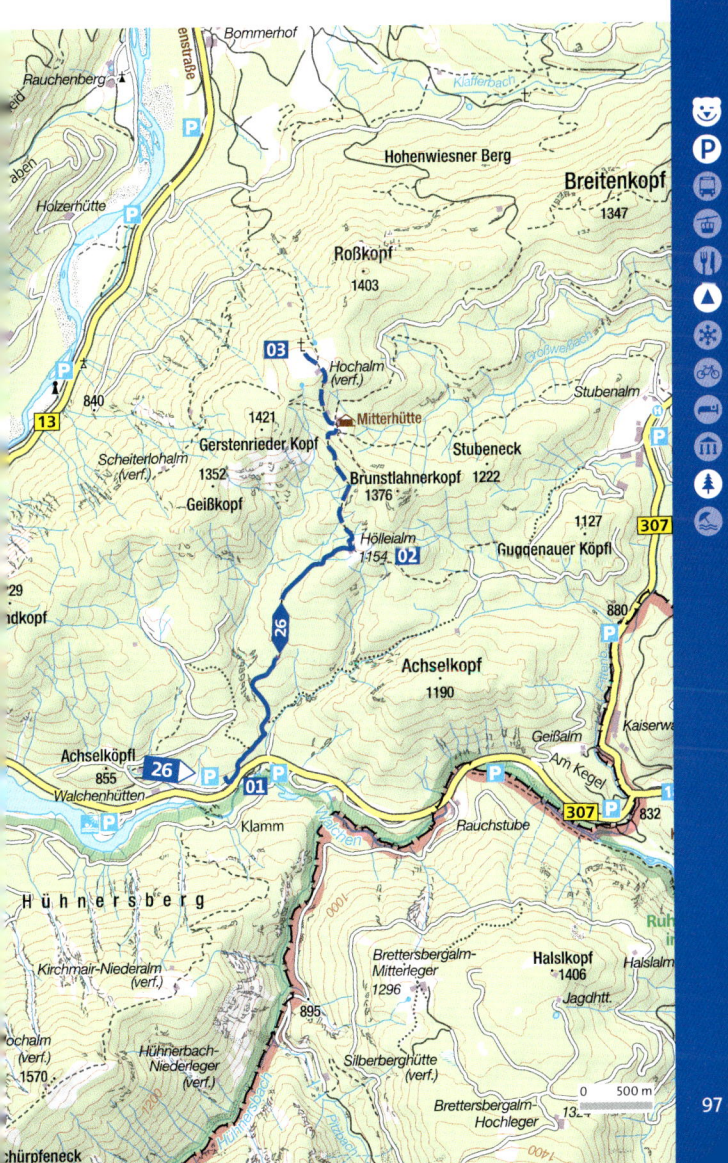

JUIFEN • 1988 m

Auf altem Almweg zum Aussichtsgipfel

17 km 6:30 h 1150 hm 1150 hm 182

START | Von Bad Tölz zum Sylvensteinsee, auf der Staumauer links Richtung Achensee und nach ca. 5 km direkt hinter der Brücke über den Walchen (Grenze zu Österreich) rechts zum Parkplatz, 840 m.
[GPS: UTM Zone 32 x: 696.810 m y: 5.273.200 m]
CHARAKTER | Der langgezogene nord- und westseitige Zustieg zum Wiesengipfel dieser idealen Sommertour ist wie dessen west- und südseitiger Aufstieg größtenteils flach. Der die Fahrwege verbindende, alte Almaufstieg erfordert aber im obersten Abschnitt Orientierungsfähigkeit im Aufstieg wie Abstieg. Erstaunliche Sicht vom Gipfel v. a. auf (Vor-)Karwendel und Bayerische Voralpen. Rad, wasserdichte Schuhe und Orientierungssinn erforderlich.

Der klotzig-grüne Vorkarwendelberg des Juifen gehört zu den Isarwinkler Klassikern, weil man ihn von fast allen hiesigen Almgipfeln sieht und weil sein Nordaufstieg am Sylvensteinzufluss des Walchen gerade noch in Bayern beginnt. Sein großer Nachteil für Wanderer sind die langen, reizlosen Zustiege auf geschotterten Forst- und Almfahrwegen, auf denen Mountainbiker heutzutage per Pedelec dahinflitzen.

Ein Trekkingbike ohne Elektroantrieb reicht völlig aus für die lange und flache Auffahrt zum Ende des Forstwegs im Pitzbachtal. Der später folgende, ebenfalls gemäßigt überm Tal hinführende, ehemalige Karrenwegszugang zur Rotwandalm unterm Juifen wird unverständlicherweise nur noch wenig begangen, obwohl er der einzige und noch dazu direkte Bergpfad zum Aussichtsgipfel ist. Üppigstes Grün im feuchten Nordkessel wartet auf den Bergwanderer. Zum Abschluss gerät man in einen voralpenweit wohl einmaligen Dschungel aus hüfthohen Farnen, die allerdings die Wegfindung erschweren. Alm und Berg sind dann komplett wiesengrün, der Gipfel unterschenkelhoch mit Frauenmantel überwuchert, in dem sich weich betten lässt. Der sagenhafte Panoramaausblick reicht vom im Frühsommer kalkgrau-schneeweiß gescheckten Karwendel über die Wände des Rofanmassivs hinter der mächtigen Guffertspitze bis natürlich zu den grünen Isarwinkler Bergen im Norden.

▶ Per Rad vom **Parkplatz 01** an der **Walchenbrücke** südwärts auf einem Teerweg einige Meter hinauf zu einem Viehtor, auf einem Fahrweg flach (süd-)westwärts

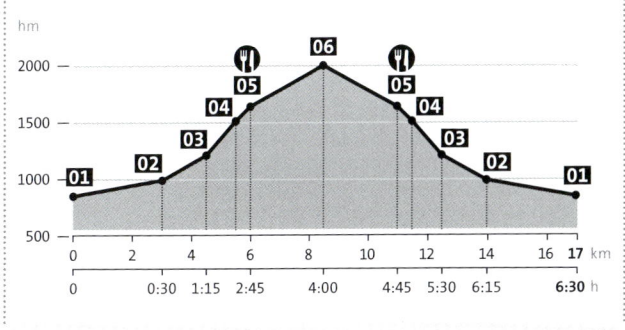

01 Parkplatz Walchenbrücke, 840 m; **02** Fahrwegende (Raddepot), 980 m; **03** Höhe Forstweg, 1200 m; **04** Wegende, 1500 m; **05** Rotwandalm, 1628 m; **06** Juifen, 1988 m

zur Kehre ins Tal des Hühnerbachs radeln, südwärts weiter und überm Pitzbachtal aufwärts zum **Ende des Fahrwegs** **02** im Wald (Verzweigung in Talfahrweg und Karrenweg; Raddepot). Zu Fuß links den Karrenweg (Teil des alten Almwegs) aufwärts serpentinieren zu einem Forstweg und rechts wieder südwärts flach aufwärts zum **höchsten Wegpunkt** **03** (dahinter abwärts).

Zwischen einem Rieselbächlein und einem verwaschenen roten Pfeil links zwei Meter felsig hoch

Über der Rotwandalm zeigt der Juifen seine wilde Westseite.

zum alten, wenig begangenen Almweg und auf diesem im Wald recht bequem, aber feucht einige früher überbrückte Bachbetten kreuzend weiter leicht aufwärts queren. Durch einen Kahlschlag mit üppigem Jungwuchs windet sich der Weg (Stelle nur scheinbar zugewachsen) wieder in den Wald mit erstem Farnunterwuchs zu einer Wiese, wo der ausgebaute **Weg endet 04**.

Tipp:

Wer dem Juifen einfacher aufs Wiesendach steigen will, der sollte mit dem Auto etwas weiter fahren und über die kürzeste Fahrwegsroute vom Gasthaus Hagen im Tiroler Achenwald von Nordosten um den Berg herum aufsteigen. Mit einem Mountainbike/Pedelec lohnt es sich, bis zum Gipfelkamm aufzufahren und die Tour mit einer eleganten Runde auf der Ostseite nach Achental abzurunden (kurzes Teilstück Weg).

A) Auf einem Steig an einem Bächlein hinauf in teils engen Jungwald, über eine Farnfläche (Weg evtl. kaum erkennbar) und an deren Ende wieder rechts auf den Waldsteig. Teils mühsam zwischen Bäumchen hindurch, unterbrochen von einer kurzen Farnquerung auf eine Farnfläche und auf Sicht zum unteren Rand einer Almwiese (Farn eintreten, um den Ausstieg wiederzufinden). Kurz über einen Almrücken weglos hinauf (oben für den Rückweg einprägen!) zu einem kreuzenden, begrasten Fahrweg, rechtshaltend aufwärts zum großen Forstweg und kurz rechts zur **Rotwandalm-Hochleger** 05 (1628 m, Rotwandhütte bewirtet).

B) Rechts weglos westwärts über die Wiese, dahinter zwischen Bäumen zu einem Wiesenrücken mit Latschen queren und im Linksbogen südostwärts zur Rotwandalm aufwärts wandern.

Auf dem etwas steinigen Fahrweg Richtung „Juifen" mit langer Serpentine in der West- und Südflanke ostwärts aufwärts queren und in Spitzkehren aufwärts zum Übergang Richtung Achenkirch. Oberhalb der zweiten Spitzkehre lässt sich auf deutlichem Lehmsteig auf-

Im feuchten Schatten können Pestwurz-Blätter riesig werden.

wärts queren und zum Schluss gerade aufsteigend abkürzen (minus 400 m; der nach einer Zaunöffnung beginnende vordere Abschnitt dieses Abkürzers ist leider teils kaum noch erkennbar). Auf lehmigem Pfad westseitig über den Südrücken und einen Zaunüberstieg zum **Gipfelkreuz** 06 (1988 m).

Abstieg wie Aufstieg oder über Variante zum Grenz-**Parkplatz** 01.

Die Schlucht des Hühnerbachs ist ein gutes Ziel fürs Canyoning.

DEMELJOCH • 1923 m

Wuchtiger Block am Ende des Isartals

🅢 ⬆12 km ⏱6:00 h ⬈1268 hm ⬊1268 hm 📖182

START | Durch das Isartal zur Staumauer und links bis zu rechtsseitigem Straßen-Parkplatz (Schild „Demeljoch") hinterm Ostende des Sylvensteinsees, 765 m.
[GPS: UTM Zone 32 x: 695.580 m y: 5.273.420 m]
CHARAKTER | Die anfangs schattseitige Tour führt von einer Voralpen Klamm über Rücken und Kämme zu einem südwestseitigen Aufstieg zwischen Latschen und Geröll zum karwendeltypischen Gipfel. Kondition und Trittsicherheit erforderlich.

Der abwechslungsreichste Weg aufs wilde Demeljoch, das als wuchtiger Block im Süden über dem Isartal aufragt, führt über einen Aussichtskamm zwischen wilder Schrofenflanke und oben von der Sonne aufgeheizten Latschenkiefern zum höchsten Punkt des Drillingsgipfels. Im Vergleich zum Südanstieg kann man hier auch im Sommer unterwegs sein, ohne von Anfang an in der Hitze zu schmoren, im Vergleich zum kürzeren Westanstieg ist die Tour schöner und überhaupt abwechslungsreicher. Im Herbst lassen sich — wie fast überall im Vorkarwendel — in schwach frequentierten Zeiten (sprich unter der Woche) mit etwas Glück Raufußhühner beobachten.

▶ Vom **Parkplatz** 01 geht es südwärts durch Wald kurz hinab zur sehenswerten Walchenklamm,

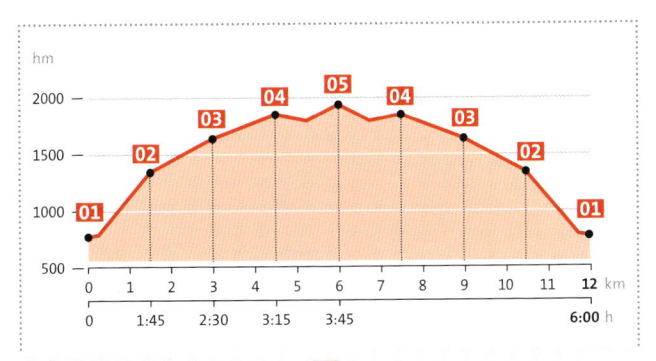

01 Parkplatz Sylvensteinsee, 765 m; **02** Kirchmair-Niederalm, 1330 m;
03 Schürpfeneck, 1623 m; **04** Dürrnbergjoch, 1835 m; **05** Demeljoch, 1923 m

Der südliche Demeljoch-Anstieg ist zwar kürzer, aber heiß und eintönig.

über die Brücke und dahinter auf einem Karrenweg kurz rechts, bis links der Pfad zum Demeljoch abzweigt (Schild). Auf diesem wandern wir südostwärts mit ausgewaschenen Passagen durch zunehmend lichten Wald recht steil aufwärts zum Nordostrücken des Hühnerbergs (1035 m), dann folgt eine Rechtsquerung zur Umgehung eines Schrofenabsatzes und nach einer Linksschleife geht es am Rücken entlang weiter recht steil und meist direkt aufwärts zu einer Wiese mit verfallener Alm (**Kirchmair-Niederalm 02**, 1330 m). Der Weg folgt südwestwärts dem schmalen Rücken durch lichten Wald aufwärts, führt zur Wiese der Kirchmair-Hochalm (1550 m) und auf dem Kamm kaum ansteigend weiter zum **Schürpfeneck 03** (1623 m). Den folgenden Fichten- und Latschenkamm teils links umgehend, geht es nun südwärts ansteigend in Richtung des von Fall westlich heraufkommenden Wanderwegs. Kurz davor biegen wir links ab (1700 m) und gehen südostwärts auf splittrigem Steig zwischen Latschen über einen Rücken aufwärts zum Nebengipfel des **Dürrnbergjochs 04** (1835 m) und leicht abfallend am Kamm hinüber zum Gipfelaufbau. Zuletzt auf dem Wanderweg steil und mühsam gerade hinauf und ostwärts über den freien Westrücken weiter zum höchsten der drei Gipfel des **Demeljochs 05** (1923 m).

Abstieg über die Aufstiegsroute zum **Ausgangspunkt 01**.

Wildwasser

Neben der nicht allzu anspruchsvollen und auch von Schlauchbooten befahrenen Isar birgt der Isarwinkel mit dem Rißbach für Kajakfahrer ein bekanntes Wildwasserrevier. Die Walchenklamm, über die man beim Zustieg zum Demeljoch spaziert, ist eine selten versuchte Extrempassage des vom Tiroler Achensee herfließenden Achenbachs, der hier Walchen genannt wird.

28

105

HÖLZELSTALJOCH • 2012 m
(FLEISCHBANK • 2026 m)

Rad-Tour zur einsamen Almenregion

36,5 km 7:30 h 1239 hm 1239 hm 182

START | Durch das Isartal zum Sylvensteinsee, rechts nach Fall und links ab über den Nachtparkplatz (mit WC/Dusche) zum Wanderparkplatz oder 50 m weiter über die offizielle Ortseinfahrt und links zu diesem, 773 m.
[GPS: UTM Zone 32 x: 690.600 m y: 5.271.510 m]

CHARAKTER | Ideal für heiße Tage ist diese nordseitige Bike&Hike-Tour im schattigen Bächental hinter Fall. Die Teerstraße bis zur Grenze und die meist perfekten Fahrwege werden erstaunlich viel von Almfahrzeugen frequentiert. Der 14 km langen, gemütlichen Zufahrt folgt ein steiler Fahrweg zur Alm. Zu Fuß geht es auf Karrenweg und Wanderweg, zum Schluss steil und splittrig zu einem Kammsattel mit zwei per Steig erklimmbaren Aussichtsgipfeln (Fleischbank anspruchsvoll; schwarze Tour). Eine lohnende, direkte Abstiegsvariante führt über Almhänge vom Hochleger zum Niederleger (360 Höhenmeter Wiesen und Steige).

Das obere Bächental mit dem seitlichen Baumgartental und ihren kammartig südlich abzweigenden Seitentälern ist eine intensiv ge-

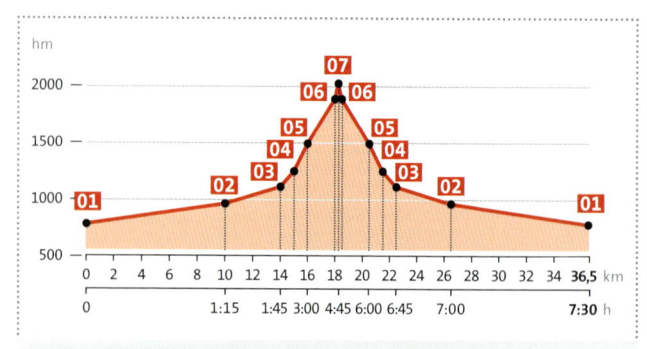

01 Parkplatz Fall, 773 m; **02** Staumauer, 952 m; **03** Brücke (Raddepot 1), 1101 m; **04** Hochstall-Alm-Niederleger (Depot 2), 1237 m; **05** Baumgartenalm Hochleger, 1480 m; **06** Hochstall-Sattel, 1875 m; **07** Hölzelstaljoch, 2012 m

Grüner Blick über Hochstallalm und Baumgartental zum Lerchkogel.

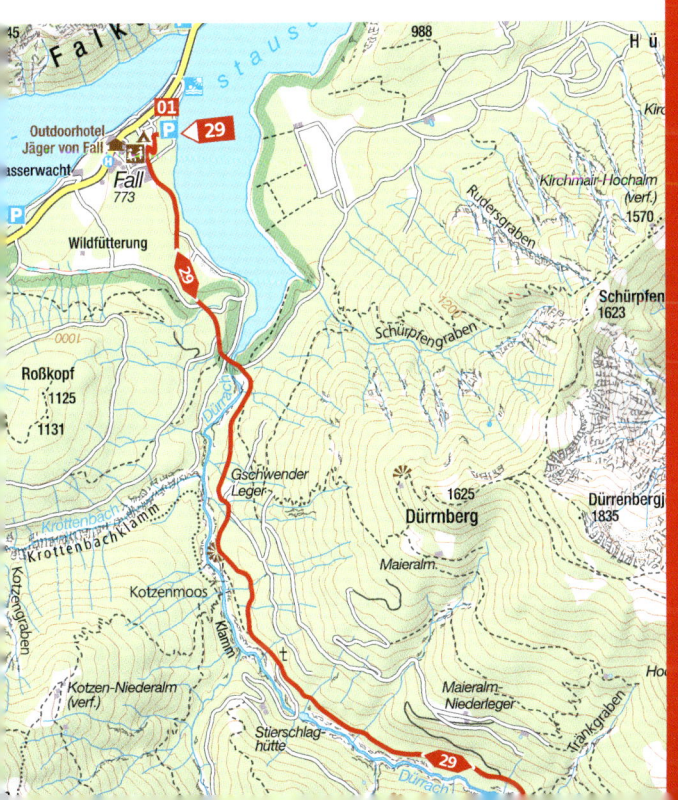

Lohnende Abstiegsvariante (Wiesenhänge/Steige):

Den Kessel hinab und bis zum Nordwest-Ende der Querung überm weiten Wiesenkar der Hochstallalm (1600 m). Rechts abwärts zu einem Rücken, über diesen ostwärts hinab, durch eine Mulde mit Steinen abwärts und auf die andere Seite eines Bächleins. Nordwärts teils auf Steigspuren talaus zur Hochstallalm-Hochleger (1520 m). Unter der Alm auf mäßigem Steig hinab serpentinieren, links über einen bebuschten Bach, linkshaltend über Almwiesen abwärts zum Beginn eines Waldrückens (Steinhaufen) und an dessen Rand auf steinigem Steig über Wiesen hinab zur Hochstallalm-Niederleger. Abfahrt wie Auffahrt.

nutzte Almenregion mit geradezu schmerzhaft grün leuchtenden, steilen Wiesenbuckeln und Bergflanken. Hier fahren Mountainbiker und Transalper, das absurde Fahrverbot der Österreichischen Staatsforste missachtend, zum Schleimssattel herauf und zum Achensee. Kaum einer biegt westlich in das idyllische Baumgartental ab, um den Schafreuter auf einem seiner vielen Wegvarianten

Demeljoch
Gruftsee
1923
Zotenjoch
1800
Rotwandhütte
1528
Rotwandalm-
Hochleger
Demel-
Hochleger
1659
Zotenalm-Hochleger
1614
Rotwandalm-
Niederleger
1398
Baieralm
Maieralm-
Niederleger
Tränkgraben
Zotenalm-Mitterleger
29
1383
Raberskopf
1203
Demelalm
Zotenalm-Niederleger
Kesselbach
Weiße Hütte
ßes Moos
Forsthaus Aquila
919
Hiesensch
1241
1400
Dürrach
Trogenköpfl
1464
Lerchkogel
1688
Lochalm-
Mitterleger
1425
Rappenköpfl
Grasmühlalm
29
(verf.)
Lochalm-Hoch
Schleusenwärterhaus
Reth
952
02
onnenalm
1122
Jhtt.
Pletzboden
Stausee
Lochalm-
Niederleger
971
03
1000
1139
Rethalm-Niederleger
nbach
Larchalm
Feuersingeralm
1418
Larchköpfl
Tiefenbachalm-
Niederleger
Eiskönigbach
1033
alm-
Niederleger
Sattelalm
1298
Katzenschlaglalm
Pöllenschlagalm
1043
Keilschlagalm
Hinter
1208
1400
Plumsbach
Schleimsbach
Kuppel
1771
1773
Kotzen
1248
Eiskönigalm
Kuppelalm
Kotzena
Ma
Mantsch
Plumsbachalm
1871
Eiskönigspitze
(Heimjoch)
Kärlkessel
Jagdhtt.

zu besteigen. Keiner biegt zu einer der überm Talboden gelegenen Almen ab. Dabei lassen sich von hier nicht nur echte Almen ohne gastronomischen Nebenerwerb besichtigen (mit Milcherzeugung!), sondern auch Aussichtsberge überm beliebten Rißtal ungestört „von hinten" besteigen. Das Panorama der direkt gegenüber gelegenen, wilden Felsberge des Hochkarwendels von der Falkengruppe mit ihrem eingebetteten Hochkar über den schräggebänderten Klotz des Sonnjochs bis zum Spatel der Schaufelspitze, garniert mit der üblichen Karwendelszenerie von der Birkkarspitze bis zum Wörner, ist gigantisch.

▶ Vom **Wanderparkplatz** 01 auf einer Teerstraße per Trekkingrad/Mountainbike durch Wald südwärts, über die Dürrachbrücke (links das Südende des Sylvensteinsees) und rechts auf der Ostseite der Dürrach ins Bächental. Die Teerstraße südwärts aufwärts (links kürzester Aufstieg zum Demeljoch), ab dem zweiten Aufstieg zum Demeljoch flach talein und ab der Tiroler Grenze auf breitem, passagenweise lichte Forstweg unter der Jausenstation Aquila (919 m, bewirtet) vorbei zu einer **Staumauer** 02 (Wasserableitung zum Achensee). Beim Verbotsschild für Räder rechts über eine Brücke ins Baumgartental und durch lichten Wald flach nordseitig westwärts aufwärts am Linksabzweig zur Eiskönigalm vorbei zu einer **Brücke** 03 links über den Baumgartenbach. Auf der südlichen Talseite flach westwärts (Trekkingbike deponieren) und steil durch Wald südwestwärts hinauf zur **Hochstall-Alm Niederleger** 04 (teils sehr anstrengend oder schieben; MTB deponieren).

Zu Fuß weiter aufwärts, auf einer Brücke rechts über den oberen Baumgartenbach und auf den Windungen eines mäßigen Karrenwegs zügig hinauf zu den Almwiesen der **Baumgartenalm Hochleger** 05. Auf markiertem Fernwander-Karrenweg (Abschnitt Tölzer Hütte – Plumsjochhütte) südostwärts unterm Schönalmjoch aufwärts queren und nach einer Kehre zur Senke der Ochsentalalm Hochleger (1630 m; Holzhütte mit Sitzbank, frischem Wasser und tränkengekühltem Bier). Au dem weiterführenden Pfad nach einer Schleife (Markierungspfosten) ostwärts steil hinauf zu einem Sattel im Nordgrat der Fleischbank, südostwärts ab und aufwärts queren und steil hinauf zu einem Wiesenkessel. An dessen gut markiertem linkem Rand (nicht der alte Steig geradeaus in das Kar!) in engen Windungen steil empor und rechtshaltend hinauf queren zum **Hochstall-Sattel** 06 am Kamm zwischen unbekanntem Baumgartental und vielbelebtem Rißtal.

A) Links auf Steigspuren über den Kamm unters **Hölzelstaljoch** und über dessen botanisch interessanten Südwestrücken gerade hinauf zum Wiesenbuckel mit kleinem **Kreuz** 07.

B) Auf dem rechten Steig unter die **Fleischbank**, auch psychisch anregend links des felsigen Ostgrats sehr steil die ausgesetzte Südflanke hinauf und vom Vorgipfel an der Kante des Wiesengrats hinüber zum **Gipfel** (2026 m; schwarz).

Abstieg: wie Aufstieg und in knapper Stunde mit leicht aufsteigenden Tretpassagen abrollen nach Fall zum **Wanderparkplatz** 01.

LERCHKOGEL

Einsame Almtour mit Radzufahrt

16 km　4:30 h　918 hm　918 hm　182

START | Durch das Isartal zur Staumauer und rechts über den Sylvensteinsee nach Fall. Parkplatz vor einer Schranke am südlichen Ortsende, 770 m.
[GPS: UTM Zone 32 x: 690.600 m y: 5.271.500 m]
CHARAKTER | Die unten schattige Tour fängt mit gemütlicher Radauffahrt durchs Bächental an, führt dann zügig aufwärts zu den Lerchkogelalmen und auf einem Steig zum Gipfel. Etwas Wegfindungsgespür ist ab der oberen Alm nötig.

Der Zeitaufwand für diese einsame Tour lässt sich erheblich verkürzen und der Spaßeffekt erheblich steigern, indem man den 3½ km langen Zustieg von Fall auf der Teerstraße per Rad zurücklegt. Das lange Bächental der Dürrach ist bis auf sommerlichen Almbetrieb, winterliche Forstarbeiten und ganzjährig verkehrende Förster sehr einsam. Nicht umsonst steht der größte Teil des bayerisch-tirolerischen Grenzgebirges des Karwendels unter Naturschutz. Hier können einem im Wald Hirsche, im Almbereich Birkhähne und in der freien Gipfelregion Steinböcke begegnen. Nach steilem Waldaufstieg spaziert man über die weiten Flächen der Lerchkogelalm mit ihrer Kapelle und den wettergegerbten Hütten. Auf den Gipfelbezwinger wartet ein Bankerl mit Blick über das relativ zahme östliche Vorkarwendel.

▶ Vom **Wanderparkplatz** 01 geht es mit dem Rad auf einem Teer-

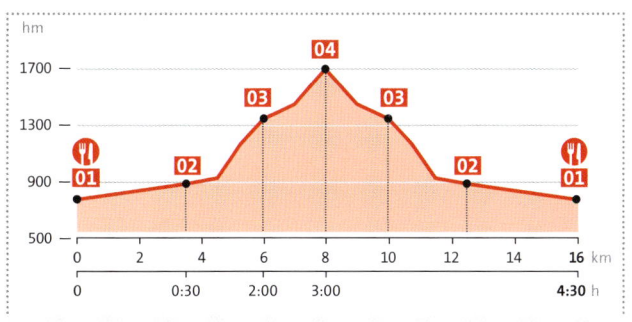

01 Parkplatz, 770 m; 02 Schranke, 880 m; 03 Lerchkogelalm, 1337 m;
04 Lerchkogel, 1688 m

weg durch den Wald und via Brücke auf die Ostseite der Dürrach und südwärts leicht ansteigend talein bis zu einem rechts abzweigenden Fahrweg mit **Schranke** 02 (880 m; Schild Lärchkogel/Tölzer Hütte). Nun evtl. noch per Rad auf diesem abwärts zu einer Staudamm-Brücke über die Dürrach und in Serpentinen aufwärts zu einer T-Kreuzung. Hier geht es zu Fuß erst einige Meter links, dann rechts ab (Schild Lärchkogel) auf einen breiten freien Nordrücken. Zunehmend steil auf dem Weg hinauf zum Wald, rechtshaltend in diesen und über den meist mäßig steilen Nordwestrücken zu einer Flachpassage. Über die freie, teilsanierte Fortsetzung des Rückens auf aufgeschottertem Weg aufwärts zu einem abschließenden Buckel mit Bäumen und auf Knüppeldämmen weiter zu einem Fahrweg. Auf diesem wandern wir über einen breiten Almrücken aufwärts zur ersten Hütte der **Lerchkogelalm** 03 (1337 m), südwärts an einer Kapelle und weiteren Almhütten vorbei und (vorbei am rechts abzweigenden Steig zur Ludernalm) linkshaltend hinauf zum Waldrand. Auf einem guten Wanderweg rechts ansteigende Querung der Steilflanke, um einen Rücken herum und dahinter weniger steil in einer kupierten Mulde hinauf zur Wiese des Lerchkogelalm-Hochlegers (1550 m). Kurz rechts, auf kaum erkennbaren Pfadspuren zwischen den Gebäuden südwärts, dann linkshaltend zu einem Einschnitt mit Steig im Westrücken des Lerchkogels. Durch eine Mulde geht es aufsteilend ostwärts hinauf und in einer ostseitig ausholenden Schleife zwischen Latschen erreichen wir das Bankerl am freien Gipfel des **Lerchkogel** 04 (1688 m).

Der Abstieg verläuft über die Aufstiegsroute zum **Wanderparkplatz** 01.

Der Lerchkogelalm-Hochleger vor dem Sylvensteinsee.

Schindelberg
1145
Falkenbe
stausee
Jägerbergl
988
01
30
Outdoorhotel
Jäger von Fall
Wasserwacht
Fall
773
Wildfütterung
Kirchmair-Hoch
Rudersgraben
Schür
1623
Schürpfengraben
1200
1000
Roßkopf
1125
1131
ütte
Dürrach
30
Gschwender
Leger
1625
Dürrnberg
Dürren
1835
Krottenbach
Krottenbachklamm
Kotzengraben
Kotzenmoos
Maieralm
Klamm
02
Kotzen-Niederalm
(verf.)
Maieralm-
Niederleger
Tränkgraben
Stierschlag-
hütte
30
Dürrach
1000
Kotzen
1766
Kotzenbach
1400
Klausgraben
Weißes Moos
Weiße Hütte
03
Lerchkogel-
Niederleger
1400
Rohnkopf
Trogenköpfl
1464
1511
Großer-
30
Kleiner-
Ludernalm
Lerchkogel-
Hochleger
Lerchkogel
1688
04
1600
Östliches Torjoch
(Prinzkopf)
Ludernwände
1826
1818
Rapp
Ochsentalleger (verf.)
Westliches
Torjoch
Plattwaldjhtt.
0
500 m
Nonnenalm
1122
Delpsalm
1639
Ochsentalalm-
Niederleger
1121
Pletzb
971

STIERJOCH-RUNDE • 1908 m

Lange Kammrunde auf verlassenen Steigen

16,75 km 7:00 h 1277 hm 1277 hm 182

START | Durch das Isartal zur Staumauer und rechts über den Sylvensteinsee nach Fall. Parkplatz vor einer Schranke am südlichen Ortsende, 770 m.
[GPS: UTM Zone 32 x: 690.600 m y: 5.271.500 m]
CHARAKTER | Nach Anfahrt per Rad auf einem schattigen Teerweg verlässt man die Zivilisation für eine lange Aussichts-Wanderung auf Jägersteigen mit nordost- bis ostseitigem Aufstieg. Kondition und Wegfindungsgespür notwendig.

Bei dieser aussichtsreichen Rundtour bewegt man sich fast immer auf guten Steigen — sofern man nicht auf Abwege gerät. Lichter Wald wechselt nach einer verfallenen blumenreichen Alm mit Latschen und einem Wiesenrücken, der im Stierjoch kulminiert. Der folgende Aussichtskamm zwischen den sanften Lerchkogelalmen und dem wilden Hochkarwendel gehört zu den Highlights des Isarwinkels.

▶ Von **Fall 01** mit dem Rad südostwärts auf einem Teerweg durch den Wald, via Brücke auf die Ostseite der Dürrach und südwärts leicht ansteigend talein bis zum zweiten, rechts abzwei-

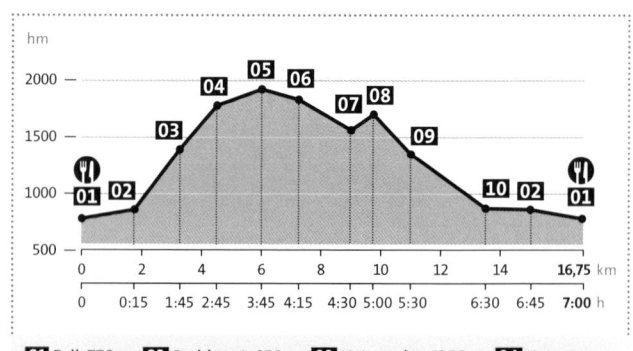

01 Fall, 770 m; **02** Raddepot, 850 m; **03** Kotzenalm, 1380 m; **04** Kotzen, 1766 m; **05** Stierjoch, 1909 m; **06** Östliches Torjoch, 1818 m; **07** Lerchkogelalm-Hochleger, 1550 m; **08** Lerchkogel, 1688 m; **09** Lerchkogelalm-Niederleger, 1337 m; **10** Dürrach, 860 m

genden Fahrweg (850 m, **Raddepot 02**). Zu Fuß kurz auf diesem abwärts, rechts auf einem Pfad zu einer Holzbrücke über die Dürrach-Klamm und auf der anderen Seite auf gutem, aber nur schwach ansteigendem Jägersteig insgesamt leicht linkshaltend in Serpentinen durch lichten Wald aufwärts. Nach einem Stück Jungwald kreuzt man am Beginn eines weitständigen Walds einen Steig (910 m): Dem neuen Holzschild „Kotzen" folgend auf einem Wiesensteig gerade hinauf, später rechtshaltend und querend aufwärts zu einem Nordostrücken und südwestwärts hinauf zum freien **Kotzenalm-Niederleger 03** (1380 m).

Zwischen den Grundmauern der Almgebäude hindurch aufwärts zu einem Rinnsal, Steinmännern folgend in Rechts-Links-Schleife zu einer Latschengasse und durch diese südwärts aufwärts zu einem großen Steinmann am Beginn einer freien Flanke. Den steilen Grasrücken davor auf Steigspuren westwärts hinauf, die sich oben zwischen Latschen zu einem Steig verengen. Leicht linkshaltend weiter hinauf bis zum Nordkamm des Kotzen und direkt unterhalb von diesem auf einem Steig südwärts zum Gipfelkreuz des **Kotzen 04** (1766 m) queren. Wer diesen leichter angehen oder ihn umgehen will, quert am Steinmann gerade die freie Flanke, durch die Fortsetzung der Latschengasse südwärts weiter und steigt abschließend westwärts hinauf zum plateauartigen Wiesenrücken auf der Südseite des Kotzen. Links weiter Richtung Stierjoch oder rechts zum Gipfel.

Nun gehen wir südwärts weglos über Almwiesen (Kotzenalm-Hochleger) hinab in einen Sattel, weiter rechtsseitig über einen Buckel und entlang dem folgenden Kamm zu einem linksseitig abwärts querenden Almsteig. Diesen ein Stück nehmen, bei einem Steinhaufen

Der Ausblick entschädigt für die Strapazen des Aufstiegs.

31

116

rechts auf einem Steig kurz hinauf zum Kamm und zwischen Latschen erst kaum ansteigend (an einem Steinmann kurz rechts) südwärts, dann links eines gratartigen Rückens über Wiesen hinauf zum Gipfel des **Stierjochs 05** (1909 m). Von hier wandern wir nun ostwärts auf einem markierten Wiesensteig über einen aussichtsreichen Kamm abwärts, umgehen eine steile, gut markierte Schichtstufe in Rechts-Links-Schleife hinab in einen Sattel und wandern dann weglos über den Torjoch-Kamm oder rechtsseitig querend zum **Östlichen Torjoch 06** (1818 m). Dahinter geht es auf

Mehlprimeln am sanierten Weg unterhalb der Lerchkogelalm.

einem steinigen Steig steil hinab zu Almwiesen und auf einem guten Wanderweg zum **Lerchkogelalm-Hochleger 07** (1550 m; von hier optional wie in Tour 30 beschrieben auf den freien Gipfel mit Bankerl am Lerchkogel **08**, 1688 m). Vom Gipfelabstecher geht es zurück zur Alm. Rechtshaltend auf kaum erkennbaren Pfadspuren zwischen den Gebäuden durch zu Felsen mit roten Markierungen, vor der Hangkante rechts, links auf gutem Wanderweg nordseitig durch Wald hinab und rechtshaltend abwärts.

Unten rechts ab auf einen kaum erkennbaren Pfad, in einer Schleife um ein sumpfiges Wiesentälchen nordwestwärts zu einem kleinen Sattel zwischen Waldstücken, dahinter abwärts zu einer Almhütte mit Tränke und regulierbarem Wasserfluss und auf einem Karrenweg hinab zum Fahrweg am **Lerchkogelalm-Niederleger 09** (1337 m). Auf diesem gehen wir rechts an der Kapelle vorbei abwärts, bis kurz vor einem Baumstamm links ein Weg abgeht. Auf Knüppeldämmen und eingefasstem Grobschotter über einen feuchten Nordwestrücken abwärts in den Wald, dann zügig und besser, zum Schluss wieder über Wiesen hinab zum Fahrweg (920 m). Einige Serpentinen führen ostwärts hinunter zum Brückendamm über die **Dürrach 10**. Auf der anderen Seite geht es hinauf zum Teerweg und auf diesem abwärts zum **Raddepot 02**.

Mit dem Rad zurück zum Wanderparkplatz in **Fall 01**.

Das Stierjoch vom Kotzen vor dem wilden Karwendelgebirge.

GRASKÖPFEL • 1753 m

Flacher Weg auf steilen Aussichtskamm

11,5 km • 5:30 h • 1000 hm • 1000 hm • 182

START | Durch das Isartal zum Sylvensteinsee, auf der Staumauer rechts und knapp 1 km hinter Fall links zum Parkplatz, 770 m. [GPS: UTM Zone 32   x: 689.690 m   y: 5.271.070 m]
CHARAKTER | Bis auf den zügigeren, nordwestseitigen Beginn führt die Tour auf flachem Fahrweg südostseitig durch Wald zur freien Gammersbergalm. Aussichtsreich quert der anschließende Pfad unter dem steilen, stellenweise felsigen Gipfelaufstieg. Der obere Fahrweg ist teils ziemlich steinig, der Querungspfad über die steile Grasleiten teils ausgesetzt. Hier ist Schwindelfreiheit erforderlich, am Gipfel auch Trittsicherheit.

Die langgezogene Bergwanderung auf das Grasköpfel im Schatten des mächtigen Schafreuters ist eine ideale Tour für Bergwanderer, die keine steilen Aufstiege mögen. Oder für Mountainbiker, die eine schweißtreibende Auffahrt mit einem aussichtsreichen Gipfel anschließen wollen. Demzufolge ist auch der Abstieg ziemlich knieschonend. Während der Waldzustieg Richtung Gammersalm nicht übermäßig attraktiv ist, lichtet sich bereits unterhalb des Grammersbergs der Wald und gibt immer wieder das steile Schuttkar des Schafreuters unter seinem von rechts nach links aufsteigenden, in Bändern abbrechenden Felsrücken frei. Zwischen

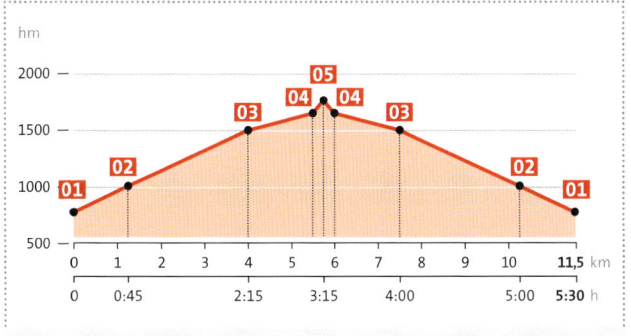

01 Parkplatz, 770 m; **02** Forstweg, 1000 m; **03** Gammersalm, 1490 m; **04** Nordostgrat, 1640 m; **05** Grasköpfel, 1753 m

Variante:

Von der Gammersbergalm nordostwärts über einen waldumstandenen Wiesenkamm auf Steigspuren abwärts und aufwärts zum Gammersberg (1471 m). Über den Nordostrücken weglos abwärts und rechts hinab zur obersten Kehre (1380 m) des Fahrwegs.

dem schiefen Berg und dem Eckpfeiler des Stierjochs brechen weite Schrofenflanken 700 Meter tief in die Schlucht des Krottenbachs ab, über denen sich der Felsriegel des Baumgartenjochs erhebt. Der schmale aussichtsreiche Pfad ab der grünen Grammersalm durch die steilen, enzianarnierten und aurikelgeschmückten Wiesenflanken des Pirschschneid belohnt alle Aufstiegsmühen, wenn auch die Konzentration auf den ausgesetzten Weg den Blick etwas beeinträchtigt.

▶ Vom **Parkplatz** 01 Richtung Gammersalm/Schafreuter erst ein Stück auf einem breiten Forstweg südwärts, rechts ab auf einen Fahrweg mit grünem Mittelstreifen und südwestwärts zügig hinauf. Nach Wiedererreichen des **Forstwegs** 02 (links Faller Rundweg) gleich wieder rechts ab und den Fahrweg im zunehmend lichten Wald in Serpentinen hinauf. Nach ansteigender Querung geht es flach in Serpentinen aufwärts unter dem Gammersberg (1471 m), unter dessen Kamm der Fahrweg zur **Gammersalm** 03 quert. Über die Almwiese (rechts die Almgebäude) auf die Nordwestseite des Plirschschneid queren, in Links-Rechts-Schleife auf eine Schulter im Kamm (1540 m) und auf dessen Südostseite wechseln. Auf einem Pfad anfangs durch Wald, dann an freier Wiesenflanke südwestwärts kaum ansteigend Richtung Schafreuter queren und unter teils überhängenden Felsen mit Drahtseilsicherung durch unter den **Nordostgrat** 04 des Grasköpfels. Überwiegend links von diesem auf einem teils ausgesetzten und stellenweise felsigen Steig steil hinauf zum **Grasköpfel** 05.

Abstieg wie Aufstieg zurück zum **Ausgangspunkt** 01.

Der kurze Abschlussaufstieg ist erstaunlich anspruchsvoll.

Verlängerung:

Wer vom Grasköpfel weiter zum Schafreuter (2101 m) gehen will, der muss noch anderthalb Stunden und 650 Höhenmeter über Almwiesen, durch Latschen und über Bergwiesen dranhängen. Trittsichere steigen dort am besten zur Tölzer Hütte ab und nach Einkehr oder Übernachtung durch eine eindrucksvolle, aber problemlose Schrofenflanke und das lange Krottenbachtal hinab zum Ausgangspunkt.

Hier mussten früher die Schafe ohne Drahtseil durch.

SCHAFREUTER • 2101 m
Alter Weg auf markanten Berg

 • 11,5 km • 6:15 h • 1246 hm • 1246 hm • 182

START | Durch das Isartal zur Staumauer und rechts über den Sylvensteinsee nach Vorderriß. Im Rißtal bis zum Parkplatz nach der Oswaldhütte linksseitig hinter einer Garage, 855 m.
[GPS: UTM Zone 32   x: 683.970 m   y: 5.265.730 m]

CHARAKTER | Nach schattigem, west- bis nordseitigem Aufstieg wandert man über einen langen, freien Nordwestkamm zum sonnigen, südseitigen Abstieg in lichtem Wald. Am Gipfel Trittsicherheit und Schwindelfreiheit nötig.

Der im Winter beliebte Skitourenberg ist auch im Sommer eines der bekanntesten Bergziele des Rißtals. Der alte, im Sommer ideal schattige Aufstieg von der Oswaldhütte (wenige Meter dahinter beginnt der neue Fahrweg zur Moosenalm) wird heutzutage nur mehr wenig begangen und ist passagenweise recht steinig. Dafür entschädigen die herrliche Karwendelsicht vom langen Gipfelkamm und der skurrile Wald aus Steinmännern beim Abstieg zur Tölzer Hütte.

▶ Vom **Parkplatz** 01 geht es auf steinigem Weg (Schild Tölzer Hütte) ostwärts über einen mehr oder weniger freien Rücken hinauf unter einen kleinen Abbruch, dem man links in den Wald ausweicht. Nun rechtshaltend aufwärts, über eine Lichtung hinauf zu einem

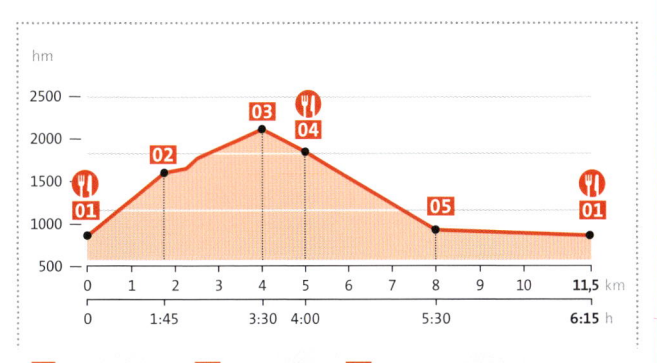

01 Parkplatz, 855 m; **02** Kamm, 1590 m; **03** Schafreuter, 2101 m;
04 Tölzer Hütte, 1835 m; **05** Lechbach Parkplatz, 920 m

Die Tölzer Hütte unterm Schafreuter.

Durchlass und kurz rechts über ein Bachbett. Wir gehen immer südlich von dessen Mulde ostwärts auf stellenweise ausgewaschenem Weg durch lichten Wald hinauf, zum Schluss rechtshaltend zu einem flachen **Kamm** 02. Südostwärts am Endparkplatz des neuen Fahrwegs vorbei auf Pfadspuren mit Viehtritten über die Wiesen der Moosenalm kaum ansteigend durch Mulden aufwärts zu einem Sattel unterm Kälbereck (oder vom Parkplatz links zur Moosenalm, dort rechts zum Sattel). Kurz rechts queren (Weg zur Tölzer Hütte), dann links ab (Schild Scharfreiter) und relativ steil und etwas glitschig zwischen Latschen hinauf zum nordostseitig abbrechenden Nordwestrücken des Schafreuter. Auf diesem immer nahe der Kante südostwärts, bald über Wiesen hinauf zu einem Buckel, rechts um diesen herum und etwas ausgesetzt zum Gipfel des **Schafreuter** 03 (2101 m).

Abstieg: Durch eine felsige Rinne in der Südflanke des Bergs hinab (Problemstelle mit Drahtseilen), nordostwärts zu einem Steinmänner-Wald auf einem gratartigen Rücken queren und immer etwas rechtsseitig auf einem felsigen Weg zwischen Latschen hinab zur **Tölzer Hütte** 04 (1835 m).

A) Rechts auf einem Weg (führt weiter zum Aufstiegsweg) unter die Materialseilbahn, hier links steil abwärts Richtung Parkplatz und rechts eines Tälchens hinab.
B) Auf einem Pfad in Links-Rechts-Zacken durch Wiesen abwärts und erst linkshaltend (südwärts), dann auf saniertem Weg westwärts hinab, bis man rechts durch eine Mulde zum Weg nördlich des Tälchens quert.

Hier gehen wir auf gutem Weg in Westrichtung hinab und folgen südwestwärts einem Rücken hinunter zum „**Leckbach-Parkplatz**" 05 (920 m; Schild an der Straße). Auf der Straße ein Stück nordwärts talaus und an einer Rechtskurve links kurz auf einem Pfad hinab zu einer Brücke über den Rißbach.

An dessen Westufer wandern wir auf einem Fahrweg weiter talaus und gelangen – abschließend wieder auf der Straße – zum **Ausgangspunkt** 01.

34 VORDERSKOPF • 1858 m

Der Berg mit dem Gipfel-Fußballfeld

7 km • 4:00 h • 958 hm • 958 hm • 182

START | Durch das Isartal zur Staumauer und rechts über den Sylvensteinsee nach Vorderriß. Im Rißtal bis kurz hinter der Kaiserhütte (Materialseilbahn) zu einer Linkskurve am Straßenrand. [GPS: UTM Zone 32 x: 685.110 m   y: 5.263.290 m]

CHARAKTER | Die unten bewaldete ostseitige und oben sonnseitige, zügige Tour mit großem Wiesenplateau geht man am bestem im Frühsommer oder Herbst an.

Dieser Geheimtipp im Vorkarwendel wird hauptsächlich von Oberländern begangen. Seine Besonderheit ist das fast fußballfeldgroße, platte Gipfelplateau mit einer etwas steinigen Liegewiese. Wuchtig ist der frontale Einblick in die senkrechte Nordwand der Östlichen Karwendelspitze, die selbst im Winter düster bleibt. Wegen seiner günstigen Exposition lässt sich der Vorderskopf bereits im Frühsommer ohne Schneeberührung, aber mit vielen Frühlingsblumen am oberen Wegrand besteigen. Später im Jahr sprießen am Aufstieg zur Jägerhütte die Pilze.

▶ Von der **Linkskurve 01** gehen wir westwärts kurz auf einem Pfad durch ein Wäldchen zum Rißbach, über eine Brücke und auf der Westseite des Bachs links auf einem Fahrweg südwärts talein. Einem rechts abbiegenden Fahr-

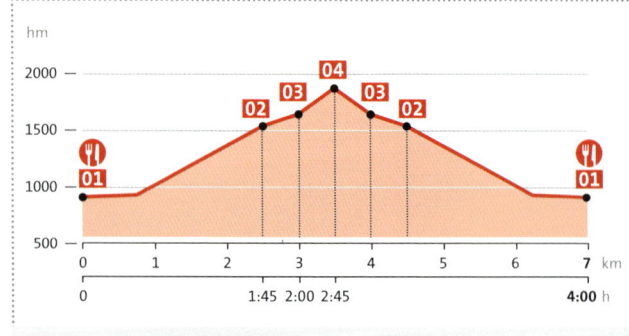

01 Linkskurve, 890 m; **02** Jagdhütte, 1526 m; **03** Sattel, 1630 m; **04** Vorderskopf, 1858 m

weg folgen wir einige Meter aufwärts, dann geht es links (Steinmännchen) auf einen Pfad und über diesen in flachen Serpentinen westwärts erst durch Jungwald über eine Flanke, dann durch Hochwald über einen Rücken und etwas linksseitig bergauf zu einer **Jagdhütte** 02 (1526 m). Hier gehen wir rechts und queren nordwärts zu einer Wiesenmulde oberhalb des Sattelgrabens. Über diese

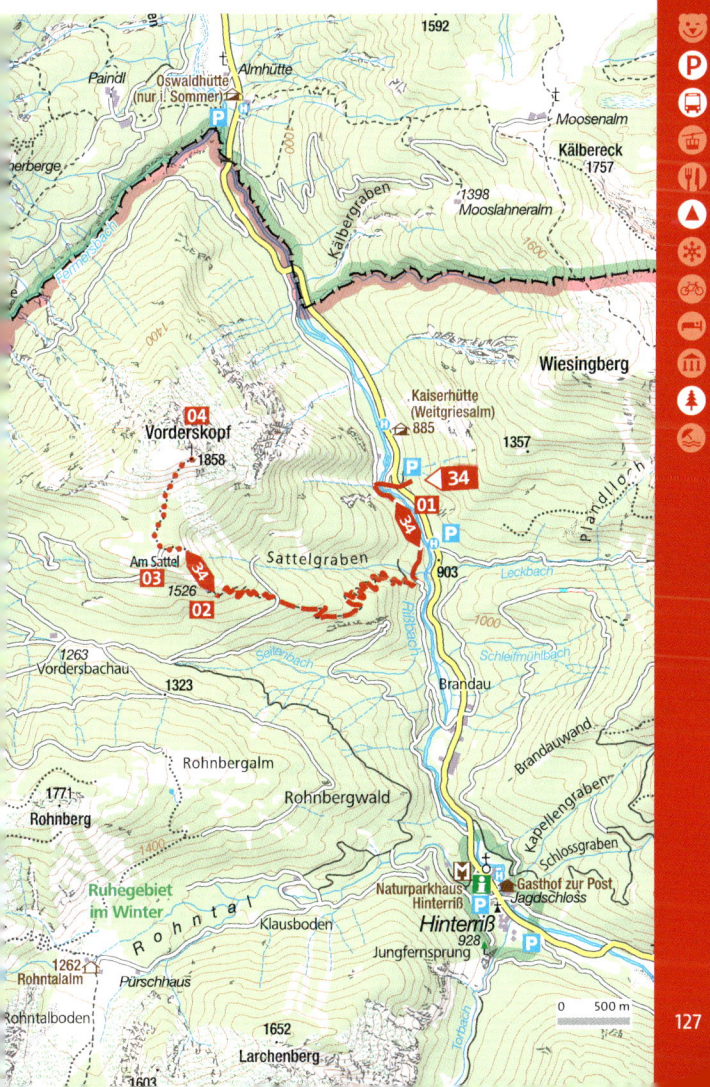

Tipp:

Der Vorderskopf lässt sich auch als anspruchsvollere Bike&Hike-Tour erklimmen: Ca. 1 ½ km hinter der Linkskurve kurz rechts ab nach Brandau. Per Bike über den Rißbach und auf Fahrwegen in kurzer Rechts-Links-Schleife zum breiten, für Räder verbotenen, aber von vielen Bikern als Teil einer Karwendelrunde frequentierten Forstweg. Auf diesem anstrengend nordwest- und westwärts durch Wald hinauf. A) einen auf 1270 m rechts abzweigenden Karrenweg nordostwärts aufwärts und zum Normalweg unterhalb der Jägerhütte. B) oder bis zur flachen Alm von Vordersbachau (1263 m), bei der Hütte rechts ab und auf langem Fahrweg südwestseitig herauf serpentinieren zum Sattel.

geht es etwas feucht westwärts hinauf zum **Sattel** 03 (1630 m). Wir gehen kurz noch geradeaus, dann rechts zunehmend steil in Serpentinen durch lichten Wald und lichte Latschen hinauf und abschließend scharf links zu einer Stange, die am Rand eines Wiesenplateaus aufragt. Dort ist unter Ziel, der höchste Punkt des **Vorderskopfs** 04 (1858 m), erreicht.

Der Abstieg verläuft über die Aufstiegsroute zum **Ausgangspunkt** 01.

Der platte Gipfel des Vorderskopfs vor dem Wörner (links) und der Soiernspitze (rechts).

KRAPFENKARKAMM • 2109 m

Wilde Bergtour zwischen Karwendel und Isartal

🔄 ➡️ 18 km ⏱️ 9:00 h 🔼 1650 hm 🔽 1650 hm 📖 182

START | Durch das Isartal zur Staumauer und rechts über den Sylvensteinsee nach Vorderriß. Im Rißtal noch vor der Oswaldhütte zum Beginn eines rechts abzweigenden Fahrwegs, 822 m.
[GPS: UTM Zone 32 x: 683.800 m y: 5.266.700 m]
CHARAKTER | Die aussichtsreiche, aber alpine Kammüberschreitung verläuft überwiegend auf Jägersteigen und weist einige felsige Stellen auf. Trittsicherheit, Schwindelfreiheit, Orientierungsvermögen und die Beherrschung des ersten Klettergrads (Stellen) sind Voraussetzung.

Die lange und passagenweise alpine Überschreitung vom Galgenstangenjoch zur Krapfenkarspitze ist ein echter Insidertipp – im Gegensatz zum kurzen Aufstieg vom Soiernsattel zur Gumpenkarspitze, der relativ häufig begangen wird. Nach dem zügigen Zustieg durch lichten Wald über den Jägersteig des Fürsten von Coburg läuft man frei über südseitigen steilen Wiesenflanken und nordseitigen Latschen- und Schrofenflanken im grünen Vorkarwendel auf dem Kamm dahin und genießt den Blick über die dunkelgrauen Felswände

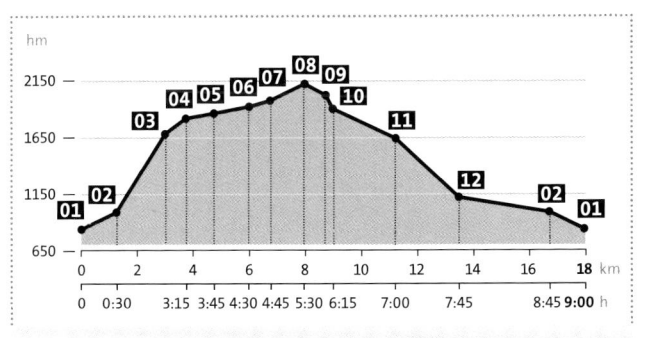

01 Fahrweg Rißtal, 830 m; **02** Paindlalm, 980 m; **03** Galgenstangenjoch, 1670 m; **04** Galgenstangenkopf, 1806 m; **05** Fermerskopf, 1851 m; **06** Baierkarspitze, 1909 m; **07** Dreierspitz, 1962 m; **08** Krapfenkarspitze, 2109 m; **09** Gumpenkarspitze, 2010 m; **10** Soiernsattel, 1890 m; **11** Wiesenrücken, 1630 m; **12** Alte Klause, 1110 m

Ein beeindruckender Ausblick von hier oben.

des schroffen Hochkarwendels zwischen Wörnerspitze und Östlicher Karwendelspitze. Der häufiger begangene Paindlsteig zurück ist teils in schlechtem Zustand.

▶ Auf dem **Fahrweg** 01 geht es über das Schotterbett des Rißbachs, links durch anfangs lichten Wald südwestwärts aufwärts zu einer Fahrwegsverzweigung und rechts Richtung **Paindlalm** 02. Am Beginn der Almfläche (980 m; rechts weiter zur Almhütte) gerade ab auf einen Fahrweg im Wald Richtung Paindlsteig bzw. Fereinalm und kurz danach von einer Schlaglichtung (1010 m) rechts einen steilen Fahrweg hinauf, bis dieser abrupt nach links quert (1100 m). Gerade auf kaum mehr benutztem Serpentinen-Steig durch lichten Wald hinauf, ab 1200 m links ansteigend zum von links kommenden Normalweg zum Galgenstangenjoch. Über diesen ehemaligen Reitweg aufwärts serpentinieren und zum Schluss links queren zum Jagdhaus Grafenherberge (1464 m; Aussichtspunkt). Einige Meter zurück, auf weniger gutem Steig nordwestwärts und durch niederen Wald am Rand einer Freifläche hinauf. Einen rechts abzweigenden Steig ignorierend teils zwischen Latschen unter den Kamm des **Galgenstangenjochs** 03 (1670 m) südwestwärts queren und auf zum **Galgenstangenkopf** 04 (1806 m; der Hauptpfad quert unter diesem durch). Auf einem Steig durch Latschen hinab zu einem Sattel und über Wiesen auf dem Kamm aufwärts zum **Fermerskopf** 05 (1851 m). Abwärts weiter über den Kamm und etwas ausgesetzt hinauf zur **Baierkarspitze** 06 (1909 m). Einen steilen, etwas splittigen Steig hinab, in die Ostflanke des Dreierspitz queren und auf Steigspuren durch die Wiesenflanke linkshaltend hinauf bis fast zum Wiesenkopf. Einige Meter über eine ausgesetzte Querung abwärts in einen Sattel und entweder den kleinen Grataufschwung direkt hinaufkraxeln (II); oder einfacher in kurzer Links-Rechts-Schleife auf Latschensteig zum Gipfel des **Dreier-**

spitz 07 (1962 m) mit Wiese. Dahinter etwas abwärts in den nächsten Kammsattel und linksseitig direkt unter einem teils felsigen Latschenkamm queren zu einem muldigen Sattel (ab hier Steinmännchen; links ostseitiger Abkürzer/ Notabstieg ins Neulähnerkar zum rückleitenden ehemaligen Reitweg. Aufwärts unter einen Felsrücken, dem man nach rechts in ein Schuttfeld mit deutlicher Steigspur ausweicht. Über einen Miniaufschwung auf den rechten Rücken (!), kurz schottrig-klettrig südwestwärts hinauf, einem Grataufschwung rechts ausweichen und dahinter hinauf zum felsdurchsetzten Wiesengipfel der **Krapfenkarspitze 08** (2109 m).

Abstieg: Einige Meter links des Südostgrats hinab zu einem Steinmann. Links Direktabstiegs-Variante über den Wiesen-Ostgrat mit kleinen felsigen Steilabschwüngen hinab zum Reitweg (Stellen I, letzter Kopf teils schuttig, Abschluss steil). Rechts ab in eine Schuttmulde kraxeln und westwärts auf Steigspuren über einen Wiesenrücken mit von rechts nach links zu querender Steilstufe hinab zu einem Sattel. Sobald der Kamm zum Grat wird, auf diesem oder meist leichter auf Steigspuren linksseitig nordwestwärts dahin und aufwärts zur **Gumpenkarspitze 09** (2010 m; Kreuz etwas unterhalb). Links anfangs zwischen klettrig-schuttigen Schrofen und über steile Wiesen (Steinmännchen) südwärts hinab zum **Soiernsattel 10** (1890 m). Auf einem Reitweg (zu Königszeiten angelegter Weg für Pferde) südostwärts abwärts und bevor dieser rechts Richtung Fereinalm quert, am linken Rand eines Tälchens gerade weglos weiter zu einem von oben sichtbaren, ehemaligen Reitweg. Auf diesem nordostwärts kaum abfallend 2 km queren bis zu einem **Wiesenrücken 11** (1630 m) unterhalb des Dreierspitz. Südostwärts entweder kurz vor diesem hinab serpentinieren (Steinmann) und links abfallend queren; oder weiter und über einen steilen Wiesenrücken weglos hinab. Unterhalb einer Hütte per Zaundurchgang zu einem Jägersteig. Durch Wald entlang einem Südostrücken in Serpentinen lange hinab zum Ende eines Fahrwegs (1120 m). Links um die Ecke auf dem nicht mehr unterhaltenen Paindlsteig durchs Fermersbachtal **zur Alten Klause 12** im Dreiergraben und nach dessen Durchquerung unter der Südostflanke des Krapfenkarkamms anfangs steiler, dann immer wieder eindrucksvolle Schluchten kreuzend (Problemstellen) flacher nordostwärts meist durch lichten Wald aufwärts queren zum Großen Gußgraben (1220 m) zwischen Fermerskopf und Galgenstangenkopf. Dann meist abfallend (im Wandgraben baufällige Holzrampe) durch oft dichten Wald und abschließend auf einem Karrenweg zum Fahrweg der Paindlalm queren. Über die Aufstiegsroute zum **Ausgangspunkt 01**.

Der Stengellose Enzian findet sich auf unbeweideten Wiesen noch im Sommer.

Schröfeln
Isar
Hochgraben
Hammerlgraben
Unt. Ölgraben
Ob. Ölgraben
Pfetterkopf
1546
Grasbergalm
Leining-
Diensthtt.
Diensthtt. Maxruh
1271
Niederbachelalm
Diensthtt.
Klause
Markkopf
1357
Hoher Grasberg
1783
1727
Lerchenbach
Fischbachalm
1402
Fischbach-
kopf
1690
Waldeck
Fischbach
Predigtstuhl
Fermerskopf
1851
06
Bayerkarspitze
1909
Hundstallhütte
(verf.)
Roßalm
Bayerkar
Gäms-
scharte
Mitterkar
Krapfenkar
07
Dreierspitz
1962
35
11
08
2109
Neulahnerkar
Soiernhaus
1622
09
2010
Krapfenkarspitze
Gumpenkarspitze
Soiernsee
10
1800
Soiernlache
Steinkar
Brandelalm
Soiernschneid
2174
Soiernspitze
2257
2209
Reißende Lahnspitz
Hauptklause
(verf.)
Hirzeneckgraben
Hirzeneck
2000
Zunterweid
Gamslahner-
wand
Furt
1126
Turm
1598

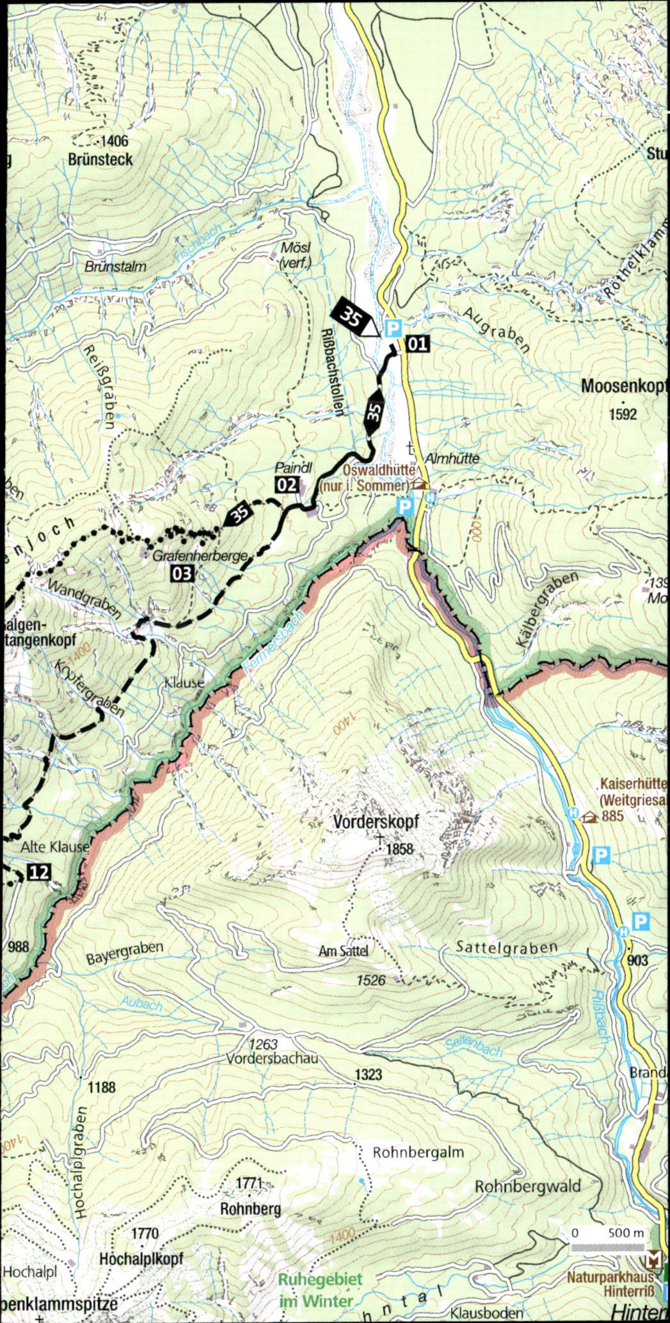

1406
Brünsteck
Brünstalm
Fischbach
Mösl
(verf.)
35
Reißgraben
Rißbachstollen
01
Augraben
Moosenkopf
1592
Paindl
02
Oswaldhütte
(nur i. Sommer)
Almhütte
Grafenherberge
03
Wandgraben
1000
Kälbergraben
Fermersbach
Klause
Kopfergraben
1400
Kaiserhütte
885
Vorderskopf
1858
Alte Klause
12
988
Bayergraben
Am Sattel
1526
Sattelgraben
903
Aubach
Seitenbach
Rißbach
1263
Vordersbachau
1323
1188
Hochalplgraben
Rohnbergalm
1771
Rohnberg
Rohnbergwald
1770
Hochalplkopf
Hochalpl
Ruhegebiet
im Winter
Klausboden
0
500 m
Naturparkhaus
Hinterriß

HOHER GRASBERG • 1783 m

Zu einem einsamen Aussichtsgipfel

🌀 ➡16 km ⏱5:00 h 📐920 hm 📐920 hm 📄6

START | Von Kochel Richtung Mittenwald bis Krün und im Ortszentrum links (ostwärts) zu einem ausgewiesenen Parkplatz, 863 m.
[GPS: UTM Zone 32 x: 672.140 m y: 5.263.690 m]
CHARAKTER | Schattenseitiger Waldaufstieg, sonnseitiger Höhenweg und alpiner Abschlusssteig ergeben eine lange Voralpentour. Am einsamen Gipfel ist Orientierungsvermögen und Trittsicherheit und Schwindelfreiheit nötig.

Dieser kaum bekannte Berg bietet auf seiner sonnseitigen Panorama-Hangquerung die beste Aussicht auf die Nordseite des Soiern- und Krapfenkarkamms im Karwendelgebirge. Um den einsamen, aber aussichtsreichen Gipfel mit Walchenseeblick zu erreichen, darf man sich aber nicht durch den sich um den Berg herumschlängelnden Steig und den Felspfeiler am Hohen Grasberg abschrecken lassen. Alternativ zum Gipfel lässt sich abwärts weiter zur unbewirteten Grasbergalm (1310 m) gehen und sozusagen im unteren Hang-Stockwerk (Abzweig 1360 m) auf noch längerem Steig direkt zur Fischbachalm zurückqueren. Für

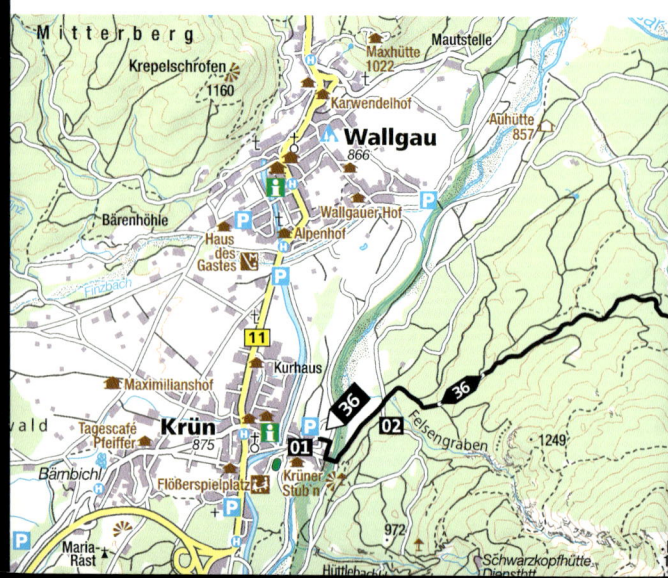

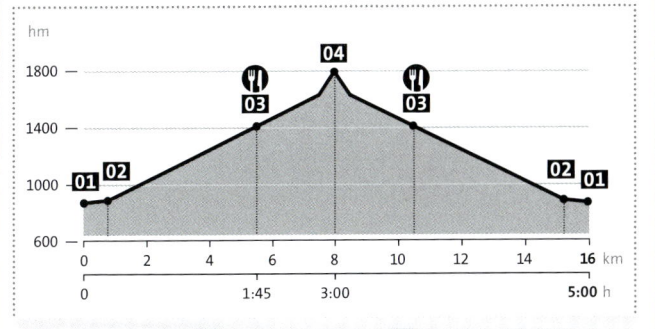

01 Parkplatz, 863 m; **02** Verzweigung, 880 m; **03** Fischbachalm, 1400 m;
04 Hoher Grasberg, 1783 m

Mountainbike-Besitzer empfiehlt es sich, den nicht umsonst als Fischbachstraße bezeichneten Forstweg zumindest bis zum Beginn der langen Rampe mit dem Bike auf- und abzufahren (anfangs kurze Steilpassage).

▶ Vom **Parkplatz** **01** gehen wir über die Isarbrücke zur Infotafel (u.a. Wegsperrungen, Öffnungszeiten) und nordwärts auf einem Forstweg anfangs eben am rechten Rand des Isartals entlang. Bei einer **Verzweigung** **02** gerade über ein Brückerl hinauf und überwiegend nordostwärts durch den Hangwald lange ansteigend (Zwischenblick zur Schöttelkarspitze; ab 1000 m steilere Rampe) bis zum

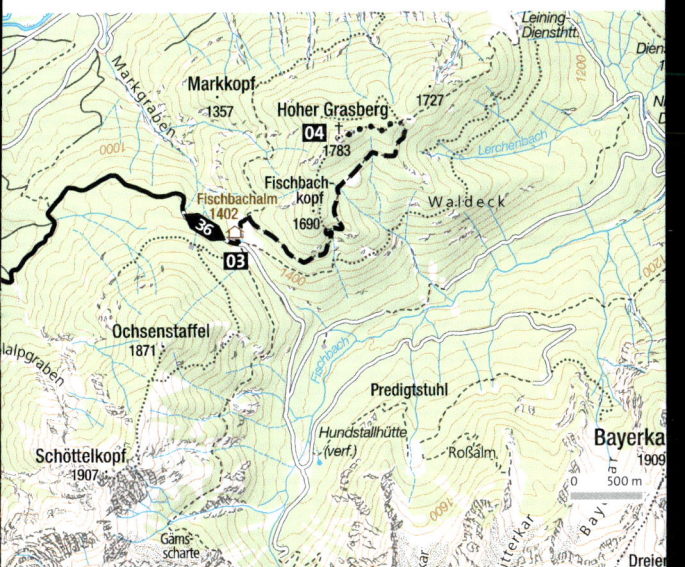

Nur die letzten 150 Höhenmeter zum felsigen Gipfel des Grasbergs sind anspruchsvoll.

flachen Joch an der ab dem zweiten Juliwochenende bewirteten **Fischbachalm** 03 (1402 m) queren. Von hier gehen wir kurz links auf einem Karrenweg zwischen Alm und Forsthaus nordwärts durch, weglos über Wiesen ostwärts einen Rücken hinauf zu einem deutlichen Steig (1450 m) und auf diesem rechts in einen parkartig lichten Wald. Südostwärts bis ostwärts flach um den Fischbachkopf queren und in Serpentinen steil hinauf zur ersten Schulter. Dann ostwärts in flach ansteigender Querung zum Einschnitt zwischen diesem und dem Grasberg (1600 m; hier kommt die auch als knackiger Steilaufstieg nutzbare Abstiegsvariante an). Über eine aussichtsreiche Wiesenfläche spazieren, weiter aufwärts queren zu einer Latschenschulter, dahinter nordostwärts und aufwärts queren zum latschenbewachsenen Grasberg-Kamm (1680 m) am Ostrücken des Hohen Grasbergs (rechts abwärts zur nicht bewirteten Grasbergalm). Scharf links auf der Nordseite kurz auf ausgeschlagenem Steig westwärts abwärts und queren, durch eine Grasrinne steil hinauf zum Kamm und auf diesem, zum Schluss ausgesetzt links davon (südseitig) zwischen Latschen unter den Gipfelaufbau des Hohen Grasbergs. Über einen kleinen Wiesenrücken zu dessen Felspfeiler, unter diesem durch, über eine steile Wiesenmulde hinauf und kurz rechts zum höchsten Punkt **Grasbergs** 04 (1783 m).

Abstieg über die Aufstiegsroute zum **Ausgangspunkt** 01.

Abstiegsvariante:

Wer nicht denselben Abstieg nehmen will, kann den Zwillingsgipfel überschreiten und westwärts anfangs ausgesetzt und etwas schrofig zu einem Steiglein absteigen, das linksseitig des Südwestrückens in einer Folge von drei Querungen und geraden Abstiegen auf gutem Steig durch lichten Wald und Latschen hinab führt zum Einschnitt zwischen Grasberg und Fischbachkopf. Durch den geht es steil südwärts hinab zum Aufstiegsweg zurück.

OCHSENSTAFFEL • 1871 m

Gewandter Geheimtipp im Vorkarwendel

10,5 km · 5:45 h · 1020 hm · 1020 hm · 06

START | Vom Walchensee Richtung Mittenwald bis Wallgau, links auf der Flößerstraße (oder am Ortsende links) südostwärts leicht abwärts zum Ende und links auf einer Straße, zum Schluss ungeteert zum Parkplatz an der Isar, 850 m.
[GPS: UTM Zone 32 x: 672.830 m   y: 5.265.370 m]

CHARAKTER | Der Fußweg zur Fischbachalm folgt anfangs nicht der Beschilderung, dann überwiegend nordwestseitig einem zügigen Fahrweg und steilen bis beschwerlichen Waldweg zur Forststraße von Krün und zum Almsattel. Der teils nur fußbreite Wiesensteig (Passage ausgesetzt) in lichtem Wald zum Sattel unterm Ochsenstaffel ist in erstaunlich gutem Zustand, der Aufstieg zum Gipfel steil und anstrengend (Stelle klettrig). Gerade noch sichtbar ist der lohnende Steig über den Kamm der Schöttelköpfe (meist westseitig) auf die schroffe Schöttelkarspitze zu. Der Übergang zu dieser ist orientierungsfähigen Alpinisten vorbehalten.

Egal, ob zu Fuß oder mit dem Mountainbike: Die meisten Touristen nehmen zur Fischbachalm die Forstraße von Krün. Dabei sind Bergsteiger mit dem relativ direkten, schattseitigen Aufstieg von

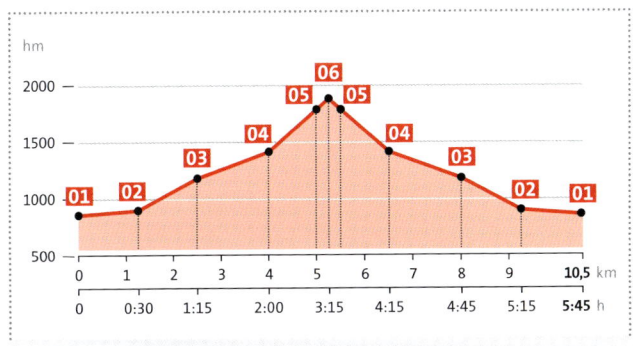

01 Parkplatz Isarbrücke, 850 m; **02** Schöttelgraben, 890 m; **03** Forststraße, 1170 m; **04** Sattel Fischbachalm, 1402 m; **05** Sattel, 1775 m; **06** Ochsenstaffel, 1871 m

Blick über die Schöttelköpfe zur Schöttelkarspitze.

Wallgau besser bedient, der deutlich weniger begangen wird. Der kleine, aber feine Steig zum Ochsenstaffel quert auf einem von lichtem Wald teilbeschatteten Wiesenteppich herum zum steilen Gipfelrücken. Die drei Felstürme werden elegant umschlängelt und der freie Gipfel bietet ein erstaunliches Panorama von der Felsmauer des Wettersteinkamms bis zur Zugspitze über Soiern- und Krapfenkarkamm in die Spitzenparade des Karwendelgebirges und natürlich den grünen Bergen um Isartal und Walchensee. Etwas anspruchsvoller und abwechslungsreicher ist der Wiesensteig über die höheren Schöttelköpfe, wo man der schroffen Schöttelkarspitze (2050 m) und der längsgestreiften Soiernspitze (2257 m) über ihrem kilometerweiten Schuttkar sehr nah kommt. Auf deren Gipfeln werden zur Sonnenwende Feuer angezündet, die vom Wallgau aus zu sehen sind.

▶ Vom **Parkplatz** 01 über die **Isarbrücke**, auf einem Fahrweg links, den Abzweig Richtung Fischbachalm/Soiernhaus/Schöttelkarspitze ignorierend ostwärts zwischen Auen-Gebüsch zu einem Fahrweg am südöstlichen Talrand und nach einigen Metern (Schild „Auhütte") rechtshaltend steil die Böschung hoch (Treppen; in Karten nicht erkennbar!) zur großen Forststraße auf der ebenen Hangterrasse östlich der Isar (860 m). Kurz danach rechts ab auf einen Fahrweg (Schild Fischbachalm; gerade kurz zur bewirteten Auhütte, 860 m), der in einer Links-Rechts-Schleife durch Wiesen und lichten Wald aufwärts zum breiten Kiesbett des **Schöttelgrabens** 02 führt. Hinüber furten (Bank), den Fahrweg durch Wald insgesamt südostwärts hinauf, rechts hinüber queren zum Schöttelgraben und gerade aufwärts zu einer Verzweigung (1060 m).

A) Rechts weiter an den Rand des Kaltwassergrabens und auf unten verzweigtem (teils wegen umgestürzten Bäumen) und oben steilem, erdigem Waldweg hinauf zur von Krün heraufkommenden **Fischbach-Forststraße** 03 (Abstiegsschild nur „Auhütte offen"!). Richtung „Fischbachalm" links aufwärts queren.

B) Gerade auf altem gutem, aber zunehmend dünnerem Fahrweg ostwärts hinauf, schließlich nur noch im Gras dem kaum begangenen Steig der steilen Mulde folgen und über Abfälle der Forstarbeiter mühsam aussteigen zur Forststraße (1210 m).

Die steile Forststraßen-Rampe hinauf und aufwärts queren zum **Wiesensattel** 04 an der Fischbachalm (1408 m, bewirtet ab 2. Juliwochende), der zwischen Hohem Grasberg und Ochsenstaffel liegt (gerade ab- und aufwärts weiter zu Materialseilbahn und Reitweg des Soiernhauses). Am Abzweig des Lakaiensteig (ohne

Lohnende Ergänzung:

Vom Sattel kurz links hinauf, kurz in die Ostflanke queren, über den Nordrücken hinauf und auf recht gutem Steig in Serpentinen zum „Scheingipfel" (1905 m; Feuerplatz) der **Schöttelköpfe**. Südwärts kurz über einen Buckel abwärts, rechts eines Felskopfs hinauf, hinab und auf der Westseite des Schöttelkamms queren zu einem doppelten Fels-Gipfel mit eingelagerter Wiesenflanke. Über den ersten Gipfel oder über diese Flanke rechtshaltend zum **Hauptgipfel (1907 m**; Feuerplatz). Es lässt sich noch nach einer Felsquerung auf Steigspuren südwestwärts weiter queren und aufsteigen zum „Kartengipfel" (1902 m) gegenüber der Schöttelkarspitze. Hin und zurück knapp 200 Hm (Gegen-)Aufstieg + Abstieg, 1,6 km, 1 Std.

Höhenverlust teils ausgesetzt zum Soiernhaus) mit leichtem Schlenker hinauf zum ehemaligen Herzogsteig (in der Nordwestflanke der Soierngruppe) und westwärts aufwärts im lichten Wald queren. Links auf einen deutlichen, schmalen Wiesensteig und links (südostwärts) eben und aufwärts queren zu einer Hangkante mit prachtvoller Soiern-Sicht. Südwestwärts teils ausgesetzt aufwärts queren und mit zwei Kehrenaufstiegen zur Mulde zwischen Ochsenstaffel und den Schöttelköpfen. Über die Wiese kurz in Kehren hinauf zum **Sattel** 05. Rechts in eine Latschengasse, auf und rechts des Südwestrückens hinauf, in Rechts- (etwas ausgesetzt), Links- und Rechts- (etwas klettrig) Schleife um Felstürmchen schlängeln und in Latschengasse zum freien Gipfel mit frischem kleinem **Kreuz** 06.

Abstieg: wie Aufstieg über Variante A zurück zum **Ausgangspunkt** 01.

Alpenrosen (alias Almrausch) blühen im Frühsommer oberhalb der Baumgrenze.

RUND UM DEN SPITZBERG

Blumensymphonie mit Badeeinlage

12,25 km　5:00 h　457 hm　457 hm　182

START | Durch das Isartal zur Staumauer und rechts über den Sylvensteinsee zum Parkplatz in Vorderriß, 782 m.
[GPS: UTM Zone 32   x: 683.270 m   y: 5.270.190 m]
CHARAKTER | Diese ungewöhnliche Tour sollte man am besten im Frühsommer gehen. Sie ist zwar technisch leicht, verlangt aber wasserdichte Schuhe, etwas Orientierungsvermögen, Trittsicherheit und Schwindelfreiheit.

Wenige Höhenmeter, aber eine lange Strecke muss man bei diesem frühsommerlichen Kleinod zurücklegen, das um den 1328 Meter hohen Spitzberg führt. Dafür entschädigt eine unerwartete Blütenpracht, die mit Mehlprimeln, Akeleien und Enzian mehr der Auenvegetation der mittleren Isar als einer Gebirgsflora gleicht – Waldvöglein und Frauenschuh inklusive. Zur Belohnung kann man sich an der oberen Isar oder in den Gumpen des Staffelgrabens abkühlen.

▶ Vom **Parkplatz** 01 geht es erst auf der Straße nach Wallgau nordwärts über die Isarbrücke und links am Mauthaus vorbei zu einem rechts abzweigenden Pfad. Über diesen in einer steilen, blumenreichen Wiesenflanke in Kehren hinauf, zum Schluss in rechts ansteigender Querung zum **Rißsattel** 02 (1217 m; vorher

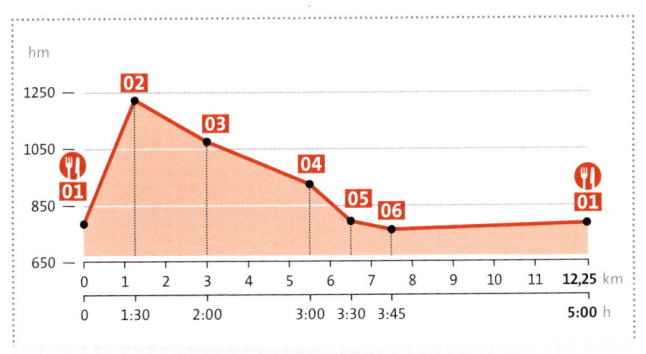

01 Parkplatz, 782 m; 02 Rißsattel, 1217 m; 03 Lainer Alm, 1070 m;
04 Fahrweg, 920 m; 05 Sumpfwiese, 790 m; 06 Isar, 760 m

141

Im Staffelgraben wächst Frauenschuh büschelweise.

rechts leicht abfallend über eine bunte Wiese in den Wald (500 m Problempassage). Hier verwandelt sich der Sumpfweg zu einem guten, oberhalb des Staffelgrabens querenden Steig, der zu einem teils freien Rücken führt. Diesen kurz abwärts, dann links (geradeaus einige Meter hoch zu einem Aussichtspunkt) über einen steilen Hang (Frauenschuh!) durch Wiesen mit weit stehenden Bäumen hinab. Bei einer abfallenden Querung passieren wir einige ausgesetzte Stellen und gehen neben dem Bach weiter zu einem Aufschwung mit Eisenstiften und Drahtseil. Wir kraxeln über diesen zu einer leicht ansteigenden Querung in lichtem Wald, die in einen

Bank mit Wanderstempel). Nun nordseitig durch Wald, bald auf einem Fahrweg der blauen Markierung folgend hinab und rechts ab auf die Wanderroute nach Jachenau. Der Pfad führt anfangs durch Wald, dann durch die teils sumpfigen, aber bunten Wiesen der Luitpolder Alm. Von der Alm auf einem Fahrweg nordostwärts weiter, dann links ab (Schild „Jachenau über Lainer Alm") und oberhalb des Wilfetsgrabens auf einem ehemaligen Karrenweg hinab zu den ebenen Wiesen der **Lainer Alm** 03 (1070 m). Dahinter auf einem kurz ansteigenden Fahrweg zu einer Verzweigung (Schild „Staffelgraben" für Wanderer aus der Jachenau). Hier kurz rechts, dann zwischen Weidenbüschen (keinerlei Hinweis!) rechts abfallend auf schlechtem Steig zu einer teils sumpfigen Wiesenquerung (rote Markierung an Baum) mit Waldstück und bei einer Steigverzweigung wieder

Fahrweg `04` mündet. Auf diesem bis zum Rechtsabzweig „Sylvenstein/Fall". Auf dem Pfad im Wald südwärts hinunter zu einem Querpfad in einer **Sumpfwiese** `05` (790 m; rechts zu den unteren Gumpen des Staffelgrabens oder links zu denen des Rabenwinkelgrabens). Nun leicht linkshaltend auf Steigspuren über den Staffelbach, auf der anderen Seite auf gutem Steig talaus (auf Karten nicht verzeichnet!) und kurz rechts hinauf. Dann auf einem Karrenweg südwestwärts zu einem Fahrweg, der kurz links abwärts, dann rechts auf flachem Fahrweg zum Betonweg-Damm (davor Rechtsabzweig zu Badeplätzen) links über die **Isar** `06` leitet.

Am Südende rechts ab und südlich der Isar auf einem breiten Fahrweg zwischen Weidenbüschen westwärts zu einer Kiesentnahmestelle. Nun waten wir, leicht linkshaltend, über die Seitenarme des Wildflusses (evtl. Schuhe ausziehen) zu einem flachen Karrenweg und gehen auf diesem im Wald zur Straße Sylvensteinsee – Vorderriß hinauf. Diese überqueren und auf Fahrwegen kurz südwärts, dann rechts südseitig parallel zur Straße bis zu einer Unterführung. Dahinter hinab, auf Karrenwegen eben dahin, über eine Schleife kurz hinab ans Isarufer (Badeplatz) und dann auf einem Pfad neben einer umzäunten Wiese nach **Vorderriß** `01`.

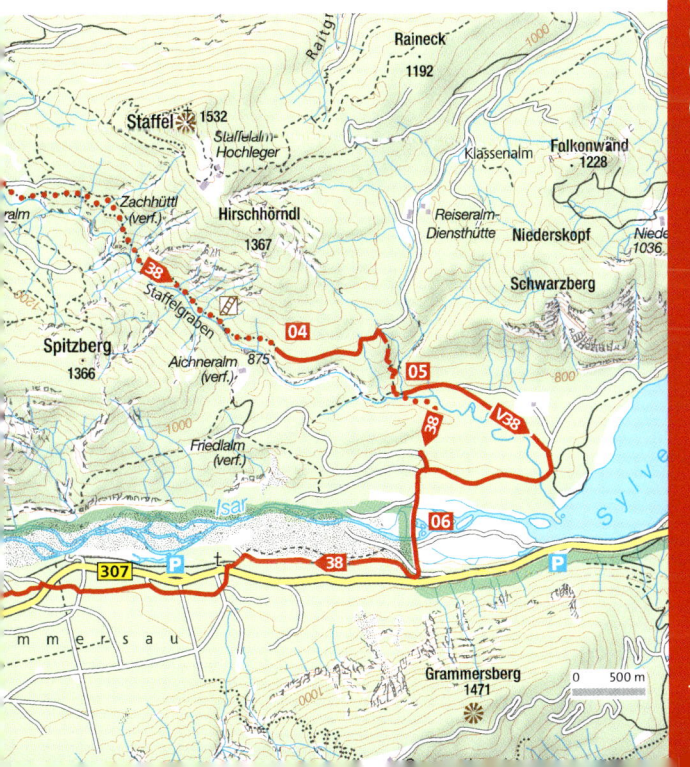

39 STAFFEL-RUNDE • 1532 m

Lohnender Verlegenheitsberg

8,5 km 4:00 h 790 hm 790 hm 182

START | Richtung Sylvenstein hinter Lenggries links ab Richtung Jachenau, per Überführung auf die westliche Isarseite und links in die Jachenau bis zum Ortsteil Bäcker. Links über den Jachen und dahinter rechts auf den Parkplatz, 742 m.
[GPS: UTM Zone 32   x: 685.480 m   y: 5.275.130 m]
CHARAKTER | Dieser Waldberg mit südseitiger Alm und freiem Gipfel geht immer, vom Frühjahr bis in den Spätherbst. Der nord- und westseitige Aufstieg über den Plattenweg ist allerdings mit Steinen und teils Wurzeln gepflastert, die bei Feuchtigkeit glitschig sind. Stabiles Schuhwerk und Stöcke sehr empfohlen.

Der Staffel wird leicht unterschätzt, liegt er doch in dem scheinbar unbedeutenden, bewaldeten Höhenzug zwischen der Jachenau und dem oberen Isartal. Dabei bietet der einem Vulkankegel gleichende Berg eine perfekte Sicht ins Karwendel und auf die Berge des Isarwinkels. Ganz zu schweigen von den lichten Waldwiesen des oberen Plattenwegs und der im Frühsommer bunten Blütenpracht der sonnseitigen Staffelalm, die die gesamte obere Südwestseite des Berges umfasst. Der alte steinige Karrenweg, um den der Waldaufstieg sich herumwindet, ist übrigens in keiner Karte, weder in aktuellen noch alten Ausgaben verzeichnet!

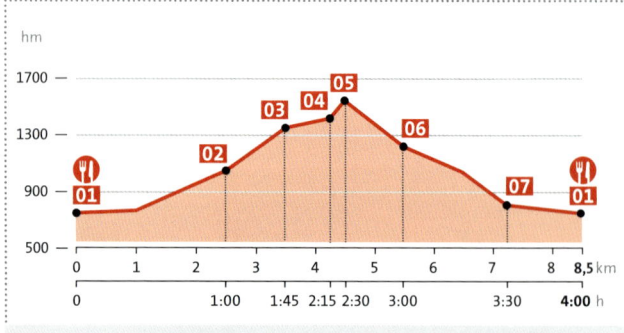

01 Parkplatz, 742 m; **02** Drehkreuz, 1040 m; **03** Schulter, 1340 m; **04** Staffelalm, 1407 m; **05** Staffel, 1532 m; **06** Senke, 1220 m; **07** Furt, 800 m

▶ Vom **Parkplatz** `01` geht es südwestwärts der Beschilderung „Staffel" folgend rechts auf einem Teersträßchen zum Achner-Hof.

Hier gehen wir links auf einem Karrenweg über Wiesen südwärts in den Wald zu einem großen Forstweg. Links über diesen hinauf in den Wilfetsgraben und nach einer Linkskehre rechts ab auf einen ehemaligen Karrenweg (Schild unleserlich). Wir gehen über diesen in Rechtsschleife südwestwärts hinauf zum abgekürzten Forstweg. Nach kurzem Aufstieg links ab durch ein **Drehkreuz** `02` (1040 m; Schilder „Staffel") und auf ehemaligem, steinigem Fahrweg (Plattenweg) meist steil südostwärts hinauf. Ein roter Pfeil und rote Punkte leiten rechts einen mühsamen Abkürzer hinauf (möglichst rechts des Wegs gehen) wieder zum steinigen Fahrweg und kurz danach vor einer schlammigen Flachstelle links ab (schlecht markiert; geradeaus leichterer Umweg auf dem Fahrweg). Den steinigen und wur-

Insider-Tipp: Gipfel-Abkürzung

Von der Kreuzung bei ca. 1300 m den Fahrweg ostwärts hinauf bis zu dessen Ende und auf steil weiterführendem Karrenweg kurz zu einem Steig. Einige Meter rechts queren und immer entlang (oben rechts) des Westrückens auf erstaunlich gutem, unmarkiertem Pfad (etwas Detailorientierung) gerade hinauf zum Gipfel.

zeligen Weg steil zu lichten Waldwiesen hinauf serpentinieren und auf besserem Pfad wieder zum abgekürzten Fahrweg (um 1300 m).

Diesen kreuzen, auf dem Weg weiter südostwärts hinauf zu einem **Elektrozaun** 03 (1340 m) mit Tür, die Südwestflanke des Staffel ansteigend queren, über steile Wiesenhänge mit psychologischer Elektrozaun-Sicherung zu einem Rückenabsatz queren und nordwestwärts über Almwiesen weiter zur **Staffelalm** 04 (1407 m) auf einer Terrasse unterm Staffel-Südrücken. Von hier führt ein Weg Richtung Norden über den Rücken durch eine Schneise und über einen felsigen Aufschwung hinauf zu den einladenden Bänken am freien Gipfel des **Staffel** 05 (1532 m).

Abstieg: Wir wandern zurück bis zum Südostrand des Südrückens, gehen aber nicht rechts, sondern gerade an den Almen vorbei und links über einen anfangs wenig ausgeprägten, später spitzen Rücken durch lichten Wald. Der anfangs schlechte Weg führt ostwärts steil hinab. An dessen Ende geht es links in eine **Senke** 06 (1210 m), hier rechts über ein Bächlein und durch Wald kurz leicht ansteigend ostwärts. Es folgt eine abfallende Querung mit nicht immer ganz intakten Bachkreuzungen. Links nun steil hinab zum Beginn eines Fahrwegs, dem wir nordwärts bis zum links abzweigenden Weg nach Niggeln folgen. Auf diesem hinab und links über die Raitgraben-**Furt** 07 (800 m) auf einen Karrenweg.

Flach aus dem Wald auf einen Fahrweg, links auf diesem westwärts nach Niggeln und auf einem Teersträßchen zurück zum **Parkplatz** 01 an der Brücke.

Solch bunte Blumen gibt es nur am Sommeranfang.

SCHRONBACHTAL MIT FALKENWAND • 1228 m

Gumpentour zu einsamer Alm mit Gipfelzuckerl

10,75 km   4:45 h   550 hm   550 hm   182

START | Durch das Isartal Richtung Sylvenstein, unter der Staumauer über die Isar und rechts zu kleinem Parkplatz, 730 m.
[GPS: UTM Zone 32   x: 691.470 m   y: 5.273.910 m]
CHARAKTER | Die bis auf zwei längere Waldabschnitte und den Gipfel lieblich-sonnige Tour über Wiesen und durch Parklandschaften führt entlang des Schronbachs mit vielen Möglichkeiten zur Abfrischung am Rückweg zum zügigen Aufstieg über die idyllische Niedersalm zum weglosen Kopf der Falkenwand. Wege ab Niedersalm nicht in der Karte verzeichnet! Wasserdichte Schuhe und Stöcke zu empfehlen. Keine Einkehr.

Das Schronbachtal ist als Gumpenparadies bekannt – wobei der honiggelb erscheinende Bach passagenweise tief genug ist, um auch ohne Kolk zum Ganzkörperabfrischen zu taugen. Oberhalb spaziert man auf Wiesen zwischen bewaldeten Berghängen dahin zum beliebten Rastplatz an der Supergumpe, die zum Beckenspringen einlädt, sei es ein Köpfer oder eine Wasserbombe. Durch eine hübsche Parklandschaft und dichten Wald geht es an weit hörbar rauschenden Bachkaskaden vorbei zur Nie-

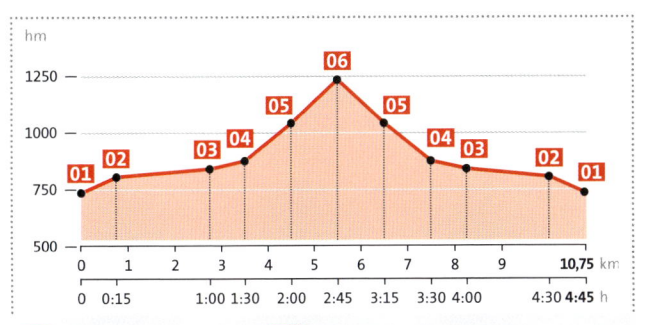

01 Parkplatz Isarbrücke, 730 m; **02** Schronbachtal, 800 m;
03 Schronbach, 835 m; **04** Verzweigung, 870 m; **05** Niedersalm, 1036 m;
06 Falkenwand, 1228 m

ders-Alm mit ihren weiß gepunkteten Margeritenwiesen, blauen Sterndolden und rosa blühendem Schnittlauch zur Mahlzeitwürzung des Almbauern. Anfangs wieder durch eine offene Parklandschaft (ex Waldweide), führt ein in Karten unverzeichneter Weg unter der steilen Flanke des Niedersbergs und oben mit Blick auf Demeljoch-Massiv und Guffertspitze zur Falkenwand, wo ein Steigerl zum bewaldeten Gipfelkopf führt.

Versteckt in einer Schlucht befindet sich der Schronbach-Fall.

▶ Vom kleinen **Parkplatz** 01 ein Teersträßchen nordwärts hinauf und nach einer Linkskehre leicht ansteigend auf einem Forstweg südwestwärts ins **Schronbachtal** 02.

A) An einer Verzweigung links hinab zur neuen Brücke über den Schronbach und auf der anderen Seite kurz auf steilem Steig hinauf zu einem feuchten alten Fahrweg. Nordwestwärts auf der schattigen und einsamen Südseite des Tals zu einer Betonbrücke, etwas schlammig weiter durch ein Weidetor auf eine Wiese und auf Steinen über den Bach zu einem Pfad.
B) Auf der sonnigen und von Gumpenwanderern und Radlern frequentierten Nordseite des Tals nordwestwärts auf dem Forstweg an der Unteren Schronbachalm vorbei weiter, bis man kurz vorm Beginn des Walds links eine markante Bachschleife sieht und auf Pfadspuren zu dieser und dem Pfad hinabsteigt.

Kurz auf einem Karrenweg an der Nordseite des Schronbachs aufwärts, auf Pfädchen links ab in eine parkartige Landschaft (weiter Baumstand mit Wiesenboden), kurz südwestwärts zum **Schronbach** 03 und auf Steinen über diesen.

Abstecher: Kurz rechts über eine zum Rasten einladende Waldwiese zu einer tiefen Gumpe (Sprung aus 1 Meter Höhe ohne Grundberührung) am Eingang einer kleinen Schlucht und durch diese zu einem Wasserfall „bachteln" (20 Min.).

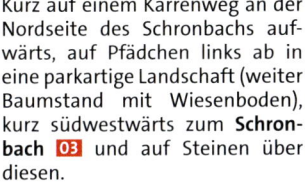

Auf der Südostseite ein Pfädchen hinauf, oberhalb der Schlucht südwestwärts über einen niedrigen Drahtzaun und aufwärts zu einem freien Fahrweg. Kurz gerade abwärts zu einer Zauntür, flach weiter und in langer Rechts-Links-Schleife im Wald auf- und abwärts wieder zur Fahrweg-**Verzweigung** 04 überm Schronbach. Von einer Lichtung links einen Fahrweg teils steil hinauf durch dichten Wald (unwegsame Abkürzung der Schleife möglich), an Bachkaskaden zur Linken vorbei und einen Rechtsabzweig ignorierend, bis zu einer Almwiese und den Gebäuden der **Niedersalm** `05`. Rechts daran vorbei auf einem älteren Fahrweg wieder durch eine Parklandschaft westwärts unter der Flanke des Schwarzkopfs aufwärts, vor dessen Querung links einen Karrenweg (im Frühjahrssturm 2015 umgefallene Fichten umgehen) im Wald hinauf unter den Sattel zwischen Niederskopf und Falkenwand und rechts ab- und aufwärts zu einem freien Schlag (Blick auf Demeljoch-Massiv und Guffertspitze). Entweder über den hier ansetzenden Südrücken der Falkenwand oder besser unterhalb fast zum Ende des Fahrwegs queren und links unwegsam kurz einen kleinen Einschnitt hinauf zu einem Sattel. Auf der Westseite rechts über Steigspuren hinauf, nordwärts leicht aufwärts queren und wo der Steig leicht abfällt kurz rechts hinauf zum **Gipfel** (1228 m) `06`.

Info:

Der Sylvensteinstausee wurde in den 50er-Jahren mit Kleinkraftwerk und Wasserverteil-Funktion erbaut, um den Isarwinkel und München vor Hochwasser bzw. bei Trockenheit Niedrigwasser zu schützen. Der Damm wurde rechtzeitig vor dem Jahrhunderthochwasser von 1999 erhöht und 2015 gegen Sickerwasser geschützt. Auf der Ostseite der Isar befindet sich ein Infostand.
www.wwa-wm.bayern.de

Abstieg: Wie im Aufstieg, aber mit Gumpenbad zum **Ausgangspunkt** `01`.

Die Gumpenwiese ist ein Geheimtipp abseits des Hauptwegs.

LATSCHENKOPF (JACHENAU) • 1488 m

Bergsteiger-Geheimtipp unter der „Bene-Wand"

🔄 ✚ 10 km ⏱ 5:00 h ↗ 766 hm ↘ 766 hm 📖 182

START | In der Jachenau zwischen den Weilern Ort und Petern am Waldrand nordwestseitig ab und auf einem Fahrweg zu einem Parkplatz, 722 m.
[GPS: UTM Zone 32 x: 687.910 m y: 5.276.720 m]
CHARAKTER | Die teils weglose Kammtour mit südseitigem Waldaufstieg und Rückkehr an einem kühlen Bach geht vom Frühling bis in den Spätherbst. Orientierungsfähigkeit ist gefragt.

Aus unerfindlichen Gründen ist dieser Wiesenkamm zwischen der eindrucksvollen Südostwand der Benediktenwand und dem Spitzengewirr des Karwendelgebirges völlig einsam – sieht man von den Almhütten unterhalb des Weges ab, deren Sennen am Wochenende regen Besuch der Einheimischen bekommen. Anfang Juli blüht auf der Erbhofer Alm sogar der staudengroße Purpurenzian, davor natürlich der blaue Frühlingsenzian und im Herbst der violette Germanische Enzian. Der teils weglose, teils per Steig erschlossene Kamm ist passagenweise mit sehr lichtem Wald aufgelockert, während der Latschenkopf seinem Namen alle Ehre macht. Der Rückweg am schattigen, forellenreichen Reichenaubach ist genau das Richtige für die Mittagshitze, das Wasser ideal zum Erfrischen.

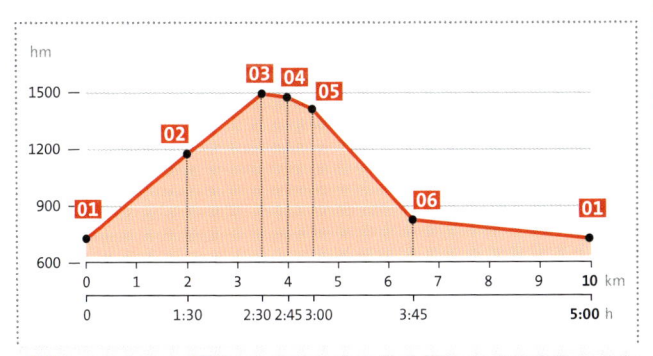

01 Petern (P), 722 m; **02** Langeneck-Sattel, 1168 m; **03** Latschenkopf, 1487 m; **04** Laichhansenalm, 1468 m; **05** Labelsberg, 1406 m; **06** Forstweg Tal, 820 m

▶ Vom **Ausgangsort** 01 nordwestwärts auf einem Forstweg talein, rechts ab Richtung Benediktenwand und nord- bis nordwestwärts über einen Fahrweg durch Wald hinauf zum **Langeneck-Sattel** 02 (1168 m) mit Schildern. Links auf einem Fahrweg über einen Rücken westwärts aufwärts und nach einem Flachstück an einer Verzweigung rechts (nordwärts) hinauf queren zu einer Wiesenschulter. A) Links den licht bewaldeten Nordostrücken weglos hinauf und via Kamm zu einem Sattel. B) Westwärts weiter zur Wiese der Erbhofer-Alm, links via Steig südwestwärts queren und ansteigen zum Sattel. Über einen Zaun und via Ostrücken zwischen Latschen hinauf, zum Schluss muldig zum freien **Latschenkopf** 03 (1487 m).

Abstieg: Ein Paar Meter zurück in die Mulde, westwärts auf einem Steig zwischen Latschen hinab und über einen Zaun zu einer Wiese mit Steinhaufen und einem kleinen Sattel mit weit stehenden Bäumen. Südwestwärts durch ein Tälchen abwärts zur freien **Laichhansenalm** 04.

A) Nahezu eben über einen weglosen breiten Wiesenkamm westwärts weiter (**Labelsberg** 05, 1406 m) und an seinem Ende in sehr lichtem Wald oberhalb der Gopperalm hinab zu einem Fahrweg (1300 m). B) Alternativ von der Laichhansenalm rechts zu einem mäßigen Pfad, der westwärts um den Labelsberg herum zur Gopperalm und dem Fahrweg führt.

Auf diesem links steil durch Wald südwärts hinab am Felsklotz des Kiensteins (1101 m) vorbei zu einer Rechtskehre, von der links ein anfangs schlechter

Ein heimeliges Bankerl vom Almbauern am Labelsberg (hinten der Latschenkopf).

Karrenweg abzweigt (960 m). Auf diesem eben ostwärts, dann rechts einen Fahrweg hinab zu dem breiten **Forstweg** 06 im Reichenautal (820 m). Entlang dem Reichenaubach zwischen Wald ostwärts zum **Ausgangspunkt** 01.

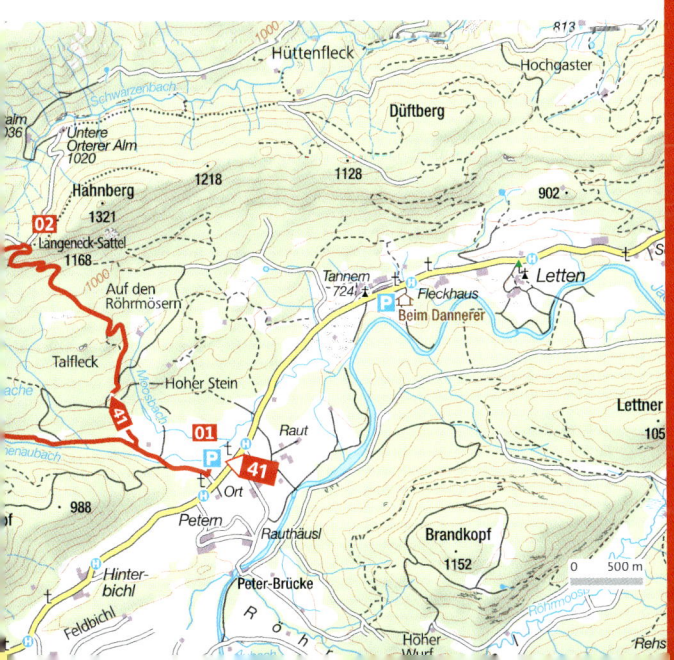

RAUTBERGHÜTTE • 1170 m

Geheimer Aussichtspunkt mit Badeabschluss

4 km   2:15 h   380 hm   380 hm   182

START | Durch das Isartal Richtung Sylvenstein, hinter Lenggries über die Isarbrücke Richtung Jachenau und links ab ins Tal des Jachen. Hinterm Ort Jachenau auf einer Mautstraße nach Niedernach und links über die Brücke zum Parkplatz nahe am Walchensee, 805 m.
[GPS: UTM Zone 32   x: 679.990 m   y: 5.272.970 m]

CHARAKTER | Nach kleinem Fahrwegszustieg führt der Kurztripp auf gutem Pfad zügig über den bewaldeten Westrücken des Rautbergs zu einer kleinen Jagdhütte mit Sitzbankerl vor wilder Bergszenerie. Schönheitsfehler der Bergwanderung: Sie ist auf keiner Karte richtig eingezeichnet, da der komplette mittlere Abschnitt nach einem Windsturz aufgegeben wurde und der heutige Pfad über die Südwestflanke führt. Etwas Schwindelfreiheit und für eine kurze Passage Trittsicherheit ist daher erforderlich sowie wasserdichtes Schuhwerk wegen einer kleinen Furt.

Die Rautberghütte ist ein echter Geheimtipp, der sehr beliebt bei den Einheimischen ist – und den Gästen, die von ihrem Pensionswirt den Tipp bekommen haben. Praktischerweise lässt sich der sommerliche Kurztrip zum Aussichtspunkt mit einem Bad im danach erfrischenden Walchensee verbinden, der hier an seinem na-

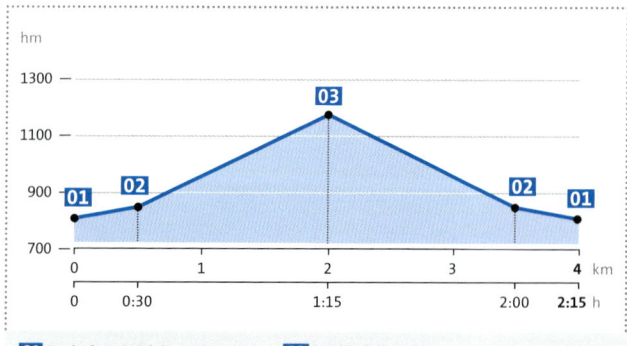

01 Parkplatz Walchensee, 805 m; 02 Waldpfad, 845 m;
03 Rautberghütte, 1170 m

Eine Idylle bildet das Walchensee-Ufer mit Herzogstand-Blick.

türlichen Auslauf in den Jachen bei Hitze genau die richtig kühlende Temperatur hat – und als größter Süßwasserspeicher Deutschlands den Durst mitlöschen kann. Wer nach der Spritztour am Nord-ufer des Sees entlangflaniert, findet weitere Badestellen. Der reißende Fluss, neben dem der Aufstieg beginnt, ist übrigens das in den Walchensee umgeleitete Wasser der Isar, die in ihrem natürlichen Bett gute drei Kilometer südlich gen Sylvensteinsee fließt (Mindestmenge 4 m³/sek.). Am Aufstiegsende wartet in der Waldlichtung an der Hütte über der Westflanke des Rautbergs ein überraschend weiter Blick auf. Der umfasst die Felsketten des gesamten Wet-

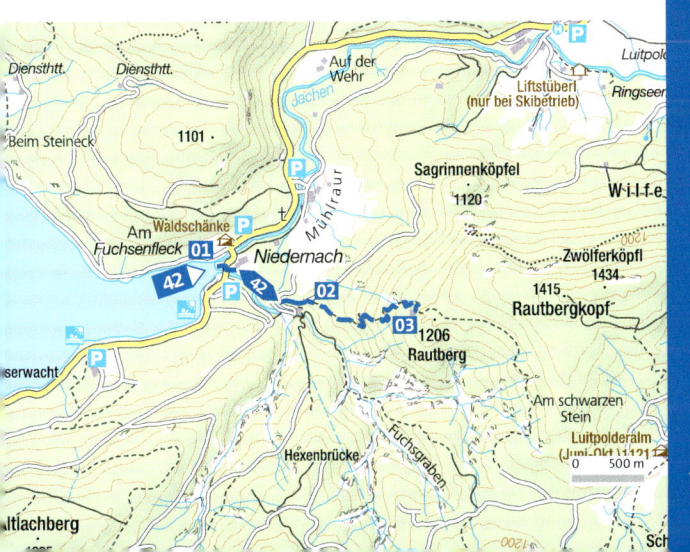

Wasserspeicher Walchensee

Der fast 200 Meter tiefe Walchensee ist mit seinem riesigen Volumen in Trinkwasserqualität das Herzstück eines Verteilsystems, das sowohl der Stromerzeugung als auch dem Hochwasserschutz dient. Der recht dürftige natürliche Zufluss des Sees wird durch Ableitung des größten Teils des Isarwassers (bei Krün; mindestens 4 m³ verbleiben im Isarbett) und des Rißbachwassers (bei der Oswaldhütte in der Eng) ergänzt, die durch Tunnel bei Obernach bzw. Niedernach in den Walchensee geleitet werden, um das Walchenseekraftwerk (s. Tour 52) zu versorgen. Eine Ableitung zum Sylvensteinsee, der wiederum mit dem Tiroler Achensee kommuniziert, dient der Regulierung des Durchflusses der Isar im Isarwinkel, des Wasserstands des Kochelsees und der Loisach sowie dem Hochwasserschutz für München.

tersteingebirges mit dem Kulminationspunkt der Zugspitze, das wilde Vorkarwendel mit Soierngruppe und Krapfenkarkamm sowie einen Ausblick über den türkisen Walchensee mit allen ihn umgebenden, grünen Bergen wie Hochkopf, Simetsberg oder Herzogstand. Im Herbst lassen sich hier Heidelbeeren sammeln.

▶ Vom **See-Parkplatz 01** (hinterm Jachen bewirtete Waldschänke, Do./Fr. Ruhetag) über die Straße, auf der Nordostseite des Rißbachstollen-Kanals auf einem Fahrweg südostwärts, links ab (geradeaus langer Jachenau-Rundweg via Luitpolder Alm) auf Fahrweg über den Fuchsbach furten und den zweiten Fahrweg links aufwärts bis zum Beginn einer Querung. Rechts ab auf einen **Waldpfad 02** (links Karrenweg), in kleinen Kehren den Westrücken des Rautbergs südostwärts hinauf, und rechts ab zur Südostflanke queren (der Originalweg hat hier gerade hochgeführt). Nach langer, etwas ausgesetzter Querung in Serpentinen aufsteigen bis fast zum Rücken und nach weiterer Querung und weiteren Serpentinen schließlich (etwas felsig) am Rücken aussteigen. Über diesen gerade in Kehren, zum Schluss rechtshaltend hinauf zur **Rautberghütte 03** (Forsthütte) an einer Lichtung mit Blick auf Wettersteingebirge, östliches Vorkarwendel und die Walchenseeberge.

Abstieg: wie Aufstieg. Oder ein Abschnitt auf dem alten Originalweg (etwas Orientierungsvermögen!): Bevor der Pfad links in die Flanke einbiegt geradeaus auf gut erkennbaren Spuren und meist deutlich angelegtem Weg eher auf der Nordseite des Westrückens hinab, bis unterhalb ein Windbruch auf einer Rückenverflachung sichtbar wird. Auf ca. 990 m verliert sich der Steig scheinbar und teilt sich auf in den nicht mehr begangenen, rechts hinab führenden Originalpfad zum Windbruch und in eine schwach erkennbare Linksquerung, die kurz um den Rücken zu einer Serpentine des Aufstiegswegs führt. Hier weiter hinab zum **Ausgangspunkt 01**.

BENEDIKTENWAND VIA ALTWEIBERSTEIG • 1800 m

Sonnenaufstieg mit Fernsicht

10 km • 5:30 h • 1100 hm • 1100 hm • 182

START | In der Jachenau knapp 200 m vor dem Weiler Petern am Waldrand nordwestseitig ab und auf einem Fahrweg zu einem Parkplatz, 722 m.
[GPS: UTM Zone 32   x: 687.910 m   y: 5.276.720 m]
CHARAKTER | Besonders im Frühsommer und Herbst lohnt sich der oben über Almen führende Südaufstieg zur Benediktenwand. Trittsicherheit und Schwindelfreiheit zur Bewältigung einer Steilstufe sind notwendig.

Der Südanstieg auf die Benediktenwand ist zwar nicht so großartig wie der nördliche oder so anspruchsvoll wie der über die Achselköpfe; aber dafür kann man die Sonnenseite wegen ihrer frühen Ausaperung bereits im späten Frühling angehen, ohne über Schneereste laufen zu müssen. Dagegen ist es unter den steilen Schrofenhängen und zwischen den Latschen des Gipfelaufbaus im Hochsommer schrecklich heiß. Oben öffnet sich ein sagenhafter Blick auf das wilde Karwendelgebirge vom schräg gestreiften Sonnjoch bis zur schwarz überhängenden Wand der Östlichen Karwendelspitze, während sich der frei stehende Felskegel des

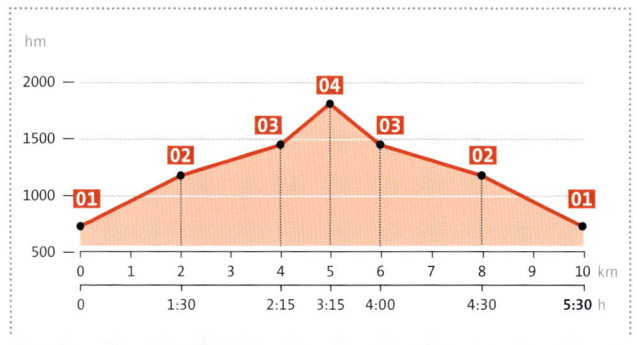

01 Parkplatz, 722 m; **02** Langeneck-Sattel, 1168 m; **03** Bichler Alm, 1438 m, **04** Benediktenwand, 1800 m

43

Die schroffe Südseite der Benediktenwand mit der Bichler Alm.

Guffert keck vor das wie mit dem Messer abgeschnittene Hochplateau des Rofan schiebt und im Westen stolz das Massiv der Zugspitze über dem gleißenden Höllentalferner aufragt.

▶ Vom **Parkplatz** 01 gehen wir nordwestwärts auf einem Forstweg talein, biegen rechts ab Richtung Benediktenwand und gehen nord- bis nordwestwärts über einen Fahrweg durch Wald hinauf zum **Langeneck-Sattel** 02 (1168 m) mit Schildern.

Von hier geht es linkshaltend Richtung Benediktenwand an der Orterer Alm vorbei, und nach einer Rechtsschleife im Kessel des Schwarzenbachs zweigen wir links ab auf einen steilen Fahrweg (nicht zur Tanner Alm!). Über diesen durch lichten Wald und über Almwiesen hinauf zur **Bichler Alm** 03 (1438 m; hier Rechtsquerung zur Scharnitzalm). Auf einem Pfad ein Stück weiter hinauf, unter der felsigen Südflanke der Benediktenwand auf einem kleinen Kamm westwärts queren, dann nordwestwärts etwas mühsam aufwärts und zum Beginn des Steilanstiegs. In Serpentinen geht es nun etwas mühsam hinauf zu einer felsigen Passage mit ausgesetztem Wegstück (kein Drahtseil) und danach flacher durch Latschen an Dolinen vorbei gerade nordwärts hinauf zum dicht bevölkerten Gipfel der **Benediktenwand** 04 (1801 m).

Der Abstieg verläuft über die Aufstiegsroute zum **Ausgangspunkt** 01.

44 RABENKOPF VON SÜDEN • 1555 m

Auf der Sonnenseite über Gumpen zu Almen

11 km • 4:30 h • 780 hm • 780 hm • 182

START | Durch die Jachenau bis in den Hauptort und rechts zum Parkplatz hinterm Schützenheim, 775 m.
[GPS: UTM Zone 32   x: 682.860 m   y: 5.275.400 m]
CHARAKTER | Die süd- bis südwestseitige Tour zum Rabenkopf ist zwar länger, aber ideal für Bachliebhaber. Für das ausgesetzte Stück am Wespenkopf ist Schwindelfreiheit und Trittsicherheit erforderlich.

Der südseitige Aufstieg aus der Jachenau zum Rabenkopf ist zwar relativ lang; dafür geht es bis zur Staffelalm erst auf angenehmen Bachwegen, dann durch lichten Wald dahin, und auf dem Rückweg kann man sich in einer der Gumpen von Großer Laine oder Rappinbach bestens abfrischen. Hier befindet sich auch das „Zuckerl" des Anstiegs, der gute, aber nicht versicherte Steig durch die felsigen Flanken der Rappinschlucht. Hier kommen nur Schwindelfreie durch, um das Blütenmeer der weißen Graslilien an den Hängen zu bewundern. Erst auf der Staffelalm gerät man in die pralle Sonne. Der schweißtreibende Gipfelanstieg darüber wartet mit sonnenheller Gamswurz, Enzian und streng geschützten Türkenbundlilien auf, wird aber während der Weideperiode von elekrisch geladenen Zäunen mit Durchgängen gekreuzt.

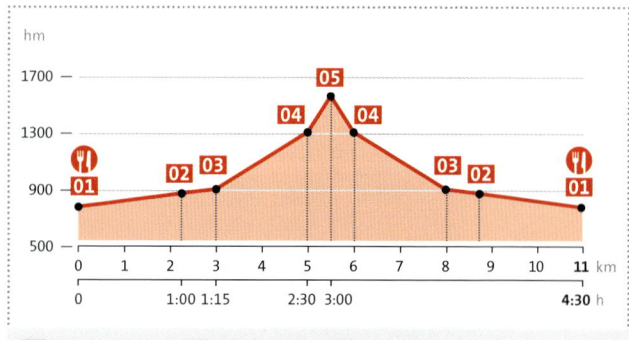

01 Jachenau, 775 m; **02** Laintal, 870 m; **03** Rappinklamm, 900 m; **04** Staffelalm, 1300 m; **05** Rabenkopf, 1555 m

Am Wurf
Diensthütte
Eibelskopf
1418
Lusenköpfel
1299
Gemskopf
1372
Bauernwurf
1324
Brandköpfl
1442
1089
Jagdhütte
Orterer Alm
Jagdhütte
1439
Glaswand
1324
1569
1527
Schwarzeck
Bergwacht-Hütte
Kleinhütte
1496
Glaswandscharte
Benedikten
wand
Rabenkopf
1555
05
Pessenbacheralm
1217
1200
04
Staffelalm
Achalaalm
Petereralm
1086
Walchenalm
1132
Kochloralm
1173
Schwarzau
(Diensthtt.)
1317
44
Rappinalm
990
Wespenkopf
1127
Lainlalm
906
Mitterkeil
03
Latschenkopf
1487
Rappinschlucht
Gopperalm
1279
1406
Hirschhörnlkopf
1514
Labelsberg
Bärenhauptalm (Pfundalm)
Bärenhaupt
1359
Große Laine
1000
Kienstein
1101
Schwarzer
Felsen
02
Ascher-
wiese
Auf der Au
1000
Kleine Laine
Berglalm
Meßnerberg
969
44
Berg
832
44
Jachenau
790
01
Laich
Wieden
Auf der Achsel
Setz-
platz
Rechen
Erbhof
Mautstelle
Mühle
Achner
Point
Fleck
Luitpolder
Jachen
Lain
Auf der
Wehr
Fuchseneck
Liftstüberl
(nur bei Skibetrieb)
Ringseerhs.
0
500 m
Sagrinnenköpfel
1120
Wilfetsberg

▶ Von **Jachenau** 01 auf gutem Wanderweg nordwärts über ein Brückerl und erst am Westufer der Großen Laine, dann oberhalb durch Wald und am Waldrand talein auf einen Fahrweg. Erst ein Stück auf diesem nordostwärts, dann geradeaus abzweigen auf einen guten Wanderweg ins **Laintal** 02, oberhalb der Großen Laine nordwärts (ein abgerutschtes Wegstück an- und absteigend umgehen) und via Holzbrücke über den Bach zum Fahrweg auf der Ostseite des Laintals (905 m). Auf diesem talein bis zum Abzweig Richtung Staffelalm über die **Rappinklamm** 03 (für Schwindelfreie). Links über eine Brücke und auf gutem Pfad westwärts kurz neben dem Rappinbach talein, dann oberhalb der Klamm aufwärts und flach auf gutem Steig durch steile, felsige Flanken (nichts für Schwindelanfällige!) ins Rappintal queren. Oberhalb des Tals lange durch lichten Wald nordwestwärts auf nicht immer gutem Pfad aufwärts queren bis zu einem Wiesenrücken und über

Die Blütenpracht ist die Attraktion jeder Voralpenwiese.

diesen kurz weiter zur **Staffelalm** 04 (1300 m). Nun nordwärts über Almwiesen hinauf und durch lichten Wald am Grat zum freien, felsigen **Rabenkopf** 05 (1555 m).

Der Abstieg verläuft über die Aufstiegsroute zum **Ausgangspunkt** 01.

An der Staffelalm kreuzt der Weitwanderweg Lindau – Berchtesgaden den Rabenkopf-Anstieg durch die Rappinklamm.

HIRSCHHÖRNLKOPF • 1514 m

Unscheinbarer Almrücken über steiler Flanke

7,5 km 3:15 h 739 hm 739 hm 182

START | Durch die Jachenau bis in den Hauptort und rechts zum Parkplatz hinterm Schützenheim, 775 m.
[GPS: UTM Zone 32   x: 682.860 m   y: 5.275.400 m]
CHARAKTER | Die unten flache, mittig steile und oben über Almen führende, südseitige Tour auf Wald- und Almpfaden ist ideal für den Frühling oder Herbst.

Der Hirschhörnlkopf ist irgendwie das Aschenputtel unter den Jachenauer Wanderbergen. Und das obwohl der unten neu gelegte flache Zustieg üppig gekennzeichnet ist. Eine Waldschneise durch Stauden aus rosa Alpendost und blühenden Pfefferminz-Stauden gewährt anfangs einen freien Blick auf die Jachenau, der Aufstieg führt in Serpentinen ziemlich direkt auf einen Aussichtskamm mit Almwiesen. Die Aussicht vom Gipfel ist tatsächlich nicht so spektakulär wie bei den nördlichen Nachbarbergen, aber der Isarwinkel winkt zum Greifen nah herüber, während man das wiesengrüne Tal des Jachen vom Walchensee bis zur Mündung in die Isar überblicken kann.

▶ Von **Jachenau** 01 geht es am Waldrand nordwestwärts entlang einer Wiese zu einem **Fahrwegsknotenpunkt** 02 im Wald (808 m).

Der mehr als reichlichen Beschilderung folgen wir zum Hirschhörnl-

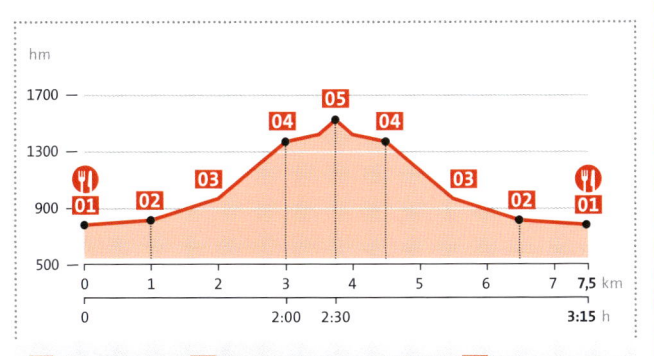

01 Parkplatz, 775 m; 02 Fahrwegsknotenpunkt, 808 m; 03 Fahrwegsende, 960 m; 04 Schulter, 1360 m; 05 Hirschhörnlkopf, 1514 m

Die Pfundalm ist der krönende Abschluss des auch im Herbst sonnigen Aufstiegs.

kopf zuerst nach rechts (Nordosten) aufwärts zu einer Wiese, dann links (Norden) aufwärts durch nachwachsendem Jungwald und flach nordwestwärts, zwischen weit stehenden Bäumen zum Wald am **Ende des Fahrwegs** `03` (960 m). Auf einem anfangs neuen Pfad rechts ab, durch Jungwald nordwärts aufwärts und in Serpentinen den steilen Kahlschlag-Hang hinauf. Eine kurze Rechtsquerung und steile, etwas mühsame Serpentinen führen anschließend durch Wald rechtshaltend zwischen Bärenhaupt und Pfundalm zu einer freien **Schulter** `04` (1360 m). Auf der Südseite des Kamms über Almwiesen westwärts unter der Pfundalm durchqueren zu einer breiten Verflachung (man kann auch weglos über den Aussichtskamm gehen) und über den Ostrücken dann hinauf zum **Gipfel** `05` (1514 m).

Abstieg über die Aufstiegsroute zum **Ausgangspunkt** `01`.

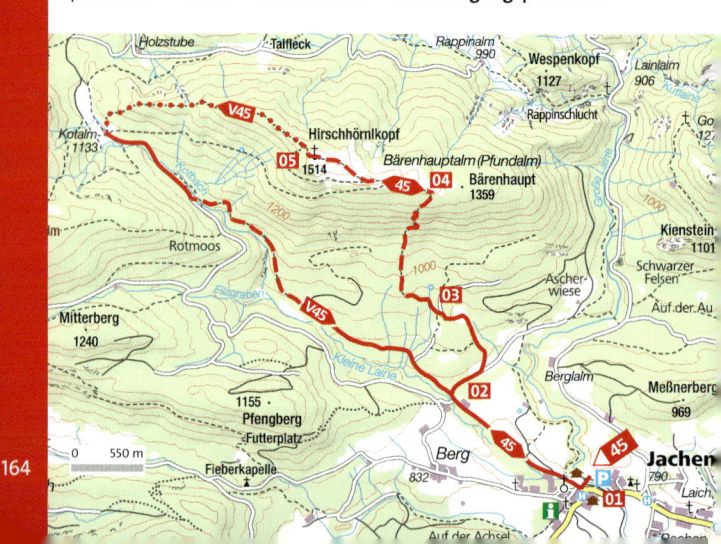

KÖNIGSHÜTTE AM HOCHKOPF • 1299 m

Sommerwanderung zwischen Wald und Lichtungen

7,45 km 3:00 h 509 hm 509 hm 182

START | Mautstraße Richtung Jachenau; am Anfang einer Seewiese mit dem Bauernhof Altlach rechts zum Parkplatz (Schild „Hochkopf"), 810 m. [GPS: UTM Zone 32 x: 675.860 m y: 5.271.480 m]
CHARAKTER | Die einfache, von Lichtungen durchsetzte, im Norden exponierte Waldwanderung ist ideal für heiße Sommertage, zumal man sich hinterher im Walchensee abkühlen kann. Sie lässt sich auch gut als Bike&Hike-Tour machen (Auffahrt über Forstweg; Raddepot auf 1170 m, nach Abstieg nordostwärts auf Forstweg weiter).

Der unscheinbare Waldberg des Altlacher Hochkopf (oder einfach Hochkopf) ist nicht nur tatsächlich der höchste südlich des Walchensees; er erfreut sich auch einiger Beliebtheit bei Wanderern und Bergradlern. An natürlichen Bachstufen vorbei geht es durch Wälder mit Wiesenteppich hinauf zum einstigen Jagdhaus Ludwigs II. (1299 m) mit Königskerzen, einladenden Bänken und Blickpunkt ins Wetterstein, das jetzt der DAV-Sektion Fünfseenland gehört. Der Gipfel selbst ist allerdings völlig weglos, bietet aber einen Jägerausguck mit Blickpunkt in den Isarwinkel.

▶ Vom **Parkplatz** 01 auf einem breiten Forstweg südwestwärts am Bach durch Wald talein, über

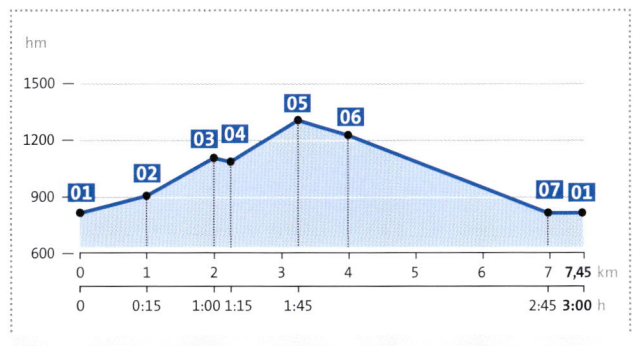

01 Parkplatz, 810 m; 02 Hütte, 900 m; 03 Rücken, 1100 m; 04 Bachgraben, 1080 m; 05 Jagdhütte, 1299 m; 06 Forstweg, 1220 m; 07 Mautstraße, 810 m

Selbst Richard Wagner weilte bereits am Hochkopf.

eine Brücke und wenig später links ab (Schild) auf einen Karrenweg, der ab einer Lichtung mit **Hütte** 02 (850 m) wegartigen Charakter annimmt. Süd- und südostwärts auf dem teils wasserüberronnenen alten Weg oberhalb eines Bachgrabens in überwiegend gemächlicher Steigung aufwärts queren und über einen Rücken zum abgekürzten **Forstweg** 03 (1100 m). Auf diesem abwärts zu einer Kurve über den oberen Bachgraben, gerade ab (Schild) und ostwärts auf einem Karrenweg wieder aufwärts zu einer Kehre des Forstwegs. Einige Meter auf diesem dahin, rechts ab zu einem **Fahrweg** 04 (1170 m; blauer Pfeil, Lichtung), und südostwärts hinauf, bis auf einer Lichtung links ein sumpfiger Pfad abzweigt. Auf diesem, nach wenigen Metern deutlich besser links eines Rückens in Richtung Nordosten ansteigend queren zu einer Lichtung mit der verschlossenen **Jagdhütte** 05 Ludwigs II. (1299 m).

Abstieg: Eben und leicht abfallend auf einem stellenweise matschigen Karrenweg nordostwärts, dessen Windungen aus keiner Karte ersichtlich sind, zu einem Fahrweg (rechts nach Niedernach) und kurz links zum bekannten **Forstweg** 06 (1220 m).

Auf diesem halten wir uns rechts und gehen nordwärts mit gelegentlichen Blickpunkten auf den Walchensee abwärts (rechts abzweigende Fahrwege ignorieren), machen einen langen Rechtsschlenker und wandern nach Linksquerung in Kehren abwärts zur Mautstraße. Auf dieser kurz links zum **Ausgangspunkt** 01.

SIMETSBERG • 1840 m

Aussichtskopf über dem Walchensee

🚶 ➡️ 10 km 🕔 5:00 h ↗️ 1010 hm ↘️ 1010 hm 🔋 6

START | Auf der B11 Richtung Mittenwald hinterm Walchensee an Einsiedl und der Mautstraße Richtung Jachenau vorbei zu einem kleinen Rechtsabzweig (Schild „Obernach") und über ein Brückerl zu einem großen Parkplatz, 810 m.
[GPS: UTM Zone 32 x: 672.830 m y: 5.270.960 m]
CHARAKTER | Die leichte, aber relativ lange, überwiegend ostseitige Wanderung auf breiten Fahrwegen und bei Nässe (also meistens) schlüpfrigen Waldwegen kulminiert in einem wunderschönen Wiesenhang. Trittsicherheit erforderlich.

Die leichte, aber langgezogene Wanderroute führt größtenteils durch Wald und anfangs auf Fahrwegen zu einem knapp 300 Höhenmeter langen, sich immer steiler in den Himmel schwingenden, freien Wiesenhang mit einer Fülle von seltenen Blumen. Im Frühsommer lassen sich hier mit dem Edelweiß verwandte Katzenpfötchen und viele Orchideenarten wie Kohlröschen, Wohlriechende Händelwurz und Kugelknabenkraut finden. Den Aussichtskopf hoch überm Walchensee schirmt zwar das Hauptmassiv des Estergebirges nach Süden ab; aber der Blick über die tiefblauen Fluten des Walchensees zu den grüngrau gescheckten Fels- und Schrofenflanken des Karwendels ist auch nicht zu verachten...

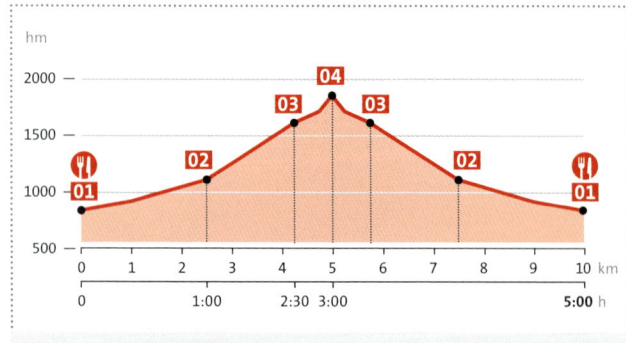

01 Parkplatz, 830 m; **02** Abzweig Wanderweg, 1100 m; **03** Simetsberghütte, 1600 m; **04** Simetsberg, 1840 m

▶ Vom **Parkplatz** 01 auf einem Forstweg nach Nordwesten hinauf, kurz flach dahin, links ab auf einen Fahrweg und in einer Rechts-Links-Schleife nordwärts hinauf zu einem Forstwegsknoten (910 m). Hier links auf einen langen, ansteigenden Forstweg, den man südwestwärts verfolgt, bis rechts ein **Wanderweg** 02 Richtung Simetsberg abzweigt (1040 m, verborgenes Schild; bis hierher mit MTB möglich, aber anstrengend).

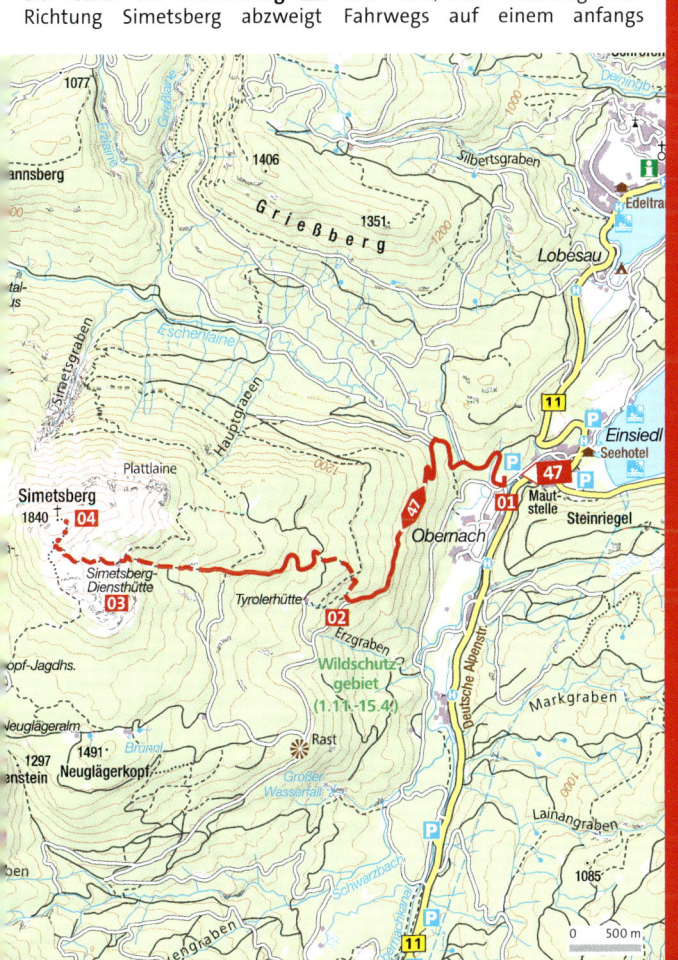

Nach Rechtsquerung durch Wald zügig aufwärts zu einem Rücken, diesem folgend auf einem mäßigen Pfad über einen Kahlschlag nordwestwärts hinauf in den Wald, nach Kreuzung eines Fahrwegs auf einem anfangs gewundenen Karrenweg weiter und linkshaltend (westwärts) ansteigend in einen Graben queren. Durch diesen steil teils matschig, teils steinig hinauf zur nicht bewirteteten **Simetsberg-Diensthütte** 03 (1600 m). Über freie Wiesenhänge auf einem lehmigen Pfad westwärts und zum Schluss zunehmend steil nordwärts über den Abschlusshang zwischen Latschen zum **Gipfel** 04 (1840 m).

Abstieg über die Aufstiegsroute zum **Ausgangspunkt** 01.

Im Herbst ist die Sicht auf den Walchensee prächtig und der Weg trocken.

HEIMGARTENRUNDE • 1788 m

Aussichtsreiche Runde zu vielbesuchtem Gipfel

10,5 km • 6:30 h • 1140 hm • 1140 hm • 182

START | Parkplatz der Herzogstandbahn am Beginn des Orts Walchensee rechts der B11, 805 m.
[GPS: UTM Zone 32 x: 674.210 m y: 5.274.040 m]
CHARAKTER | Die überwiegend sonnseitige Rundtour führt meist über Rücken und Aussichtskämme. Sie erfordert außer Kondition auch Trittsicherheit, belohnt aber mit großartigem Panorama. Möglichkeit der Gondelrückfahrt.

An einem schönen Herbstsonntag können durchaus 2000 Touristen per Gondel auf den Herzogstand fahren, von denen viele die Überschreitung zum Heimgarten machen. Da lohnt es sich, zumindest beim Aufstieg einen ruhigeren Weg zu nehmen, noch dazu mit Blick auf den belebten Verbindungsgrat, auf dem dann neben einer sagenhaften Aussicht permanent Gegenverkehr herrschen wird. Der berühmte Blick über das Alpenvorland, die oberbayerischen Seen und die Bayerischen Alpen mit Wetterstein und Bayerischen Voralpen entschädigt allerdings für alles. Wer den etwas mühsameren Talabstieg vom Herzogstand vermeiden will, sollte die Gondelbahn nehmen.

▶ Vom **Parkplatz** 01 einige Meter südwärts, links über eine

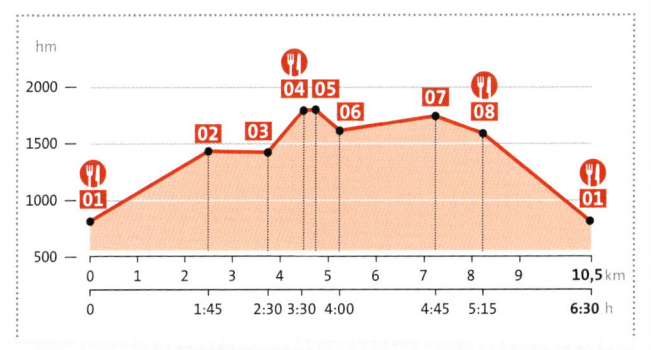

01 Parkplatz Herzogstandbahn, 805 m; 02 Querung, 1420; 03 Wiesensattel, 1410 m; 04 Heimgartenhütte, 1780 m; 05 Heimgarten, 1788 m; 06 Kammsattel, 1600 m; 07 Herzogstand, 1731 m; 08 Herzogstandhaus, 1575 m

Auf dem Verbindungsgrat zwischen Heimgarten und Herzogstand (hinten).

Brücke, rechts die Straße eines Wohngebiets aufwärts und der Beschilderung zum Heimgarten folgend gerade ab zu einem Karrenweg im Wald. Westwärts an einem Bach mit Murensperre talein, aufwärts zu einem Fahrweg, per Brücke rechts über den Bach und nordwestwärts weiter bis zu einem beschilderten Wegabzweig hinter einer Fahrwegsverzweigung (geradeaus abwärts in die Schlucht des Deiningbachs). Links über den Weg mit Stufen ausgesetzt und per Draht gesichert aufwärts queren zu einem Rücken, westwärts anfangs steil über diesen hinauf in lichteren Wald und immer flacher mit einer Steilstufe dazwischen zu einer ebenen Passage. Rechts **Querung 02** (1420 m) nordwärts im Bogen durch die teils freie Flanke unterhalb des Rotwandkopfs und links durch Latschen teils felsig nordwestwärts abwärts queren zum **Wiesensattel 03** (1410 m; Schilder) der Ohlstädter Alm. Kurz rechtshaltend aufwärts, dann nordwärts in Serpentinen durch Wald und ziemlich steil durch Latschen (evtl. schmierig) hinauf zur **Heimgartenhütte 04** (1780 m; bewirtschaftet). Links hinter dieser kurz hinauf zum Gipfelkreuz des **Heimgarten 05** (1788 m).

Abstieg: Einige Meter nordwärts, rechtshaltend über teils ausgewaschene Serpentinen, darunter auch eine inzwischen sanierte Rechtsschleife hinab, und entgegen den Menschenmassen auf einem Rücken zum Verbindungsgrat Richtung Herzogstand (**Kammsattel 06**, 1600 m). Auf diesem ostwärts zwischen Latschen und über mit Drahtseil gesicherte Felsköpfe, den Rautkopf (ca. 1650 m, offiziell namenlos, großes Kreuz; von seinem östlichen Fuß links hinauf) südseitig umgehend zum Gipfelaufbau des Herzogstands. In der grasigen Südflanke aufwärts queren, dann steil hinauf und kurz links zum Gipfel-Pavillon des **Herzogstand 07** (1731 m). Abwärts queren zum Kreuz, durch die Südostflanke in sehr flachen Serpentinen auf einem Reitweg hinab und per Querung südostwärts zum bewirteten **Herzogstandhaus 08** (1575 m) in einem Sattel.

Einige Meter auf einem Fahrweg weiter und bei einem Denkmal rechts ab (gerade eben zur Bergstation der Herzogstandseilbahn) auf einen beschilderten Wanderweg. Abfallende Rechtsquerung mit schlechten Passagen zwischen Latschen, über einen Rücken hinab in Wald und links abfallend ostwärts queren. Durch eine ausgesetzte Rinne queren

Langwellenfunk

1920 bis 1925 wurde am Herzogstand eine Kilometerwellen-Funkanlage für die Kommunikation mit Ostasien errichtet. Grundlage der Anlage waren die lichte Weite zwischen Gipfel und Kochelsee sowie die sichere Stromversorgung durch das Walchenseekraftwerk. Die Einführung des Kurzwellenfunks führte bald zur Umnutzung der Anlage für die Ionosphärenforschung, die 1930 bis zu ihrer Einstellung 1946 der Optimierung des Kurzwellenfunks diente: Radio-Kurzwellen werden um die ganze Erde herum von der elektrisch geladenen Luftschicht der Ionosphäre zurückgeworfen. Kilometerwellen werden heute nur noch für getauchte U-Boote verwendet. Am Herzogstand und am Rautkopf sind noch die Gipfelverankerungen der zweieinhalb Kilometer langen Stahlseile erkennbar. Auf dem weglosen Gipfel des Steins (931 m), um den sich die Kochelsee-Runde (Tour 52) dreht, steht noch die untere Fixierung mit Ausgleichsverankerung.

(Drahtseile), auf der Ostseite kurz steil hinab und zu einem weiteren Rücken queren. Über diesen und linkshaltend durch sehr lichten Wald in Serpentinen hinab zu einer Lichtung mit Stromfernleitung und rechtshaltend zum **Parkplatz 01** am Walchensee.

RÖTELSTEIN • 1394 m

Aussichtsfels über Klöstern

8 km   3:15 h   596 hm   596 hm   182

START | In Großweil zwischen der Autobahnausfahrt Murnau/Kochel und Schlehdorf am Kochelsee ab Richtung Freilichtmuseum Glentleiten und südwestwärts hoch an diesem und der bewirteten Kreutalm vorbei zum Parkplatz am Waldrand, 800 m.
[GPS: UTM Zone 32 x: 671.320 m y: 5.281.140 m]
CHARAKTER | Die meist Waldfahrwege benutzende Route endet mit einem knackigen Aufstieg über einen felsigen Steig zum spitzen Wiesengipfel und der Ruhebank des Rötelsteins. Trittsicherheit erforderlich.

Rötlich erstrahlt seine Südwand in der Morgensonne – zumindest, wenn man früh genug, nämlich bei Sonnenaufgang, auf dem Heimgarten steht. Roter Kalk am Kochelsee? Von wegen: Die Wand unterm Nebengipfel besteht wie der freie Gipfelkipf aus metamorphisiertem Sandstein, wie er in den Voralpen gelegentlich vorkommt, unter anderem beim Aufstieg zum Zwiesel von Bad Heilbrunn aus. Auch sonst lohnt sich der bis auf den steilen, steinigen Abschluss gemütliche Anstieg vom Bauernmuseum „Glentleiten" an der Kreutalm: Man erhält einen eindrucksvollen Einblick in die Nordflanken von Heimgarten, Herzogstand und Jochberg, während auf der anderen Seite der Blick vom Kloster Schlehdorf mit

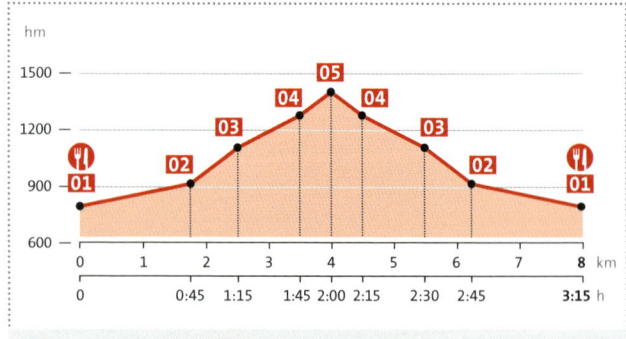

01 Kreutalm (P), 800 m; **02** Karrenweg, 910 m; **03** Plateau, 1100 m; **04** Pfad, 1270 m, **05** Rötelstein, 1394 m

seiner ebenmäßigen Bedachung über den Kochelsee und das Barock-Kloster von Benediktbeuern zu der Serie von Filzen (Mooren) schweift, die sich nordwärts bis Wolfratshausen ganz am Nordende des Isarwinkels erstrecken.

▶ Vom **Parkplatz** 01 in Richtung „Heimgarten/Rötelstein" südwärts durch Wald auf einem Forstweg aufwärts. Durch ein Tälchen zwischen Hügeln an einem von links einmündenden Forstweg (hier nach Schlehdorf) vorbei zu einem links abzweigenden, beschilderten **Karrenweg** 02 (910 m). Über diesen relativ steil hinauf zu einer Art **Plateau** 03 (1100 m) und auf diesem erst linksseitig, dann über einen schmalen Waldkamm und eine ansteigende Querung zum abgekürzten Fahrweg. Auf diesem ein Stück weiter, bis links ein Schild zum Rötelstein-Abzweig weist (geradeaus weiter zum Heimgarten). Hier kurz auf steinigem, stellenweise matschigem Karrenweg an einem Linksabzweig vorbei über eine Lichtung kurz ostwärts und an links abzweigendem **Pfad** 04 (1270 m), der nach Regen länger matschig ist (besser den Pfad hinterm offiziellen Abzweig nehmen), nordostwärts aufwärts queren zu einer Einsattelung. Steil über den Westrücken, zum Schluss felsig zum Gipfelkreuz mit Altarplatte des freien **Rötelstein** 05 (1394 m).

Der Abstieg verläuft über den Aufstiegsweg zum **Ausgangspunkt** 01.

Info:

Im 8. Jahrhundert wurden die Klöster Schlehdorf und Benediktbeuern gegründet und leiteten die Kolonisierung der Region um den Kochelsee ein, der die teilweise Trockenlegung des damals weiten Kochelseemoors unter den Zisterziensern bzw. Benediktinern folgte. Während Benediktbeuern bis heute ein kultureller Mittelpunkt der Region ist (s. Tour 56), sind Altenheim und Realschule des heutigen Missionsdominikanerinnen-Klosters Schlehdorf mangels Nachwuchs trotz Betrieb durch die große Erzdiözese München-Freising von der Schließung bedroht. Die Gärtnerei wurde bereits aufgegeben.

Das Kloster Schlehdorf vor dem ehemaligen Kochelmoos.

GUGLHÖR-RUNDWEG • 745 m

Abwechslungsreiche Wanderung mit Bergsicht

⟳ ✚ 8 km ⏲ 3:00 h ⬈ 150 hm ⬊ 150 hm ▯ 7

START | Von Kochel zur Autobahnausfahrt Murnau/Kochel, weiter Richtung Murnau bis zum Abzweig Hagen/Mühlhagen am Nordrand des Loisachtals (bei anhaltend starken Regenfällen häufig überschwemmt!) und auf einem Sträßchen hoch nach Hagen. Parken an der Straße (wochentags auch Gästeparkplatz Gh. Heimgarten), 696 m. [GPS: UTM Zone 32 x: 667.440 m y: 5.282.830 m]

CHARAKTER | Durchs Örtchen Hagen geht es anfangs eine Teerstraße hinab (bei umgekehrter Runde abschließend hinauf), per Fahrweg lange eben an der Loisach dahin, auf anspruchsvolleren Pfaden durch den Loisach-Bergwald hinauf zum staatlichen Zuchtbauernhof Guglhör und über einen aussichtsreichen Höhenzug zurück. Nur Hohlweg und Abkürzer beim Aufstieg erfordern etwas festeres Schuhwerk, gut profilierte Trekkingsandalen reichen aber. Die Daten beziehen sich auf Variante B.

Der bereits außerhalb des Tölzer Lands gelegene Guglhör-Rundweg gehört zu den lohnendsten Alpenvorland-Wanderungen mit Blick auf die Walchenseeberge – und das Werdenfelser Land. Er verbindet einen idyllischen, wenig begangenen Spaziergang an der Loisach mit dem hochgepressten Molassekamm des Murnauer Höhenzugs,

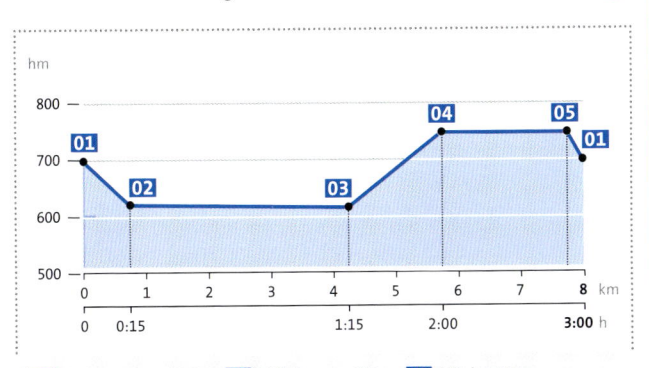

01 Kirche Hagen, 696 m; **02** Mühlhagen, 619 m; **03** Brücke, 614 m; **04** Gasthof Guglhör, 745 m; **05** Ende Wiesenkamm, 745 m

An der Loisach entlang.

dem vordersten Ausläufer der Alpen. Der Gang über Wiesenkämme mit Waldstücken, unter alten Walnussbäumen und Eichen wird gekrönt von der Einkehr im von Linden überschatteten Biergarten des Bauerngasthofs Guglhör mit seinen dunkel-wolligen Bergschafen. Vom Rabenkopf bis zum Heimgarten mit seinem Normalweg von Ohlstadt reicht hier oben die Voralpenszenerie, der sich im Süden entlang des Loisachtals das Werdenfelser Land mit Estergebirge, Zugspitzmassiv und dem Kramer anschließt. Im Sommer geht man diese Runde am besten nachmittags, um die im tiefstehenden Sonnenlicht herausziselierten Strukturen der Berge besser genießen zu können – besonders von der Bank auf dem Wiesenkamm aus. Viele Wanderer nehmen die Kurzversion und flanieren nicht an der Loisach, sondern in halber Höhe auf Teer- und Fahrweg zwischen den Häusern von Hagen und dem Guglhör dahin und mit wenig Höhenunterschied über den Höhenzug zurück (oder umgekehrt).

▶ An der **Kirche** 01 und dem Gasthaus Heimgarten (an Wochenenden einfach bewirtet, Biergarten) vorbei das heraufgefahrene Sträßchen südwärts hinab nach **Mühlhagen** 02 im Loisachtal. Links ein Stück an dem Gelände der ehemaligen Getreidemühle vorbei, rechts auf den Fahrweg zum Mühlkanal und ostwärts der Loisach teils direkt am Fluss, teils am Rand des weiten Hagener Mooses zu einer Kiesbank gegenüber einer vom Fluss erodierten Talflanke (hier lassen sich Steine bis zum anderen Ufer über Wasser hüpfen).

Nordostwärts auf zum Pfad schwindenden Fahrweg teils zwischen Schilf zu einer Bank am Ufer und per **Brücke** 03 über einen Entwässerungsbach in den Wald (den abzweigenden Pfad ignorieren). In einer Links-Rechts-Schleife durch einen feuchten Hohlweg mit versteinertem Molasse-Untergrund (einzige nicht radtaugliche Passage) insgesamt nordwärts den steilen Loisachhang hinauf, in

Linksschleife eben um ein Tälchen und einen Fahrweg rechtshaltend aufwärts.

A) Offiziell auf diesem lang ostwärts leicht abfallend zu einer Kehre folgen, die links aufwärts Richtung Guglhör führt. B) Sinnvoller am Schild „Guglhör-Rundweg" nordwärts über einen wurzeligen Waldsteig hinauf abkürzen zum oberen Fahrweg (auch hier Schild) und auf diesem über Wiesen nordwestwärts aufwärts, zum Schluss rechts gerade hinauf zum **Gutshof Guglhör** 04 samt wiedereröffneter „Bergwirtschaft" mit sonnigem Aussichts-Biergarten.

Abstieg: Auf dem Fahrweg kurz westwärts an einigen Walnussbäumen vorbei zu einer Verzweigung in einem Waldstück (rechts hinab zum Riegsee).

A) Den linken Fahrweg über Wiesen abwärts zu einem Sträßchen und über dieses am Hang westwärts querend und durch ein Waldstück nach Hagen.

B) Schöner gerade westwärts über eine Wiese kurz hinauf zu einem Aussichtskamm, auf einem Pfad mit Zaundurchgängen in ein weiteres Waldstück, dort kurz den Weg nehmen und wieder kurz rechts aufwärts zum Wiesenkamm mit Bank. Auf dem Weg oder über den Kamm weiter, kurz auf einen nach rechts führenden Fahrweg (auch zum Riegsee), links wieder auf den **Wiesenkamm** 05 und linkshaltend hinab nach **Hagen** 01.

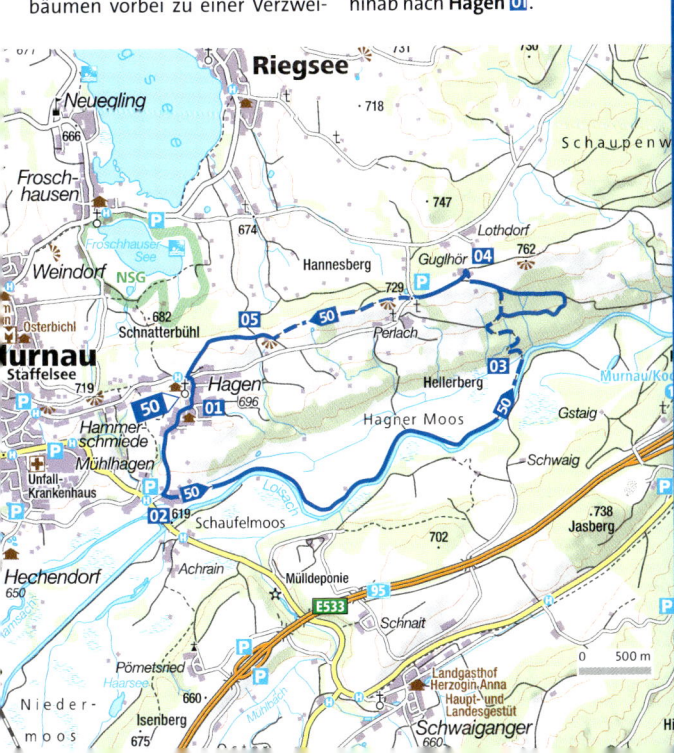

50

179

HEIMGARTEN VON NORDEN • 1788 m

Kühler Insider-Tipp zum zweithöchsten Berg

○ 12 km ⏱ 5:45 h ↗ 1158 hm ↘ 1158 hm 📱 7

START | An der Kurve in Schlehdorf südwestwärts ab, westlich des Kochelsees gerade hinter über Wiesen bis zu einer Fahrwegs-Verzweigung und parken am Fahrwegsrand, 630 m, beim ehemaligen Zielhäuschen der Winter-Bobbahn (entfernt). Bei Beweidung vorher den offiziellen Parkplatz rechts vor einem Weiderost nehmen.
[GPS: UTM Zone 32   x: 673.820 m   y: 5.278.950 m]
CHARAKTER | Die inoffizielle Sommer-Route zum Heimgarten führt nordseitig durch Wald zu einer Almwiese unter der felsigen Nordflanke des Gipfels. Obwohl die Hälfte der Höhenmeter auf unmarkierten Steigen gewonnen wird, gibt es kaum Orientierungsprobleme.

Vom Schlehdorfer Gemeindeteil Raut fährt man gewöhnlich als Trainingstour mit dem Mountainbike über den breiten Forstweg Richtung Heimgarten, um den Rest zu Fuß aufzusteigen – eine typische Bike&Hike-Tour. Wer als angehender Bergsteiger den Abkürzer kennt, ist fast genauso schnell – und hat viel mehr vom Erlebnis des lichten Waldes, dem Anblick des Rötelsteins und dem Betrachten der Gämsen oder Kühe unter der von Schluchten zerrissenen Felsflanke des Heimgartens. Der ganzjährig begangene Normalweg führt dagegen von

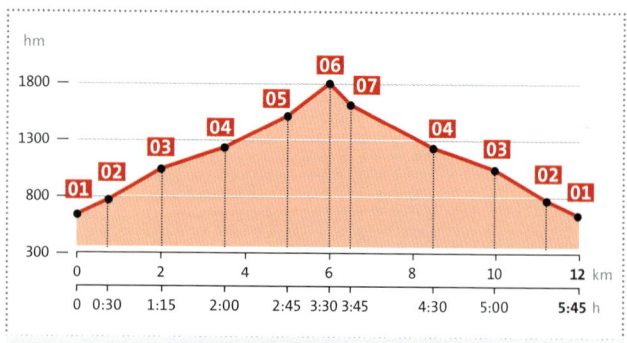

01 Fahrwegverzweigung, 630 m; **02** Jochfleck, 760 m; **03** Rauteck, 1030 m; **04** Forstwegs-Ende, 1220 m; **05** Wegkreuzung, 1500 m; **06** Heimgarten, 1788 m; **07** Linksabzweig, 1600 m

Ohlstadt im Loisachtal herauf durch Wald und Latschen zum Gipfel.

▶ Von der **Verzweigung** `01` südwestwärts auf gutem Forstweg über Wiesen aufwärts (Schranke) und in Serpentinen durch Wald hinauf zu einer Rechtskurve an einer Wiese (**Jochfleck** `02`, 760 m; Linksabzweig zum Höhenweg). Einige Meter dahinter (geradeaus zum Herzogstand über den Pionierweg) rechts steil westwärts auf einem unmarkierten Karrenweg hinauf zu einem Absatz (hineingestürztem Baum am besten links ausweichen) und gerade kurz hinauf zu einem kreuzenden schmaleren, ehemaligen Karrenweg. Auf diesem ansteigend rechts um einen Rücken queren, gerade über eine Waldwiese aufwärts zu einem Fahrweg und links zum abgekürzten Forstweg am **Rauteck** `03` (1030 m). Rechts am Schild „Schlehdorf, Kochelsee" vorbei südwestwärts flach aufwärts queren bis zum **Forstwegs-Ende** `04` (1220 m). Über einen Bach zu einem freien Almrücken und diesen westwärts auf einem guten Steig hinauf. An einem Kreuz entweder flache Rechtsquerung zu einer Hütte, von der es gleich oberhalb wieder scharf links zurückgeht; oder über die Wiese weglos gerade hinauf zum abgekürzten Steig. Nun links aufwärts, neben einem Bachbett zwischen Latschen westwärts hinauf zu einem Zaundurchgang und dahinter über eine Almwiese am rechten Rand eines Tälchens aufwärts queren zur einer beschilderten **Wegkreuzung** 05 (1500 m; rechts hinab über Kaseralm nach Kreut oder Ohlstadt, links hinauf zum Verbindungsgrat Herzogstand-Heimgarten). Etwas linkshaltend einen Pfad in steinigen Serpentinen hinauf zu einem Rücken, über diesen zwischen Latschen südwärts aufwärts und links ansteigend zum Heimgarten-Westrücken queren. Über diesen schließlich zum freien Gipfel des **Heimgarten** 06 (1788 m; bewirtete Hütte direkt südlich unterhalb).

Abstieg: Einige Meter zurück, rechts Richtung Herzogstand ostwärts steil hinab und ein Stück auf dem Gratweg zu einem beschilderten **Linksabzweig** 07. Links erst nordwestwärts querend, dann steil auf splittrigem Weg hinab zum Beginn einer Querung. A) Rechts kurz durch eine Schuttrinne ablaufen, linkshaltend zu einem geneigten Schotterfeld, über dieses hinab zur Almwiese und rechts flach abwärts zum Zaundurchgang. B) Auf dem Weg weiterqueren bis zur Wegkreuzung. Über die Aufstiegsroute abwärts zum **Ausgangspunkt** 01.

Gepackt voll: Der Heimgartengipfel an einem Herbstwochenende.

KOCHELSEE-RUNDE • 795 m

Über Höhenweg und Felsenweg um den Stein

6 km 2:15 h 205 hm 205 hm 7

START | In Kochel südwärts Richtung Mittenwald und hinterm Campingplatz rechts ab zum großen Parkplatz des Walchenseekraftwerks am Altjoch, 610 m.
[GPS: UTM Zone 32 x: 675.730 m y: 5.277.890 m]
CHARAKTER | Die bis auf den Winter (Vereisungsgefahr) immer lohnende, gut ausgeschilderte Spazierrunde führt sonnseitig unter Felswänden aufwärts in den Wald, über Wiesen abwärts zum Kochelsee und an diesem schattseitig eindrucksvoll zurück zum Wasserkraftwerk.

Dieser Rundweg für Genießer ist insofern etwas Besonderes, als man hier eindrucksvolle, wenn auch nicht hohe Felswände und alpine Vegetation wie Almrausch bewundern kann, ohne in höhere Regionen vorstoßen oder viele Höhenmeter gehen zu müssen: Besonders der teils mit Drahtgeländer gesicherte Felsenweg oberhalb des Kochelsees unter überhängenden Felsmauern ist ein Erlebnis. Am Höhenweg dagegen sorgen die leider teils versteckten Kletterwände mit den darin hängenden bunten Gestalten der Kletterer und der Blick hinauf zu der wilden Schrofenflanke des Herzogstands für Abwechslung. Beim Abstieg nach Raut blickt man über den blauen Kochelsee aufs grüne „Moos" mit den Klös-

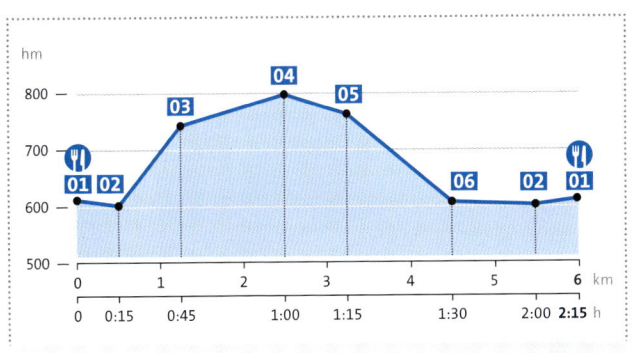

01 Parkplatz Walchenseekraftwerk, 610 m; 02 Roßfüllaine, 600 m; 03 Langental, 740 m; 04 Wald, 795 m; 05 Jochfleck, 760 m; 06 Kochelsee, 605 m

Walchenseekraftwerk

Das bereits 1924 nach erheblichen Mühen und Menschenverlusten in Betrieb genommene Speicherkraftwerk nutzt 200 Höhenmeter Gefälle zwischen Walchensee und Kochelsee. Es liefert aus maximal 110 Millionen m³ Wasser bis zu 124 Megawatt Strom für Spitzenlasten und Einphasenstrom für die Deutsche Bahn.

tern Schlehdorf und Benediktbeuern, während man hinab wandert zu den Bauernwiesen und dem eiskalten Kochelsee. Sehenswert ist das berühmte Walchenseekraftwerk mit Informationszentrum am Ausgangspunkt.

▶ Westwärts am **Walchenseekraftwerk** 01 vorbei zur Brücke über die Druckröhren, auf einem Fahrweg rechts über eine Wiese Richtung Kochelsee und vor diesem links über die häufig trockengefallene **Roßfüllaine** 02. An einigen teils im Wald versteckten Kletterfelsen vorbei südwärts aufwärts queren ins **Langental** 03 (740 m) und westwärts eben entlang dem idyllischen Bach weiter (nicht zum rechts abzweigenden Fahrweg!). Auf dem fortsetzenden Karrenweg etwas bergan durch den **Wald** 04 (795 m) und nordwestwärts abwärts zu einer Wiese und einem Forstweg (**Jochfleck** 05, 760 m). Auf diesem durch Wald nordwärts hinab zu den Wiesen von Raut, das man an einer Verzweigung rechts auf einem Fahrweg zum **Kochelsee** 06 (605 m) umgeht. Hier rechts auf einen Weg und an schlammiger Stelle im Wald links auf den teils aus dem Fels gehauenen Felsenweg. Auf diesem teils mit Drahtgeländer gesichert ostwärts zwischen dem See und den kompakten Felswänden des Stein

Umfunktioniertes Bauernhaus in Raut am Kochelsee.

insgesamt eben und mit Aussichtsabstecher zur bekreuzten, felsigen Nase weiter zur Mündung der **Roßfüllaine** 02.

Entweder kurz linkshaltend zur inoffiziellen Badewiese am eiskalten See (599 m) oder rechts zum **Ausgangspunkt** 01.

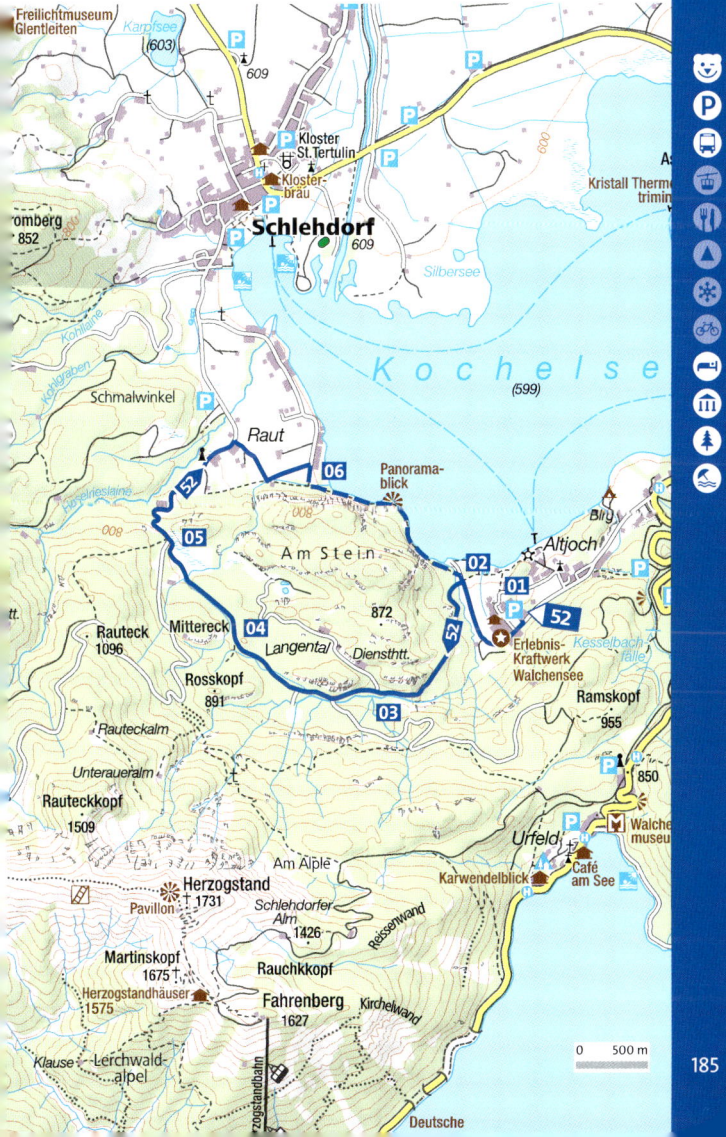

53 HERZOGSTAND • 1731 m

Bergspaziergang zum Gipfel-Pavillon

🌀 🧭 11 km ⏱ 5:00 h ⬈ 881 hm ⬊ 881 hm 📱 7

START | In Kochel Richtung Mittenwald zum Kesselbergpass; Parkplätze vor und hinter der Passhöhe, 850 m.
[GPS: UTM Zone 32 x: 676.500 m   y: 5.276.790 m]
CHARAKTER | So schroff sich der beliebte Berg von Norden gibt, so problemlos ist der sich ziemlich in die Länge ziehende, geschotterte Aufstiegs-Fahrweg von Osten über die Nordflanke zum südostseitigen Gipfelaufbau.

Die meisten Leute fahren mit der Gondel hoch, einige per Mountainbike und die ganz harten packen ihn zu Fuß, den beliebten und problemlosen Aussichtsberg des Herzogs Maximilian von Bayern. Der Herzogstand ist einer der überlaufensten Berge der Bayerischen Voralpen. Allerdings fährt zumindest am Wochenende der größte Teil der Besucher mit der neuen Kabinenbahn (bisher Sessellift) hinauf, von denen wiederum viele beim bewirtschafteten Herzogstandhaus hängen bleiben. Der elegant geschwungene Karkessel unterm Herzogstand und die perfekte Sicht auf die Kalkalpen vom Rofan über Isarwinkel, Karwendel und Wetterstein bis in die Ammergauer Alpen entschädigen für den langen „Hatscher" vom Kesselbergpass.

▶ Kurz hinauf zur **Passhöhe** 01 und auf der westlichen Seite (Bus-

01 Parkplatz Passhöhe, 850 m; 02 Alple, 1130 m; 03 Rauchkopf, 1380 m;
04 Herzogstand-Haus, 1575 m; 05 Herzogstand, 1731 m

Schlehdorf
609
Silbersee
Kochelsee
(599)
chmalwinkel
Raut
Panorama-
blick
Am Stein
Altjoch
Birg
Branden
Geißalm
(Jhtt
Deutsche
Alpenstraße
Kesselberg
875
11
Rauteck
1096
Mittereck
Rosskopf
891
872
Langental
Diensthtt.
Erlebnis-
Kraftwerk
Walchensee
Kesselbach-
fälle
Ramskopf
955
01
53
850
Rauteckalm
erauerlalm
kopf
Desselkopf
Walchensee-
museum
Urfeld
02
Am Alple
Café
am See
Karwendelblick
Herzogstand
1731
05
Pavillon
Schlehdorfer
Alm
1426
Reissenwand
03
Martinskopf
1675
Rauchkkopf
805
erzogstandhäuser
575
Fahrenberg
1627
Kirchelwand
04
Lerchwald-
alpel
Herzogstandbahn
Deutsche
Alpenstraße
kopf
Weißer
Schrofen
Bucherer
Walchensee
(802)
Wasserwacht
Wikingerdorf Flake
Walchensee
813
Sakrisch Guat
St. Anna
Seestüberl
Edeltraut
St. Margareth
803
Lobesau
Katzenkopf
Zwergern
0 500 m

Die abweisende Nordflanke des Herzogstands wird bequem von hinten umgangen.

haltestelle) auf einem Fahrweg süd- und westwärts kaum ansteigend durch Wald unter eine Stromleitung queren. Entlang der Piste südwestwärts hinauf, links eine Senke eben umgehen zu einem Flachstück und aufwärts schottrig weiter. Vor der Wiese des **Alple** 02 (1130 m; rechts Schild „Pionierweg/Schlehdorf") links auf einen Karrenweg, durch Wald rechts der Piste kurz südwärts aufwärts und diese immer wieder kreuzend in weiten Serpentinen hinauf (man kann über einen steilen Pfad auf der Piste abkürzen) zum **Rauchkopf-Kamm** 03. Südlich von diesem auf der Piste westwärts zum freien Nordostkessel der Herzogstandgruppe queren und kurz weiter zur Schlehdorfer Alm (man kann nordseitig auf dem alten Weg abkürzen). Am Fuß des Herzogstands eine kaum ansteigende Linksschleife (südwest- bis ostwärts) drehen und rechts aufwärts oder auf einem steilen Abkürzer durch eine Mulde hinauf zum **Herzogstandhaus** 04 (1575 m). Auf einem breiten Wanderweg nordwestwärts durch die Schattenflanke des Martinskopfs in einen Sattel queren (1610 m) und nordwärts in kaum ansteigenden Reitweg-Serpentinen durch die Sonnenflanke des Herzogstands am Kreuz vorbei hinauf zum Pavillon am **Herzogstand** 05 (1731 m).

Abstieg über die Aufstiegsroute zum **Ausgangspunkt** 01.

JOCHBERG • 1569 m

Überlaufen und doch lohnend

🕐 ⛳ 7 km ⏰ 4:00 h 📏 765 hm 📐 765 hm 📱 7

START | In Kochel Richtung Mittenwald zum Kesselbergpass; Parkplätze vor und hinter der Passhöhe, 850 m.
[GPS: UTM Zone 32 x: 676.500 m y: 5.276.790 m]
CHARAKTER | Die westseitige Tour auf den beliebten Aussichtsberg zieht zügig, oben mit Blick übers Alpenvorland, zum Gipfel. Sie wird das ganze Jahr über begangen, erfordert aber wegen schlechter Passagen etwas Trittsicherheit.

Durch die große Beliebtheit dieser Spritztour der Münchner und Oberländer kann es an Herbstwochenenden zu ernsthaften Parkplatz-Problemen kommen. Der direkt „hochpfeifende", oben aussichts- und blumenreiche Anstieg direkt uberm Alpenvorland und dem Kochelsee führt auf keinen rundlichen „Mugel" aus Voralpen-Flysch, sondern einen echt alpinen Kalkberg: Bei der Auffahrt über den Kesselberg kann man ausgiebig die schroffe Nordwand des Jochbergs bestaunen, an den oberen Aussichtspunkten des Aufstiegsrückens den Blick über die Schrofenflanke hinab zum tiefblauen Kochelsee und hinüber zu den Seen des Alpenvorlands, an klaren Tagen bis München. Am Gipfel wartet dann die weite Fernsicht über den Isarwinkel mit Karwendel bis in die Hohen Tauern und zur Zugspitze im Wettersteingebirge. Nachmittags bereiten sich Gleitschirmflieger

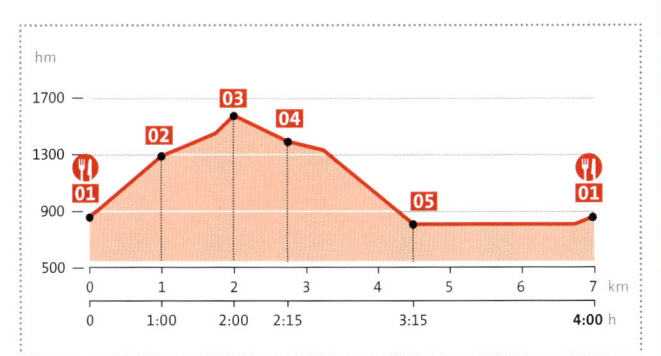

01 Parkplatz, 850 m; **02** Brunnen, 1280 m; **03** Jochberg, 1565 m; **04** Jocher Alm, 1381 m; **05** Sachenbach, 805 m

54

nach Heraufschleppen der schweren Ausrüstung auf den Start vor.

▶ Vom **Parkplatz** 01 knapp südlich der Passhöhe östlich der Straße einige Treppen empor (Schild Jochberg etwas verdeckt) und auf dem anfangs stark ausgewaschenen, stellenweise wurzeligen Weg ostwärts durch Wald und über einen Wiesenhang in Serpentinen hinauf zu einem **Brunnen** 02 (Tränke und Rasthocker der Gleitschirmflieger, 1280 m). Rechts erst eine steinige Rampe im lichten Wald aufwärts, dann links auf einen Rücken und den Abzweig zur Jocher Alm ignorierend über die-

Der Jochberggipfel vor der Alpspitze des Wettersteingebirges.

sen nordostwärts mit Einblicken in die Nordflanke hinauf zu einem Durchgang. Durch diesen einige Meter über Almwiesen Richtung Jocher Alm, links hinter einem weiteren Durchgang auf einem Pfad hinauf serpentinieren zum Nebengipfel und auf dem freien Kamm hinüber zum bekreuzten **Jochberg 03** (1565 m).

Abstieg: Zurück zum Durchgang und südostwärts hinabqueren zur **Jocher Alm 04** (1381 m; an Wochenenden Jausenangebot auf ausgebauter Terrasse). Auf dem folgenden Fahrweg durch Wald südwestwärts abwärts bis zu einer Kehre und einige Meter dahinter rechts ab auf den Weg Richtung Walchensee/Sachenbach (1323 m, Schild). Auf steinigem Weg einen Fahrweg zweimal kreuzend hinab zu diesem (1180 m). Auf dem schottrigen Fahrweg erst flach, dann zügig hinab zu einem abkürzenden Wegabschnitt. Insgesamt südwärts wieder auf dem Fahrweg abwärts und nach einer Kehre hinab zum Linksabzweig nach Sachenbach.

A) Auf dem Fahrweg in weiter Kehre weiter hinab zum Sträßchen am **Walchensee** (805 m; links zu Badestrand).

B) Südostwärts einen Pfad anfangs steil abwärts queren, dann auf steinigem Karrenweg durch ein Tälchen und über Wiesen hinab zum Weiler **Sachenbach 05** (805 m; Jausenstation, Strand). Am Walchensee nordwestwärts auf einem Teerweg zur Kesselbergstraße promenieren und auf dieser zwei Serpentinen linksseitig über steilen Waldweg und Parkplatz-Weg abkürzend hinauf zum **Ausgangspunkt 01**.

55 JOCHBERGRUNDE • 1565 m

Der schönste Steig auf den beliebtesten Berg

🔄 ➡️ 6,5 km 🕐 4:15 h ↗️ 865 hm ↘️ 865 hm 📄 182

START | In Kochel Richtung Mittenwald und den Kesselberg hinauf zum ausgewiesenen Parkplatz in einer großen Rechtskehre mit Kreuz, 710 m (erster Parkplatz, der nicht am Straßenrand ist). [GPS: UTM Zone 32   x: 676.800 m   y: 5.278.280 m]
CHARAKTER | Die Tour hängt diverse Steige aneinander und erfordert daher etwas Orientierungsfähigkeit und Trittsicherheit. Eine Problempassage bildet der Windbruch in einer Mulde, während die Hangquerung am Grasberg Schwindelfreiheit erfordert.

Diese ganz spezielle Jochbergrunde ist ein echter, für jeden Bergsteiger lohnender Insidertipp, bei dem Pioniergefühl aufkommt – wobei die früher weglose Verbindung zum abschließenden Nordostrücken des Jochbergs inzwischen ein dünnes Steiglein aufweist. Am Beginn des Aufstiegs quert man nach einem licht bewaldeten Rücken über sonnige Gamswiesen mit knorrigen Kiefern und schaut frontal auf die eindrucksvolle, von felsigen Rinnen zerfurchte Nordflanke des Jochbergs. Danach folgt ein völlig einsamer Aufstieg über den oben freien Nordostrücken des beliebten Voralpenbergs mit dem berühmten Blick, dem am Abstieg auf der alten Kesselbergstraße das abschließende Kleinod der Kaskaden des Kesselbachs folgt.

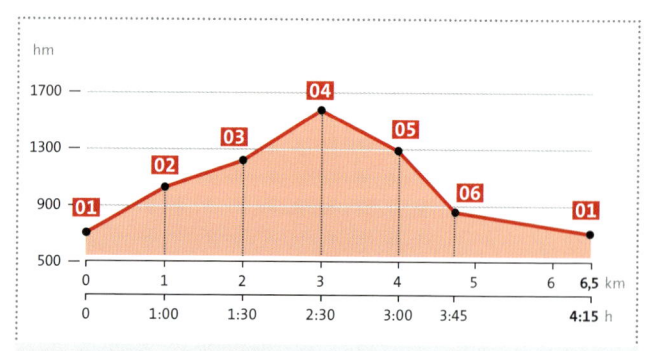

01 Straßenkehre, 700 m; **02** Aussichtspunkt, 1020 m; **03** Steig, 1210 m; **04** Jochberg, 1565 m; **05** Tränke, 1280 m; **06** Kesselbergpass, 850 m

▶ Von der **Straßenkehre** 01 (ex „Motorradkurve" mit Marterl) ostwärts einige Meter auf einem Fahrweg zum Heckenbach, über diesen, auf einem Karrenweg kurz talein und nördlich eines markanten Westrückens weiter, bis scharf rechts ein Steig zu diesem abzweigt (alte blaue und neue gelbe Markierung). Auf diesem steil bergauf queren, in Serpentinen den Rücken ostwärts zwischen weit stehenden Bäumen in hohem Gras hinauf und am rechten Rand von dessen Fortsetzung (Geißalm) aufwärts in Wald zu einer flachen Mulde mit Windbruch. A) Besser, aber anstrengender geradeaus ab vom Steig, weglos im rechten Randbereich des Windbruchs einigen umgestürzten Bäumen ausweichen und gegenüber sehr steil über Waldwiesen hinauf zu einem Rücken und dem Sonnenspitz-Pfad. B) Auf dem Steig kurz links weiter, am Linksabzweig zur ehemaligen Pensberg-Hülle vorbei und sehr mühsam, teils auf Steigspuren am linken Rand des Windbruchs nordostwärts durchschlagen, einige Meter rechts in die Mulde hinab zum vom Dorst heraufkommenden Sonnenspitz-Pfad und gegenüber rechtshaltend hinauf.

Auf dem Pfad steil hinauf und links queren zu einem licht mit Kiefern bestandenen Grasrücken mit **Kochelsee-Aussichtspunkt** 02 (1020 m; Gamseck). Ostwärts auf wurzeligem Pfad erst weiter über den Rücken ansteigen, dann in der sonnigen Südflanke des fortführenden Graseck-Kamms queren zu einem fortsetzenden Karrenweg und auf diesem flach an einer Verzweigung (rechts abwärts Sackgasse) vorbei zu einem Sattel (1090 m; gerade abwärts Fahrweg nach Kochel, links hinauf zum Sonnenspitz).

Auf rechts in Wald abzweigendem, matschigem Karrenweg entlang einem Kamm südwärts, auf Steigspuren durch einen

Windbruch zu jungem Wald und kurz aufwärts zu einem kreuzenden, alten **Steig** 03 (1210 m), über den man steil und anstrengend hinauf und links zwischen Latschen ansteigend den licht bewaldeten Nordostrücken des Jochbergs erreicht. Auf gut eingetretenem Steig um gestürzte Bäume und über kurze Aufschwünge hinauf zu den Almwiesen der Ostflanke. Auf einem ausgeschlagenen Kuhtritt-Steig durch die Latschen am Rücken hinauf, weglos über den Wiesenhang queren und rechts hinauf zu einem kleinen Absatz. Über den ab hier freien Rücken auf einem Steig mit verblasster Markierung hinauf serpentinieren zum **Gipfel** 04 (1565 m).

Abstieg: Südwestwärts auf dem normalen Wanderweg über den Gipfelkamm, eine Wiesenflanke und eine Querung hinab zum Wald (Durchgang; links zur Jocher Alm mit Brotzeit) und entlang dem Südwestgrat und -rücken abwärts zu einem Sattel. Etwas mühsam auf gerölligem Weg rechts abfallend queren zu einer **Tränke** 05 (1280 m; besser den Pfad darüber nehmen), westwärts einen freien Hang

Tipp: Graseck-Brand

Am staubtrockenen Sylvester 2016/17 entzündeten zwei Trottel am Gamseck ein Sylvesterfeuer, das sich zu einem Flächenbrand von der Geißalm bis kurz vorm Gipfel des Grasecks über die gesamte Südflanke auswuchs, Herbstgras verzehrte, Totholz verkohlte und Glutlöcher hinterließ.

hinab serpentinieren und durch Wald immer wieder mit ausgewaschenen Passagen abwärts zur Kesselbergstraße.

Auf die andere Straßenseite, nordwärts kurz aufwärts zum **Kesselbergpass** 06 (850 m; Bushaltestelle) und links hinab auf den alten Kesselberg-Fahrweg. Wenig abfallend wieder auf die Straße, an einem Parkplatz links steil hinab (Quelle im Bachbett) und flacher (Ableitungsbecken) weiter. Am tiefsten Punkt Abstecher auf drahtseilgesichertem Steig an Bach-Kaskaden möglich. Rechts aufwärts zum Ausgangspunkt in der **Straßenkehre** 01.

An Neujahr 2016/17 wütete am Graseck ein Flächenfeuer, das altes Gras und tote Kiefern verbrannte.

JAKOBSWEG-ABSCHNITT • 631 m

Vom Klosterzentrum zum entwässerten Loisachmoor

🔵 ➡️ 8 km ⏱️ 2:15 h 📏 15 hm ⬇️ 40 hm 📋 7

START | Per Bahn von München Richtung Kochel bis Benediktbeuern. Per Auto A95 bis Ausfahrt Sindelsdorf, Bundesstraße Richtung Bichl bis Abzweig Benediktbeuern und vor dem Bahnübergang rechts Straße Richtung Kloster-Basilika. Dort links über die Gleise zum Bahnhofs-Parkplatz, 631 m.
[GPS: UTM Zone 32   x: 680.290 m   y: 5.286.800 m]

CHARAKTER | Der Alpenvorlandweg ist vor allem eins: Flach und mit Splitt bestreut. Höchster Punkt ist der Ausgangsort Benediktbeuern über dem Spiegel des eiszeitlichen Seegrunds des Kochelmoors, tiefster die Loisach, die bei Kochel sogar einen Badeplatz bietet. Wiesen, Schilf und dünne Galeriewälder wechseln sich angesichts der schroffen Nordabfälle der Walchenseeberge ab.

Es gibt viele Jakobswege, die aus Deutschland nach Santiago de Compostela in Spanien führen. Einer verläuft praktisch eben durch das Kochelmoos zwischen dem Klosterort Benediktbeuern und dem Museumsort Kochel am See, bevor es auf geht zum Walchensee. Das Kloster Benediktbeuern am Startpunkt ist eine kulturelle Institution im Isar-Loisachland, das wie das ebenfalls rührige Kloster in Schlehdorf am Kochelsee unter Nachwuchs- und Geldmangel leidet. Es ist also kein Zufall, dass auch der Prälatenweg durch die-

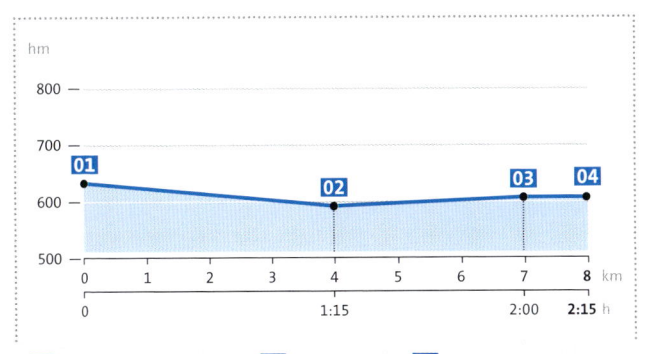

01 Parkplatz Bahnhof, 631 m; **02** Loisach, 590 m; **03** Loisachbrücke, 605 m; **04** Bahnhof Kochel, 605 m

sen „geweihten" Ort führt. Weite Wiesen mit fernen Waldrändern und gelegentlichen Holzscheunen passen zum entspannten Wandern auf guten Fahrwegen, das vom kalten Wasser der schnell strömenden Loisach gekühlt wird, an der sich auf Bänken neben Blumen- oder Schilfwiesen verweilen lässt. Am Trimmdich-Pfad lässt sich vom Klimmzug bis zum Beindehnen alles machen, was Abwechslung vom einfachen Dahinwandern bietet, gekrönt von einem Abfrisch-Bad an der Loisachbrücke.

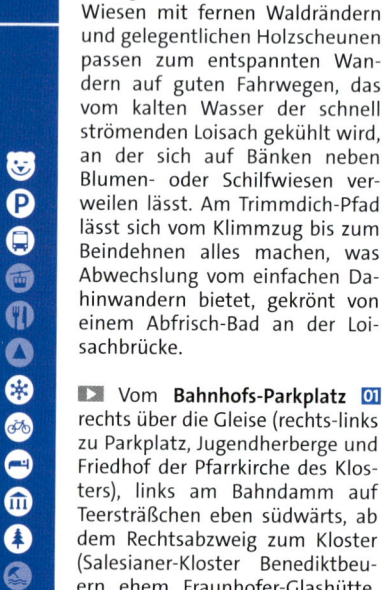

▶ Vom **Bahnhofs-Parkplatz** 01 rechts über die Gleise (rechts-links zu Parkplatz, Jugendherberge und Friedhof der Pfarrkirche des Klosters), links am Bahndamm auf Teersträßchen eben südwärts, ab dem Rechtsabzweig zum Kloster (Salesianer-Kloster Benediktbeuern, ehem. Fraunhofer-Glashütte, bewirtetes Klosterbräustüberl, Zentrum für Umwelt und Kultur, Naturlehrgebiet) auf einem Fahrweg zwischen Bahndamm und Wiesen. Nach ca. 1 km rechts ab nach Südwesten (u.a. Richtung Kochel, Jakobsweg), hintern Lainbach (Brücke) links und in langer Rechtsschleife zur **Loisach** 02. Auf deren Ostseite an diversen Bänken vorbei im Gebiet des ehemaligen Rohrsees südwärts zur Brücke über den Stümpfelbach. Auf einem Trimmdich-Weg an der Loisach südwestwärts weiter zur **Hauptstraße** 03 zwischen Kochel und Schlehdorf an der **Loisachbrücke**. Das Sträßchen gegenüber führt zum Trimini-Bad und einer Anlegestelle der Kochelseeschifffahrt; rechts erreicht man nach Kreuzung von Hauptstraße und Nebenkanal eine Bade-Halbinsel zwischen diesem und der Loisach am Ausfluss des Kochelsees.

Auf dem Bürgersteig der Hauptstraße kurz ostwärts, links ab auf einer Nebenstraße zwischen Wiesen und Hinterhöfen von Kochel

Die Hälfte der Tour führt durch den ehemaligen Rohrsee der Loisach.

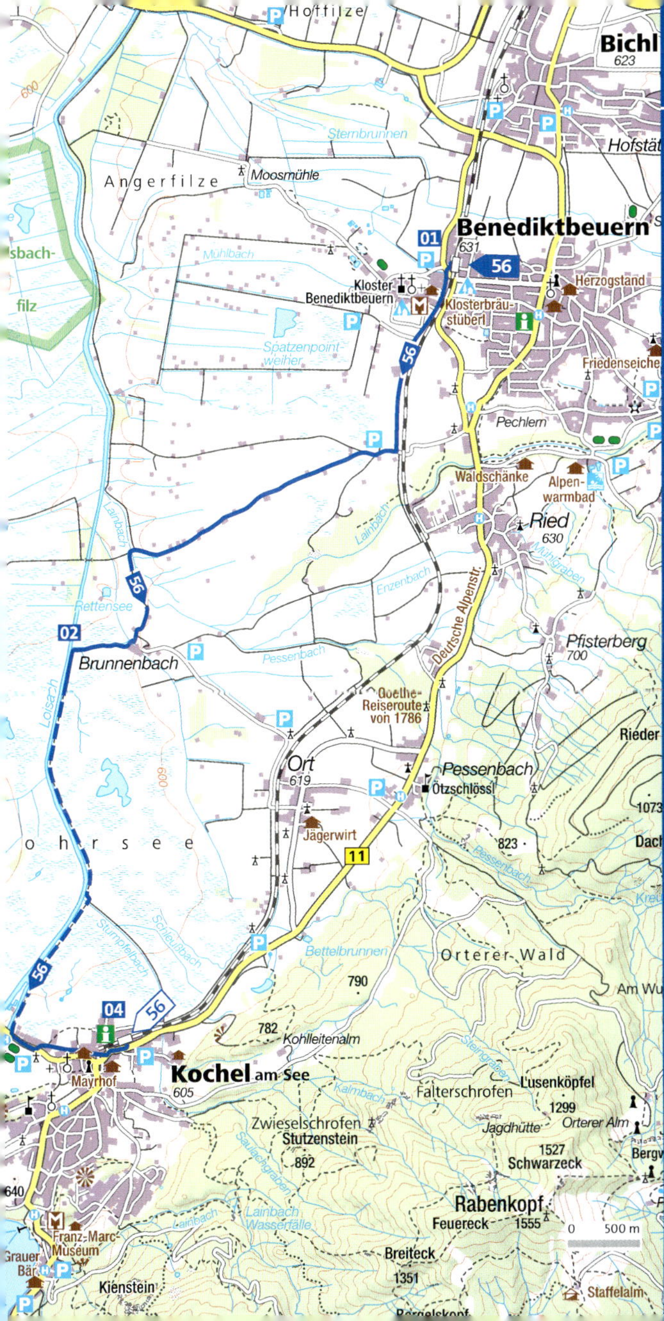
Hoffilze
Bichl
623
Sternbrunnen
Hofstät
Angerfilze
Moosmühle
sbach-
filz
Mühlbach
01
Benediktbeuern
631
56
Kloster
Benediktbeuern
Herzogstand
Klosterbräu-
stüberl
Spatzenpoint-
weiher
Friedenseiche
Pechlern
Waldschänke
Alpen-
warmbad
Ried
630
Lainbach
Mühlgraben
Enzenbach
Rettensee
02
Brunnenbach
Pessenbach
Pfisterberg
700
Deutsche Alpenstr.
Goethe-
Reiseroute
von 1786
Loisach
Rieder
Ort
619
Pessenbach
Ötzschlössl
1073
Jägerwirt
11
823
Dach
ohrsee
Schleußbach
Stumpfelbach
Bettelbrunnen
Orterer Wald
790
Am Wu
04
782
Kohlleitenalm
Steingraben
Mayrhof
Kochel am See
605
Kalmbach
Falterschrofen
Lusenköpfel
1299
Zwieselschrofen
Jagdhütte
Orterer Alm
Stutzenstein
892
Saulachgraben
1527
Schwarzeck
640
Rabenkopf
Lainbach
Lainbach
Wasserfälle
Feuereck
1555
0
500 m
Franz-Marc-
Museum
Grauer
Bär
Breiteck
1351
Kienstein
Staffelalm

Basilika-Kloster Benediktbeuern

Benediktbeuern ist nach Montecassino und St.-Benoit-sur-Loire der drittwichtigste Benediktwallfahrtsort. Grund hierfür ist die unter dem Volksaltar ausgestellte Armreliquie des heiligen Benedikt, die Karl der Große dem Kloster geschenkt hat. Der heilige Benedikt löste damit den heiligen Jakobus (Jakobsweg!) als Patron ab. www.kloster-benediktbeuern.de

Attraktionen: Mehrtägige Exerzitien, Studiengänge Sozial- (Hochschulabschluss) und Religionspädagogik, Zentrum für Umwelt und Kultur (Umwelt-Bildung im christlichen Kontext), Jugendbildungsstätte der Salesianer Don Boscos. Ehemalige Klosterkirche (jetzt Pfarrkirche), Jugendherberge, Trachtenmuseum, Naturlehrgebiet im Kochelseemoor mit Führungen, Museum der Fraunhoferschen Glashütte, Klosterbräustüberl

zu Dönerbude und Bäckerei/Café (Pizzeria erst ab 17 Uhr offen), über einen Straßenabzweig zu einem Parkplatz und dem **Bahnhof von Kochel 04**; auch Busse nach Bad Tölz, Walchensee/Krün und Murn-au; gegenüber Hotel Waltraud). Per Bahn im Stundentakt zurück zum **Bahnhof Benediktbeuern 01**.

Die barocke Klosterkirche Benediktbeuern gehört der Pfarrgemeinde.

SONNENSPITZ • 1271 m

Mit kleinem schmiedeeisernem Gipfelkreuz

🕒 ➡ 5,25 km ⏱ 3:30 h ⬈ 680 hm ⬊ 680 hm 📄 182

START | In Kochel südwärts Richtung Mittenwald, am See hinter der Maschinenfabrik Dorst am Wochenende links zum Firmenparkplatz, 605 m, unter der Woche rechts zum Seeparkplatz.
[GPS: UTM Zone 32 x: 677.480 m y: 5.279.620 m]

CHARAKTER | Halb schattseitig, halb sonnseitig überschreitet man den Graseckkamm auf steigartig schmalen, teils schlüpfrigen Pfaden zum Sonnenspitz. Schwindelfreiheit, Trittsicherheit und Orientierungsfähigkeit sind nötig.

Der Hausberg von Kochel ist nicht der steil überm See aufschießende Jochberg, sondern der vorgelagerte Sonnenspitz im Graseck-Kamm: Eine wunderbare Spritztour, mit südseitiger Querung durch weit stehenden Kiefernwald im Angesicht der wilden Nordwand des Jochbergs. Die beschriebene Route ist allerdings nichts für Otto-Normal-Wanderer (der steigt über einen Fahrweg unter den Gipfel) und inzwischen kaum beschildert, d.h. er wird auch nicht mehr unterhalten. Vom Kochelsee über den Staffelsee und Starnberger See mit Ostersee liegen die (Bade-)Seen südlich von München auf dem Präsentierteller.

▶ An der Südecke des **Parkplatzes** 01 über Block und Bachbett

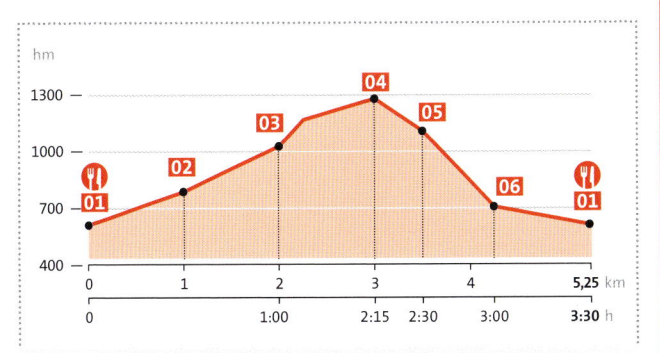

01 Dorst, 605 m; **02** Bachquerung, 780 m; **03** Aussichtspunkt, 1020 m; **04** Sonnenspitz, 1271 m; **05** Normalweg-Abzweig, 1100 m; **06** Abkürzung, 700 m

Der Graseck-Kamm in der Abendröte über dem Kochelsee. In Bildmitte der Sonnenspitz, links unten der Kienstein des Kocheler Klettergebietes.

auf einen Fahrweg und auf diesem den Panoramaweg kreuzend südwärts durch Wald kurz hinauf bis zum Abzweig zur Sonnenspitze (rechts Felswand; Schild entfernt). Rechts weißen Punkten folgend auf gutem Weg zu einem Karrenweg queren, diesen unter der Kletterwand des Brandensteins („Betonwand") aufwärts, rechts zu einem Sattel und auf flach ansteigender Steigquerung teils in dichtem Jungwald zu einem guten Steig. Auf diesem nach einer Bachquerung steil hinauf zu einer Mulde. Den linken Hang steil aufwärts queren, hinauf serpentinieren und links queren zu einem licht mit Kiefern bestandenen Grasrücken mit Kochelsee-**Aussichtspunkt** 02 (1020 m, Gamseck) auf einem Felsen. Ostwärts auf wurzeligem Steig erst weiter über einen Rücken zum Jochbergblick ansteigen und von diesem in der sonnigen Südflanke des fortführenden Kamms bis zu einer freien **Graskante** 03 queren. Hinter dieser links ab und nordostwärts steil hinauf serpentinieren (wer diesen Einstieg verpasst, kann später von einem Sattel am fortsetzenden Karrenweg aus links steil durch Fichtenwald zum „Sonnenspitz" aufsteigen; oder rechts auf den Steig zum Jochberg, s. Tour 55). Durch Wald aufwärts am Wiesengipfel des Grasecks vorbei zu einer beschilderten Verzweigung (höchster Punkt des Grasecks rechts des Wegs, 1281 m) und nahe dem Westabbruch des Kamms ab und auf zum freien Kopf des **Sonnenspitz** 04 (1271 m).

Abstieg: Nordwärts mit nur wenigen Serpentinen auf einem Pfad steil hinab zu einem von rechts kommenden Fahrweg (**Abzweig zum Normalweg** 05). Hier links (nordwestwärts) in Serpentinen steil hinab zum Sattel vor dem Kletterfelsen des Kienstein und

Kristall-Therme Trimini

Nach langen Auseinandersetzungen mit dem Betreiber inkl. Baustopp wurde das Kocheler Schwimmbad Trimini für 25 Millionen Euro zu einer dreistöckigen Luxustherme ausgebaut und 2017 neu eröffnet – mit Thermalbädern inklusive heißem Solebad und Saunalandschaften für 300 Personen mit See- und Bergpanorama plus Schwimmbad mit selbigem im Erdgeschoss und Liegewiese am Kochelsee. Die Ausstattung der Themen-Saunen mit Mosaiken, Marmor, Kristalllüstern etc ist prächtig. Das Bad bietet Innenbecken mit Rutsche, Massagebrunnen mit Wasserfall und 32°C Wassertemperatur, 27-Meter-Außenbecken mit Sprungturm und 160 m lange Wasserrutsche. Kristall Trimini, Seeweg 2, 82431 Kochel a. See (in Kochel Richtung Schlehdorf und vor der Loisachbrücke südwärts ab zum Parkplatz), Tel. 08851-53-00, www.kristall-trimini.de.

nordostwärts steil rechtshaltend zur **Kurve eines Forstwegs** 06 hinab queren (über diesen verläuft der Normal-Aufstieg vom Dorst).

Hier links anfangs steil hinab abkürzen und auf dem Fahrweg links zurück zum **Ausgangspunkt** 01.

LAINBACHFALL-RUNDE • 765 m

Vogellehrpfad im Voralpenwald

3,5 km 1:45 h 180 hm 180 hm 182

START | In Kochel kurz südwärts auf der B11 Richtung Mittenwald, an der Schmied-von-Kochel-Statue links (Kalmbachstr.) und an der Polizeistation links vorbei bis zum Ende der Teerstraße (links Parkbucht); ÖV: Vom Bahnhof Kochel (605 m) über die Straße, gegenüber Sträßchen (zwei Möglichkeiten) südwärts zu Wiesen und auf dem „Von-Aufseß-Weg" gerade und links aufwärts zur Parkbucht, 640 m.
[GPS: UTM Zone 32 x: 678.200 m   y: 5.280.940 m]
CHARAKTER | Die leichte Wanderung auf meist feuchtem, gut ausgebautem Vogellehrpfad führt nordwestseitig durch Wald zu einem Wasserfall und einem Bergbach. Trotz der Ministrecke sollte man eine längere Zeit einkalkulieren und Trekkingschuhe verwenden. Auf dem Rückweg läuft man zwischen den Häusern und Gärten von Kochel dahin.

Keine Bergtour, aber eine sehr abwechslungsreiche Wanderung am Fuß der Berge ist der Lainbachfall-Rundweg bei Kochel. Die Halbrunde im Wald ist ideal für warme Tage – zumal man in der Laine die Füße abfrischen kann und die Gischt des senkrechten 25-Meter-Wasserfalls für Kühlung sorgt. Zudem lohnt es sich, die Schilder

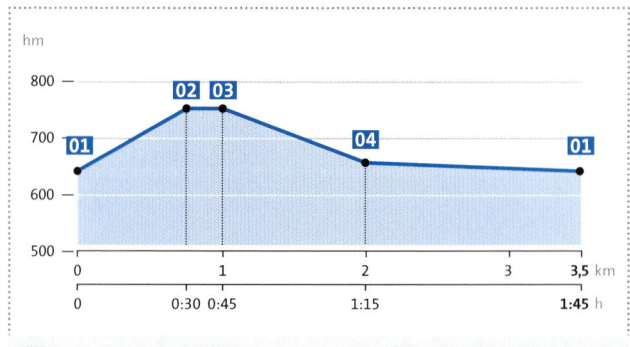

01 Parkbucht, 640 m; **02** Verzweigung, 750 m; **03** Wasserfall, 750 m; **04** Straßen-Parkplatz, 655 m

des Vogellehrpfads zu studieren, auf denen nicht nur Name und Beschreibung des Vogels, sondern auch dessen Ernährungs- und Zuggewohnheiten beschrieben werden.

Bänke und Brücken, an steilen Passagen Treppen und an steilen Flanken Geländer machen die Einführung in den Bergwald zu einem abwechslungsreichen Genuss ohne Beschwernis. Hängt man noch das Franz-Marc-Museum und ein Bad im Kochelsee, eine Einkehr im Grauen Bär oder eine Fahrt mit dem Ausflugsschiff

25 Meter stürzt der Lainbachfall in sein Becken.

Info:

Im Franz-Marc-Museum sind Gemälde und Zeichnungen aus der „Schule" des Blauen Reiters mit Malern wie Franz Marc und Wassilij Kandinski ausgestellt, die häufig um Sonderausstellungen ergänzt sind. Das moderate Ursprungsgebäude wurde vor einigen Jahren um einen hässlichen Klotz erweitert. Franz-Marc-Museum, Franz-Marc-Park 8-10, 82431 Kochel am See, Tel. 08851-92488-0, info@franz-marc-museum.de, www.franz-marc-museum.de. Geöffnet Dienstag–Sonntag und an Feiertagen, April–Oktober 10–18 Uhr, November–März 10–17 Uhr, geschlossen 24. und 31. Dezember.

(www.motorschiffahrt-kochelsee.de) über den See an, wird aus dem Halbtagsspaziergang unversehens eine Ganztagsveranstaltung.

▶ Von der **Parkbucht** 01 über einen Weiderost, gleich hinterm Bach rechts, an diesem auf einem Pfad südostwärts zu einer Brücke und über diese rechts zum Beginn des beschilderten Wegs zum Lainbachfall/Kohlleite bzw. des Vogellehrpfads. Auf dem schlechten, teils gestuften Weg (roter und weißer Markierungspunkt, ab und zu Sitzbank) oder dem parallelen Fahrweg im Wald steil hinauf und südwestwärts mit Rechtsabzweig zu einer beschilderten **Verzweigung** 02 (links Kohlleitenrunde). Rechts (südwärts) in einen Graben und Abstieg in die Schlucht des Lainbachs. Unterm **Wasserfall** 03 queren und entlang des Bachs (Rastplatz an aufgefülltem Ableitungsbecken) abwärts. Vom Ende des Vogellehrpfads ab dem Wegweiser auf einem Fahrweg

Die Blütensterne der bayerischen Würzpflanze Bärlauch.

Der Edelgasthof Grauer Bär am stillen, kalten Kochelsee.

über der Lainbachklamm rechts zum **Straßenparkplatz** 04 am Ende der Straße „Am Sonnstein". Auf dieser durch den Ort zurück zu der **Parkbucht** 01 oder dem Bahnhof.

Lohnende Ergänzung: Kurz auf der Straße hinab, links ein Sträßchen nordwestwärts abwärts (Strommast) zur „Rothenbergstraße Süd" und gegenüber in Richtung Systemhaus/Franz-Marc-Museum zwischen Häusern aufwärts zu diesem (¼ Std.; Rastmöglichkeit, einfaches Essen, Gemäldeausstellung). Auf einem Teerweg durch den Park am Museumsparkplatz vorbei hinab zur B11, über diese zum Seeparkplatz (und entweder im Kochelsee baden oder mit dem Schiff fahren oder links zum Hotel Grauer Bär am See (¼ Std.). Von dort mit dem Bus zurück.

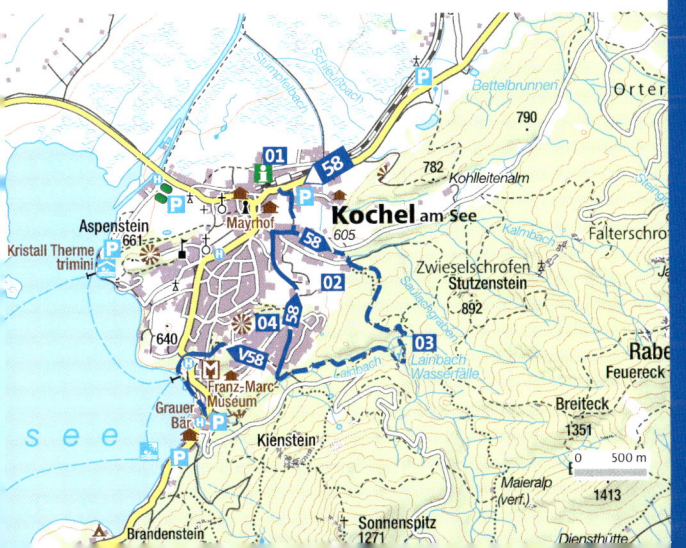

RABENKOPF VON NORDWESTEN • 1559 m

Schattseitige Tour mit alpinem Abschluss

🔄 ➡️ 11 km ⏱️ 5:00 h ↗️ 905 hm ↘️ 905 hm 📖 182

START | Parkplatz zwischen Benediktbeuern und Kochel nordwestseitig am höchsten Punkt der Straße, 650 m.
[GPS: UTM Zone 32 x: 679.910 m y: 5.283.000 m]
CHARAKTER | Die überwiegend nordwest- bis nordseitige Voralpen-Tour ist zwar im Sommer sehr beliebt, verlangt aber in der beschriebenen, deutlich kürzeren und weniger begangenen alten Aufstiegsvariante Trittsicherheit.

Der schattseitige Anstieg auf den Rabenkopf mit dem aufgesetzten Felskipf ist unten zugegebenermaßen etwas eintönig – was seiner Beliebtheit keinen Abbruch tut. Man hat die Wahl zwischen dem anstrengenderen steinigen, aber direkten alten Karrenweg (Routenbeschreibung Aufstieg) und dem leichteren, aber deutlich längeren, perfekten Fahrweg (Routenbeschreibung Abstieg). In jedem Fall sollte man oben den blumenreichen Rücken zwischen Rabenkopf und Staffelalm mitnehmen. Am Gipfel beeindruckt der Blick über Kochelsee und Kochelmoor; die prächtigen Klöster von Benediktbeuern und Schlehdorf; und nicht zuletzt das Panorama der grauen Wetterstein-Wände hinterm grünen Isarwinkel.

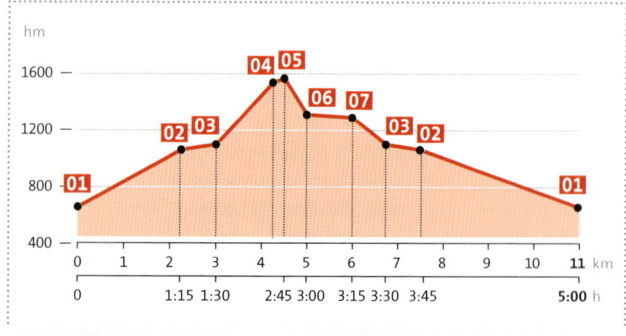

01 Parkplatz, 650 m; **02** Absatz, 1052 m; **03** Orterer Alm, 1089 m;
04 Schwarzeck, 1527 m; **05** Rabenkopf, 1555 m; **06** Staffelalm, 1300 m;
07 Pessenbacher Joch, 1279 m

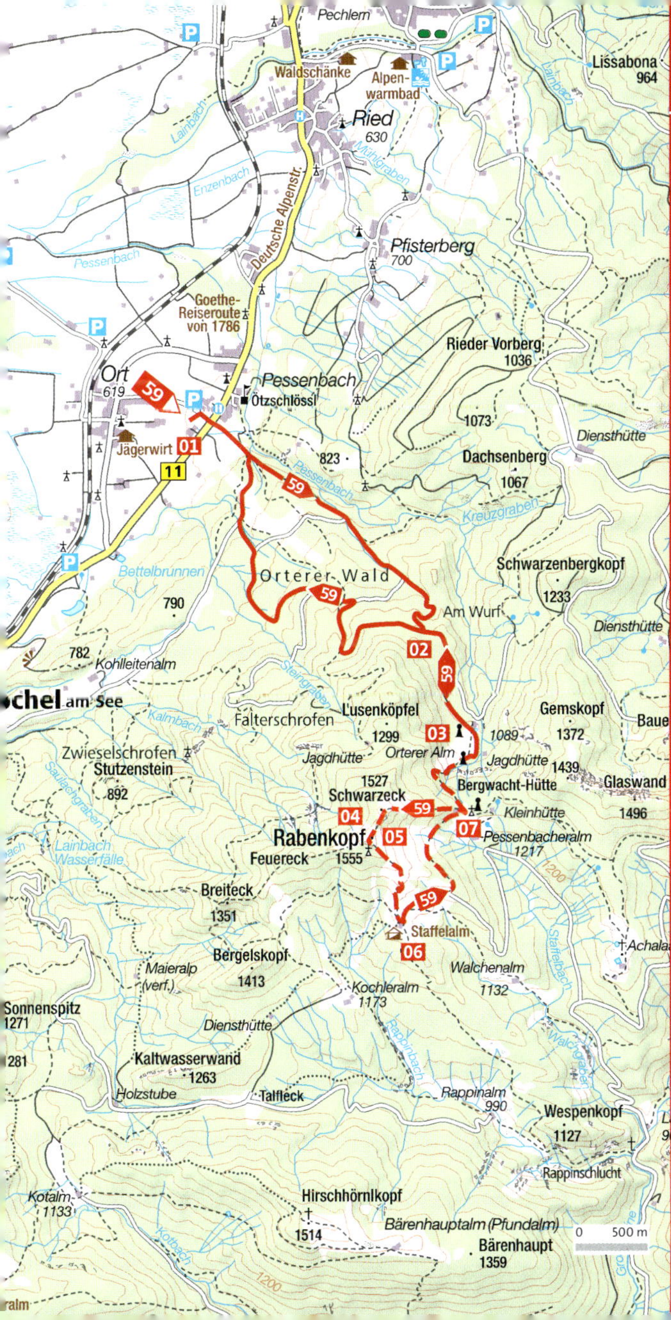

Pechlern
Waldschänke
Alpen-
warmbad
Ried
630
Lissabona
964
Lainbach
Mühlgraben
Enzenbach
Pessenbach
Deutsche Alpenstr.
Pfisterberg
700
Goethe-
Reiseroute
von 1786
Rieder Vorberg
1036
Ort
619
59
Pessenbach
Ötzschlössl
1073
Diensthütte
Jägerwirt
01
11
823
Dachsenberg
1067
59
Kreuzgraben
Schwarzenbergkopf
1233
Bettelbrunnen
790
Orterer Wald
59
Am Wurf
Diensthütte
782
02
Kohlleitenalm
59
chel am See
Steingraben
Kalmbach
Falterschrofen
Lusenköpfel
1299
03
1089
Gemskopf
1372
Baue
Zwieselschrofen
Stutzenstein
892
Jagdhütte
Orterer Alm
Jagdhütte
1439
Glaswand
1527
Bergwacht-Hütte
Schwarzeck
59
Kleinhütte
1496
04
07
Saulachgraben
Rabenkopf
05
Pessenbacheralm
1217
Lainbach
Wasserfälle
Feuereck
1555
1200
Breiteck
1351
59
Staffelalm
06
Achala
Bergelskopf
1413
Maieralp
(verf.)
Walchenalm
1132
Staffelbach
Kochleralm
1173
Sonnenspitz
1271
Diensthütte
Rappinbach
Walchgraben
281
Kaltwasserwand
1263
Holzstube
Talfleck
Rappinalm
990
Wespenkopf
1127
Rappinschlucht
Kotalm
1133
Hirschhörnlkopf
1514
Bärenhauptalm (Pfundalm)
Bärenhaupt
1359
0
500 m
Kottbach
1200
ralm

▶ Vom **Parkplatz 01** weg die Straße kreuzen (Schild Rabenkopf), südostwärts auf einem Forstweg über eine Wiese in den Wald und an einer Rechtskurve durch eine Eisentür gerade ab in einen Hohlweg. Immer gerade auf einem steinigen Karrenweg bergauf bis zu Kehren in einem Talkessel. Entweder über diese oder gerade auf Steigen abkürzend, zum Schluss sehr steil hinauf zu einem **Absatz 02** (1052 m), wo man auf den abgekürzten Forstweg trifft. Über einen Weiderost eben weiter und an einer Verzweigung rechts aufwärts zur **Orterer Alm 03** (Brunnen mit Tränke; evtl. unbrauchbar gemacht!).

Am linken Rand einer Almwiese Rechtsschleife zu einem Wanderweg, über diesen insgesamt südwärts hinauf serpentinieren und durch lichten Wald erst links, dann ansteigend queren zum freien Pessenbacher Joch (1279 m; links auf dem E 4 zur Tutzinger Hütte/Benediktenwand).

Hier rechts (westwärts) an der Bergwachthütte vorbei auf teils ausgewaschenem und stellenweise felsigem Pfad etwas mühsam zwischen Bäumen und Latschen steil hinauf zum **Schwarzeck 04** (1528 m), südwärts hinüber und über teils drahtseilgesicherte Schrofen hinauf zum freien, felsigen **Rabenkopf 05**.

Abstieg: Am Südostgrat auf einem Wanderweg hinab zu Almwiesen und über diese südwärts mit Elektrozaun-Durchgängen abwärts zur **Staffelalm 06** (1300 m). Links auf einem Fahrweg nordostwärts zu einem links abzweigenden Wanderweg und auf diesem etwas ausgesetzt (nach Hangrutsch repariert) durch den nordostseitigen Kessel unterm Rabenkopf queren zum **Pessenbacher Joch 07**. Über die Aufstiegsroute hinunter bis zum **Absatz 02** (1052 m). Hier links und auf dem Fahrweg in langgezogenen Serpentinen teils mit Aussicht abwärts zum **Ausgangspunkt 01**.

Auf den letzten Metern zum felsigen Gipfelkopf (rechts Jochberg und Herzogstand-Heimgarten).

BENEDIKTENWAND VIA TUTZINGER HÜTTE • 1800 m

Langer, aber einfachster Anstieg auf den höchsten Berg

🔄 ➡️ 18 km 🕖 7:00 h ↗️ 1245 hm ↘️ 1245 hm 📖 182

START | Zwischen Benediktbeuern und Ried bei Pechler östlich aufwärts und rechts über die Lainbachbrücke zum Parkplatz am Alpenwarmbad, 650 m.
[GPS: UTM Zone 32 x: 681.350 m y: 5.285.510 m]
CHARAKTER | Die nord- und westseitig verlaufende Sommertour führt auf schattigem Anstieg über oben steinige und felsige, bei Feuchtigkeit rutschige Wege am Westrücken der schon von München aus markanten Felsmauer zum aussichtsreichen Gipfel. Kondition und oben Trittsicherheit sind erforderlich.

Der nordseitige „Standardweg" zur Benediktenwand hat an heißen Tagen den Vorteil, dass der Aufstieg relativ kühl ist und bis zum Rieder Vorberg mit Schautafeln zu Wald und Natur garniert ist. Nach längerem Auf und Ab wird man für die Anstrengung mit dem eindrucksvollsten Blick auf die 450 Meter hohe Nordwand und einem kühlen Bier auf der renovierten Tutzinger Hütte mit gegenüber liegendem Schlafgebäude belohnt. Zum Endspurt in westlich ausholender Schleife auf den Höhepunkt der Isarwink-

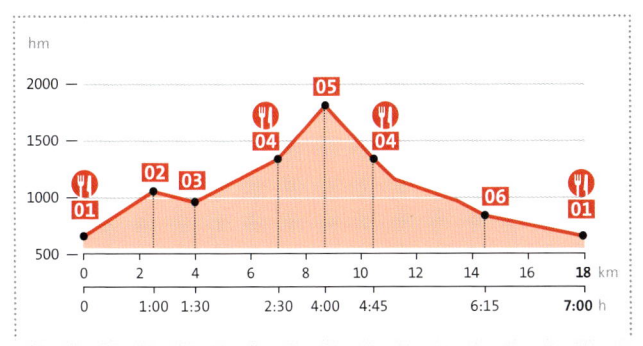

01 Parkplatz Alpenwarmbad, 650 m; **02** Rieder Vorberg, 1045 m;
03 Schmiedlaine, 950 m; **04** Tutzinger Hütte, 1327 m;
05 Benediktenwand, 1800 m; **06** Lainbachtal, 830 m

▶ Vom **Parkplatz** 01 südostwärts auf breitem Forstweg in den Wald und an Infotafeln (Waldlehrpfad) und einer Alm vorbei aufwärts zu einer Serie von Abkürzern (den ersten ignorieren) Richtung Tutzinger Hütte/Benediktenwand, die etwas Trittsicherheit verlangen. Der vorletzte führt über eine Schneise zu einem Regen-Unterstand, der letzte als Karrenweg über den Kamm des **Rieder Vorbergs** 02 (1045 m) hinab zu den Wiesen der Kohlstattalm. Kurz dahinter im Wald links ab (beschildert), ostwärts auf einem Karrenweg an einem riesigen Findlings-Block vorbei abwärts zur **Schmiedlaine** 03 (950 m) und durch den Eibelsgraben aufwärts zur Eibelsfleckalm (1033 m) am stark abgekürzten Forstweg. Hier auf schlechtem Weg über Wiesen südostwärts aufwärts wieder zu diesem, dessen Ende man bald erreicht (1150 m, Materialseilbahn, Rad-Abstellplatz).

Kurz davor einige Meter links aufwärts, südwärts über einen Serpentinenweg im Steilwald hinauf zu einem Absatz und über Almwiesen zur **Tutzinger Hütte** 04 (1327 m). Auf einem Pfad kurz weiter, unter der Wand rechts, etwas mühsam über schottrige Serpentinen nach rechts westwärts hinauf und links zum Westrücken der Benediktenwand queren (1569 m). Ostwärts über einen steinigen Weg aufwärts, zwischen Latschen durch felsige Rinnen und Senken auf erdigem Pfad weiter und über Grasmatten an der Biwakhütte vorbei hinauf zur **Benediktenwand** 05 (1800 m).

Abstieg: Wie im Aufstieg über die **Tutzinger Hütte** 04 hinab zum Beginn des Forstwegs und über diesen hinunter bis zum rechts ins Lainbachtal abzweigenden Fahrweg (1150 m). Auf diesem im Wald nord- und ostwärts (an Rechtskurve gerader Abkürzer) abfallend queren und nordwärts flach über ein sumpfiges Plateau zu einem steinigen Karrenweg. Diesen steil hinab und über ein Brückerl zum Fahrweg im **Lainbachtal** 06 (830 m).

Über diesen talaus an Informationstafeln (Wildbachlehrpfad) vorbei bis kurz vor die ersten Häuser von Benediktbeuern. An einer Mariengrotte links ab und auf einem hübschen Weg, zum Schluss neben einer Wiese zum **Ausgangspunkt** 01.

Tiefblick von der Benediktenwand zur Tutzinger Hütte.

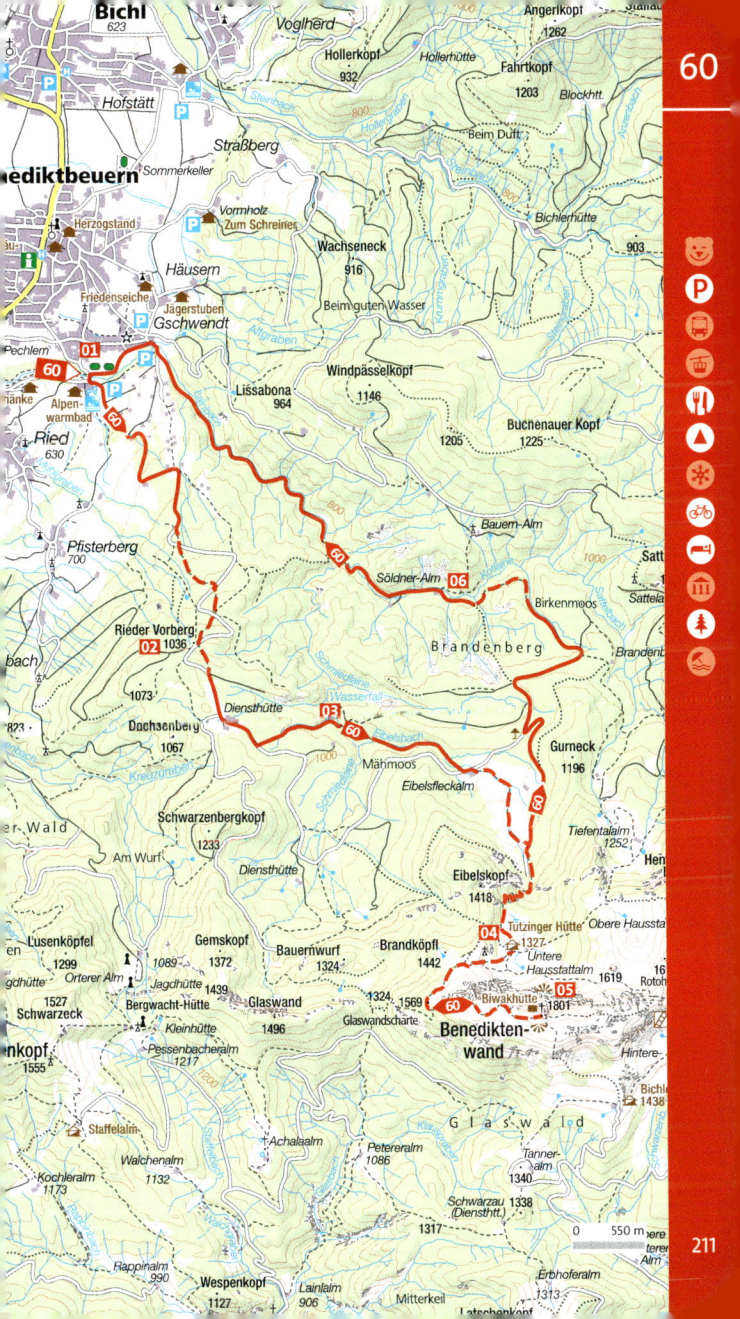

60

211

ALLES AUSSER WANDERN

MEINE TIPPS FÜR ...

> Kultur

Im Sommer bietet die **Altstadt von Bad Tölz** mit ihrer gepflasterten Fußgängerzone der Marktstraße zwischen den Kiesbänken der Isar und dem Kalvarienberg italienisches Flair. Zur dortigen Sehenswürdigkeit der barocken **Kalvarienkirche** mit Kreuzweg und Leonhardikapelle führt alljährlich am 6. November eine Reiter- und Kutschenprozession hinauf.

Ein nicht nur vergangenes, sondern hochaktuelles Kulturzentrum des bayerischen Oberlands ist das **Kloster in Benediktbeuern** mit Pädagogik-Institut, Museen, Ausstellungen, Vorträgen, Konzerten, Exerzitien, Umweltbildung mit Ökolehrpfad ... und natürlich der obligaten Barockkirche. www.kloster-benediktbeuern.de.

In **Schlehdorf** am westlichen Ufer des Kochelsees befindet sich als Keimzelle dieser Region das Kloster der Missions-Dominikanerinnen, dessen frisch renovierte **Rokoko-Kirche** mit den einmaligen drei Bethen durch seine klassischen Proportionen heraussticht. Realschule, Altenheim, Sinn-Stiftung und Biohof wurden mangels Nachwuchs allesamt ausgelagert. Von Großweil zugänglich ist das Freilichtmuseum „Glentleiten", das **größte Bauernmuseum** Bayerns und eines der eindrucksvollsten Deutschlands.

Tel. 08851/1850, www.glentleiten.de; geöffnet **Ende März bis Anfang November**, 9–18 Uhr, Montag Ruhetag, außer Juni–September). Der heilpädagogisch ausgerichtete Islandpferdehof Blauer Reiter bietet auch **Reitkurse** für Jeden an. Tel: 08851/ 9402427, Mobil: 0160/8025851, www.hestadraumur.de

Über Brauchtum, Handwerk und Almwirtschaft leitet das **Heimatmuseum Lenggries** den Besucher zu Jagd und Wilderei sowie der ehemaligen Flößerei im „Flößerdorf". Außerdem kann man die ehemalige Hohenburg wieder virtuell auferstehen lassen. Rathausplatz 2, Tel. 08042/5008800, www.lenggries.de; geöffnet: Montag bis Freitag 9–12 Uhr und 14–17 Uhr.

> Attraktionen

Walchenseekraftwerk: Öffentlich zugängliches Wasserkraftwerk am Kocheler Altjoch mit interaktiver Ausstellung („Besucherzentrum") nach Art des Deutschen Museums, plus Einkehr. Informationszentrum Walchenseekraftwerk, Tel. 08851/ 77225, www.kochel.de oder www.eon.com; geöffnet: Mai bis Oktober, tgl. 9–17 Uhr (Führung dienstags 16 Uhr), Winter 10 bis 16 Uhr.

Franz-Marc-Museum: Mit Werken von Franz Marc und anderen Künstlern der zeitweise zwischen Kochelsee und Murnau schaffenden Maler der Gruppe „Blauer Reiter", plus Sonderausstellungen. In Kochel, Herzogstandweg 43, Tel. 08851/924880, www.franz-marc-museum.de, 08851/7114; geöffnet: April bis Oktober, 10–18 Uhr, Winter bis 17 Uhr, außer montags und 24./31. Dezember.

Ein Gesamtkunstwerk ist die Umrundung der **Burgruine Hohenburg** in

Die Stadt Bad Tölz vom Spielhahn-Denkmal.

Lenggries-Hohenburg, die seit dem 11. Jahrhundert den rechtsseitigen Isarwinkel beherrschte. Nach einem Brand wurde sie durch das Barockschloss Hohenburg ersetzt, in dem sich heute ein Mädchengymnasium befindet. Es folgen das stille Idyll des von einem Kreuzgang umgebenen Kalvarienbergs und ein Fischweiher mit Enten (Tour 15).

Mit dem **Ausflugsschiff** lässt sich der Kochelsee einmal zwischen den Wänden des Steins und dem Schilf des Kochelmoors mit vier Anlegestellen umrunden – oder in eine Wanderung einbauen.
www.motorschiffahrt-kochelsee.de.

Wer Ende September/Anfang Oktober von Vorderriß durch das Rißtal bis zur von hohen Felswänden und schroffen Bergen umstandenen Sackgasse der Eng weiterfährt, einem der eindrucksvollsten Plätze der Nördlichen Kalkalpen, der erlebt den Großen **Ahornboden** in voller gelb verfärbter Laubpracht. www.lenggries.de.

> Schwimmbäder

Lenggries: Wellnessbad „Isarwelle" mit Whirlpool, Schwimmkanal ins Freie und Wildwasserstrudel; vom Bahnhof ostwärts hoch; Preis Erwachsene: 5,50 € für 3 Std. Geöffnet: Di–Fr 11.30–21 Uhr (bayer. Schulferien ab 10 Uhr + Mo 10–16 Uhr), Sa–So 10–19.30 Uhr, 1.11.;24./25.12. geschlossen; Erlebnisbad Isarwelle, Tel. 08042/ 509596, www.lenggries.de.

Benediktbeuern: Klassisches „Alpenwarmbad" mit 50 m-Becken, Sprunganlage, Warmwasserbecken (26° C) mit Rutsche, Kinderplanschbecken; am Lainbach. Geöffnet Anfang Mai bis Mitte September tgl. 9–19 Uhr (Tageskarte 6,50 €); Alpenwarmbad, Schwimmbadstr. 32, Tel. 08857/9625, www.benediktbeuern.de.

Kochel: Kristall-Therme Trimini am westlichen Ortseingang mit warmem Außenbecken, Freibad mit Sprungturm und 160m-Wasserrutsche + Innenbecken mit Rutsche + 1.

ALLES AUSSER WANDERN

Wasserparadies Walchensee

An der Bucht zwischen dem Ort Walchensee und der Halbinsel Zwergern warten Liegewiesen und sogar Sandstrände mit ausnahmsweise gemäßigter Wassertemperatur auf den Schwimmer. Ansonsten wechseln Felsufer und Splittstrände am Weg zwischen Urfeld und Niedernach ab, ebenso an der Mautstraße von Einsiedel dorthin.

Der Bergsee ist außerdem ein Paradies für fortgeschrittene **Wind- und Kite-Surfer**, die an sonnigen Nachmittagen im Thermikwind schräg über den See zischen. Natürlich lässt sich auch mit **Tret- oder Segelboot** fahren (Urfeld bzw. Walchensee). Und der 200 Meter tiefe, klare See ist für fortgeschrittene **Taucher** ein Muss.

Kinder können sich im Ort Walchensee im **Wikingerdorf Flake** aus dem Kinofilm „Wiki" am Seeufer tummeln.

Stock mit vielen edlen Themensaunen + 2. Stock mit Thermalbädern + Dachfläche. Öffnungszeiten: 9-22 Uhr, Freitag + Samstag bis 23 Uhr (Vollmond bis 24 Uhr). Eintrittspreise: Vital-Freizeitbad (Schwimmbad) 9 €/ 2 Std. + 1,50 €/ Stunde; Sauna und Thermalbad inkl. Solebecken (textilfrei!) 29,50 €/ 4 Std., 41,40 €/ Tag. Tel. 08851-53-00, info@kristall-trimini.de, www.kristall-trimini.de

> Naturbaden

Isar: An der Straße zwischen Bad Tölz und Lenggries gibt es eine Reihe von Parkplätzen, von denen Wege durch den Auwald zur Isar mit ihren Kiesbänken führen. Statt zu schwimmen lässt man sich von der Strömung treiben (bei Hochwasser gefährlich!).

Sylvensteinsee: Hinter der Faller Brücke gibt es bei Fall große Badewiesen, die an schönen Sommerwochenenden von der zugeparkten Straße Richtung Vorderriß aus intensiver frequentiert werden als der kalte See selbst.

Obere Isar: Isaraufwärts folgt ein breites Kiesbett mit Zugängen hinterm Sylvensteinsee, von Vorderriß und an der Mautstraße zwischen Vorderriß und Wallgau, über das sich bei Niedrigwasser zum gewünschten Platz zwischen Isarberg und Vorkarwendel spazieren lässt.

Kochelsee: Trotz nur 600 Metern Höhe ist der Kochelsee meist kälter als der Walchensee, also besser zum Abfrischen als zum entspannten Baden (dafür gibt es das Trimini-Bad). Liegewiesen am Kraftwerk und unterm Franz-Marc-Museum, Stege an der wärmeren Schlehdorfer Bucht.

> Familien

FAMILIENPARADIES BLOMBERG
Einige Kilometer westlich von Bad Tölz befindet sich an der Straße Richtung Bad Heilbrunn/Bichl das Freizeitzentrum am Blomberg mit Sessellift vom Parkplatz mit Riesenrodler zum Blomberg-Wiesengipfel. Tel. 08041/ 3726, www.blombergbahn.de, Betrieb bei guter Witterung tgl. 9–17 Uhr.

Sommerrodelbahn
Rollbobs mit Bremse auf einer Eternitstrecke (1286 m/220 Hm) mit Steilkurven und Schikanen zwischen Mittelstation (Kasse und Bobs) und Talstation der Blomberg-Bergbahn. März bis Anfang November 11.30–17 Uhr (Juni bis Mitte September 10–18 Uhr) bei trockenem Wetter.
www.blombergbahn.de.

Blomberg-Blitz
Alpen-Achterbahn mit Steilkehren, Wellen, Twister und Jumps bis 40 km/h (500 m; eigener Aufzug). Täglich auch im Winter 10–17 Uhr (Kinder ab 8 Jahren auch ohne Eltern).
www.blombergbahn.de.

Kletterwald
Hinterm Blomberghaus ist zwischen den Bäumen des Bergwalds ein weitläufiger Hochseilgarten mit Drahtseilrutschen, Balancierbrücken etc. aufgespannt (10 Parcours). Kletterwald Blomberg, Tel. 08041/7935692, Samstag/Sonntag/Feiertage & Ferien 10–18 Uhr, wochentags 12–18 Uhr (nicht im Winter). Erwachsene 22 €, Kinder 17 €.
www.kletterwald-blomberg.de.

Kindererlebnispark
An der Jausestation Blombergtenne (Talstation). Mit großer Trampolin-Anlage, Bungee-Trampolin, Kinderverkehrsgarten mit Mini-Karts und Mini-Motorrädern, Kleintiergehege, Freizeitprogramm.
www.blombergbahn.de.

Entdecker-Pfad
Von der Talstation auf dem „heilklimatischen" Fahrweg im Wald mit Höhenmeter-Schildern sowie Kinderattraktionen wie Holz-Klangspiel, Baumstamm-Weg oder Bäume-Raten hinauf zum bewirteten Blomberghaus auf einer Almwiese (1203 m, ganzjährig bewirtet, Tel. 08041/ 6436,
www.blomberghaus.de).

Sinnes-Wandel
Der Fahrweg zwischen Blomberghaus und der Bergstation mit „Gipfeltrimm"-Stätte aus Holz wird von originellen Kunstobjekten aus Holz und Stein inklusive auf Stämmen perspektivisch gemalten Fischen gesäumt.

Der türkisblaue Sylvensteinsee vom Gipfel des Kotzen.

ÜBERNACHTUNGSVERZEICHNIS

● unter 30 EUR ●● 30 - 60 EUR ●●● über 60 EUR
(pro Pers/DZ/incl. Frühstück)

Bad Tölz .... Plz 83646, Tel. +49(0)8041
Hotel Lindenhof ●●, Königsdorferstr. 24, Tel. 794340,
   www.hotel-lindenhof-bad-toelz.de
Marienhof ●●, Bergweg 3, Tel. 7630, www.marienhof-toelz.de
Das Schlössl ●●, Schützenstr. 23, Tel. 78110, www.schloessl.de
Hotel Gästehaus Simon ●●, Tannenbergstr. 5, Tel. 8815, www.gaestehaussimon.de
Hotel Alpenhof ●● -●●●, Buchenerstr. 14, Tel. 78740, www.alpenhof-toelz.de

Benediktbeuern .... Plz 83671, Tel. +49(0)8857
Hotel Friedenseiche ●● -●●●, Häuserstr. 34, Tel. 8205,
   www.friedenseiche-hotel.de
Gasthof Herzogstand ●●, Dorfstr. 7, Tel. 326,
   www.gasthof-herzogstand-benediktbeuern.de
Hotel Waldschänke ●●, Von-Velsen-Str. 18, Tel. 218, www.diewaldschenke.de
Hotel Gasthof zur Post ●●, Dorfplatz 1, Tel. 338, www.bayregio.de

Kochel ....Plz 82431, Tel. +49(0)8851
Seehotel Grauer Bär ●●, Mittenwalderstr. 82-86, Tel. 92500,
   www.grauer-baer.de
Gästehaus Egner ●●, Herzogstandweg 23, Tel. 228, www.gaestehaus-egner.de
Landhotel Herzogstand ●●, Herzogstandweg 3, Tel. 324, www.herzogstand.de
Hotel Alpenhof Postillion ●●, Kalmbachstr. 1, Tel. 1820,
   www.alpenhofpostillion.com
Hotel Waltraud ●●, Bahnhofstr. 20, Tel. 333, www.gasthof-waldtraud.de

Lenggries .... Plz 83661, Tel. +49(0)8042
Arabella Braunegg Hotel ●● -●●●, Münchnerstr. 25, Tel. 5020,
   www.arabella-brauneckhotel.com
Hotel Gasthof Altwirt ●●, Marktstr. 13, Tel. 97320, www.altwirt-lenggries.de
Gasthof Lenggrieser Hof ●●, Münchnerstr. 3, Tel. 50560, www.lenggrieser-hof.de
Hotel Alpenrose ●●, Brauneckstr. 1, Tel. 91550, www.hotel-alpenrose.de
Neuwirt Pension ●●, Tölzerstr. 5, Tel. 8993, www.neuwirt.info
Lamprechthof ●●, Untermurbach 26, Tel. 8301, www.lamprechthof.com
Bruckschlegl ● -●●, Keilkopfstr. 6, Tel. 3254, www.lenggries-urlaub.de

Bad Heilbrunn ....Plz 83670, Tel. +49(0)8046
Hotel zum Zauberkabinett ●●, Im Fuchswinkel 1, Tel. 91830,
   www.zauberkabinett.com
Landhaus Caesar ●●, Reindlschmiede 9, Tel. 188234, www.landhaus-caesar.de
Gasthaus Kronschnabl ●●, Adelheidstr. 5, Tel. 249,
   www.gasthaus-kronschnabl.jimdo.com
Pension Sonnenhügel ●●, Malachias-Geiger-Weg 5, Tel. 1297,
   www.sonnenhuegel-pension.de

Bichl .... **Plz 83673, Tel. +49(0)8857**
Pension Christl ●●, Heimgartenstr. 7, Tel. 707
Sofie Strobl ●●, Am Weiherdamm 2, Tel. 1605
Ferienwohnungen Doll ● -●●, Bachstr. 9, Tel. 697302, www.doll-fewo.de
Zum Kirchmair ●, Am Bad 1, Tel. 9169
Renate Höge ●, Heimgartenstr. 11b, Tel. 8443

Gaißach .... **Plz 83674, Tel. +49(0)8042**
Mairjörg-Hof ●●, Grundern 4, Tel. 8115
Krinner ●, Lehen 4, Tel. 1889, www.fewo-krinner.de
Schmickhof ●, Lexen 4, Tel. 2417, www.schmickhof.de
Restenthomahof ●, Grundern 5, Tel. 28505

Wallgau .... **Plz 82499, Tel. +49(0)8825**
Hotel Pension PAX ●●, Krepelschroffenstr. 1, Tel. 920427, www.pax-wallgau.de
Hotel Post ●●, Dorfplatz 6, Tel. 9190, www.posthotel-wallgau.com
Alpenhof Wallgau ●●, Mittenwalderstr. 28, Tel. 2090, www.alpenhof-wallgau.de
Wallgauer Hof ●●, Isarstr. 15, Tel. 92100, www.wallgauer-hof.de
Gasthof Isartal ●●, Dorfplatz 1, Tel. 1044, www.gasthof-isartal.de
Zunterer ●●, Mittenwalderstr. 3, Tel. 2021, www.zunterer-wallgau.de

Krün .... **Plz 82494, Tel. +49(0)8825**
Landhotel zum Bad ●●●, Am Bärnbichl 22, Tel. 92090, www.hotel-zum-bad.de
Ferienhotel Barmsee in Krün ●●, Am Barmsee 9, Tel. 2034, www.barmsee.de
Hotel Alpenglühn ● -●●, Kranzbachstr. 10, Tel. 2082, www.hotel-alpengluehn.de
Gasthof Schöttlkarspitz ●●, Karwendelstr. 10, Tel. 2005,
   www.gasthof-schoettlkarspitz.de
Sonnenhof Klais ●●, Hauptstr. 28, Tel. 938000, www.sonnenhof-klais.de

Jachenau .... **Plz 83676, Tel. +49(0)8043**
Gasthof Jachenau ●●, Dorf 8, Tel. 9100,
   www.hotel-gasthof-jachenau-toelzer-land.de
Ferienhof Jörglbauer ●, Sachenbach 1, Tel. 359, www.sachenbacher-walchensee.de
Neunerhof ●●, Erbhof 12, Tel. 254, www.neunerhof.de
Coelestinhof ●●, Berg 3, Tel. 331, www.coelestinhof.de

Vorderriß/Lenggries .... **Plz 83661, Tel. +49(0)8045**
Gasthof Post Vorderriß ●●, Vorderriß 5, Tel. 277, www.post-vorderriss.de

Walchensee .... **Plz 82432, Tel. +49(0)8858**
Seehotel/Gasthaus Einsiedl ●●, Einsiedl 1, Tel. 9010, www.hotelamwalchensee.de
Pension Seehof ●●, Seestr. 44, Tel. 218, www.seehof-walchensee.de
Edeltraut ●●, Seestr. 90, Tel. 262, www.gasthof-edeltraut.de
Gästehaus Seeblick ●●, Ringstr. 68A, Tel. 9199936, www.urlaub-walchensee.de
Landhaus Grünwald ●●, Dainingsbachweg 21, Tel. 294, www.bayregio.de
Obernacher Hof ●●, Obernach 2, Tel. 9446, www.obernacherhof.de
Ferienhaus Vital ●●, Kastanienallee 6, Tel. 479, www.ferienhaus-vital.de
Gudrun Kirchner ● -●●, Dainingsbachweg 14, Tel. 440,
   www.walchensee-bavaria.de

ORTE / TOURISMUSBÜROS

Skabiosen garnieren im Sommer die Wiesen.

Sämtliche im Bereich des Führer-Handbuchs liegenden Orte befinden sich im Landkreis Bad Tölz-Wolfratshausen (außer Krün und Wallgau).

Gästeinformation Tölzer Land
Professor-Max-Lange-Platz 1, 83646 Bad Tölz
Tel. 0800/8635937
www.toelzer-land.de

Bad Heilbrunn
Gästeinformation
Wörnerweg 4
83670 Bad Heilbrunn
Tel. 08046/323
www.bad-heilbrunn.de

Stadt Bad Tölz
Tourist Information
Max-Höfler-Platz 1
oder Marktstraße 48
83646 Bad Tölz,
Tel. 08041/78670
oder /7935156
www.bad-toelz.de

Benediktbeuern
Gästeinformation
Prälatenstr. 3
83671 Benediktbeuern
Tel. 08857/248
www.benediktbeuern.de

Bichl
Gemeinde
Kocheler Straße 9
83673 Bichl
Tel. 08857/238
www.tourismus.bichl.de

Gaißach
Gemeinde
Bahnhofstr. 8
(Ortsteil Mühl)
83674 Gaißach
Tel. 08041/804710
www.gaissach.de

Jachenau
Verkehrsamt
Dorf 51 ½, (Ortsteil Ort)
83676 Jachenau
Tel. 08043/ 919891
www.jachenau.de

Kochel am See
Tourist-Information
Bahnhofstr. 23
82431 Kochel a. See
Tel. 08851/338
www.kochel.de

Krün
Tourist-Information
Rathausplatz 1
82494 Krün
Tel. 08825/1094
www.alpenwelt-karwendel.de

Lenggries
Gästeinformation
Rathausplatz 2
83661 Lenggries
Tel. 08042/5008800
www.lenggries.de

Schlehdorf
Gemeinde
Kocheler Straße 22
82444 Schlehdorf
Tel. 08851/7233
www.schlehdorf.de

Wackersberg
Gemeinde
Bachstr. 8
83646 Wackersberg
Tel. 08041/79928-0
www.wackersberg.de

Walchensee
Tourist Information
Ringstraße 1
82432 Walchensee
Tel. 08858/411
www.walchensee.de

Wallgau
Tourist-information
Mittenwalder Straße 8
82499 Wallgau
Tel. 08825/925050
www.alpenwelt-karwendel.de

ZUFAHRTEN ZUM ISARWINKEL

Zufahrt Isartal:
A8 bis Ausfahrt Holzkirchen, durch den Ort, B13 nach Bad Tölz und rechts Ortsumgehung B472 Richtung Bichl. Südwärts abzweigen Richtung Lenggries (Isartal) oder westwärts weiter Blomberg/via Bichl Walchenseeberge.
ÖPNV: Von München mit der Bayerischen Oberlandbahn im Stundentakt via Bad Tölz nach Lenggries (Sommer-Bus ins Rißtal). Gute Busverbindungen von Bad Tölz.

Zufahrt Walchenseeberge:
A95 von München (oder B472 von Weilheim/Schongau) bis AB-Ausfahrt Sindelsdorf und
A) ostwärts über die Ortsumgehung Bichl Richtung Bad Tölz,
B) über Bichl südwärts nach Benediktbeuern und Kochel
ÖPNV: Per Bahn von München über Tutzing (mehrfach umsteigen) im Stundentakt in Richtung Kochel. Gute Busverbindungen von Kochel.

BERGBAHNEN

Blomberg-Bergbahn:
Sessellift zum Blomberg einige Kilometer westlich Bad Tölz Richtung Bad Heilbrunn/Bichl.
Tel. 08041/3726
www.blombergbahn.de
Sommerbetrieb 9–17 Uhr (tgl. bei guter Witterung). Berg- oder Talfahrt 6 €.

Brauneck-Bergbahn
Kabinenbahn zum Brauneck bei Lenggries auf der Westseite der Isar.
Tel. 08042/50394-0
www.brauneck-bergbahn.de
Sommerbetrieb tgl. 8.15–17 Uhr (Revisionszeiten im April und November); Berg- oder Talfahrt 10,5 €.

Herzogstandbahn
Gondelbahn am Nordanfang des Orts Walchensee;
Tel. 08858/236
www.herzogstandbahn.de
Sommerbetrieb: Ostern bis Ende Oktober wochentags 9–17.15 Uhr, Wochenende 8.30–17.45 Uhr (November bis Weihnachten Revision); Berg- oder Talfahrt 7 €.

Kühe sind neugierig, bei Hunden evtl. aggressiv.

Alpenwetter: DAV-Alpenwetter-Tonband (gesamter Alpenraum): 089/295070, www.alpenverein.de
Persönliche Auskunft ÖAV (Mo–Fr 13–18 Uhr):
0043/(0)512/291600

Toureninformationen: Deutscher Alpenverein/Österreichischer Alpenverein: www.alpenvereinaktiv.com
Bergrettung: europäischer Notruf 112 (in Bayern direkt 19222)

Alpines Notsignal: Hilfe: 6-mal pro Min. ein gleichmäßiges sichtbares oder hörbares Signal – 1 Min. Pause – Wiederholung
Antwort: 3-mal pro Minute gleicher Vorgang

GASTHÖFE UND BERGHÜTTEN

Bad Heilbrunn:
Bierhäusl/Da Luca (wochentags ab 17 Uhr, Mo Ruhetag), Bierhäuslweg 11, Tel. 08046/1864086, www.da-luca-im-bierhaeusl.de

Zwischen Bad Tölz und Bad Heilbrunn:
Berggasthof Blomberghaus (tgl. 9.30–18 Uhr, Sa/So ab 8.30 Uhr), Tel. 08041/6436, www.blomberghaus.de

Benediktbeuern:
Einkehr zum Alpenwarmbad (ab 16 Uhr, Sa/So ab 11 Uhr, Mo Ruhe), Tel. 08857/1621, www.einkehr-zum-alpen-warmbad.de

Benediktbeuern Nordseite Benediktenwand:
Tutzinger Hütte, DAV (bew. Mai bis Oktober; 91 Schlafplätze), Tel. 0175/1641690, www.dav-tutzinger-huette.de

Gaißach-Mühle:
Kranzer Stub'n (Mo Ruhe; 17 Betten), Tel. 08041/4690, www.gaestehaus-kranzer.de

Hagen bei Murnau:
Bergwirtschaft Guglhör (Brotzeiten und Hausgemachtes ab 11 Uhr), Montag/ Dienstag Ruhetag, Tel. 08841/ 6260022, bergwirtschaft-guglhör@t-online.de

Jachenau-Leger am Beginn des Tals:
Café Landerermühle (12.30–18.30 Uhr, Do/Fr Ruhe; Zimmer/Appartements), Tel. 08042/2485, www.landerermuehle.de

Jachenau-Ort:
Gastof zur Jachenau (mit Zimmern), Tel. 08043/910-0, www.hotel-gasthof-jachenau-toelzer-land.de

Kochel:
Bauerncafé zum Giggerer, Tel. 08851/5127, www.giggerer.de

Kochel-Pessenbach:
Orterer Alm am Rabenkopf Ende Mai bis Mitte Oktober an Wochenenden einfach bewirtet (Brotzeit, Fleisch-/ Frucht-Salat...)

Kochel Südende:
Seehotel Grauer Bär (tgl., Mi ab 15 Uhr; 28 Zimmer), www.grauer-baer.de

Lenggries am Keilkopf:
Denkalm (Mi/Do Ruhe), Tel. 08042/2770

Lenggries-Fall:
Outdoorhotel Jäger von Fall (68 Zimmer, Restaurants, Frühstück), 08045/130, www.jaeger-von-fall.de

Lenggries am Gipfel:
Brauneckgipfelhaus (DAV, Di Ruhetag, bew. Mitte Mai bis Oktober), 80 Schlafplätze, Tel. 08042/8786, www.brauneckgipfelhaus.de

Lenggries Südseite Brauneck:
z.B.: **Quengeralm** (27 Schlafplätze), Tel. 08042/5079205, www.quengeralm-brauneck.de

Lenggries-Wegscheid unterm Brauneck-Kamm:
Stiealm (Mo Ruhe, Nov. und Mai geschlossen; 100 Schlafplätze, selbstgebrannter Enzian). Tel. 08042/2336, www.stie-alm.de

Lenggries-Hohenburg am Seekarkreuz:
Lenggrieser Hütte, DAV (Di Ruhe, ganzj. geöffnet; 50 Schlafplätze), Tel. 0175/ 5962809, www.lenggrieser-huette.de

Lenggries-Fleck/ Kreuth-Bayerwald am Roß-/ Buchstein:
Fleck Landgasthof „Zum Papyrer", geöffnet 11-23 Uhr, Montag Ruhetag/ Dienstag ab 17 Uhr, Tel. 08042/5633077
Tegernseer Hütte, DAV (bew. Mitte Mai bis Oktober; 40 Lager), Tel. 08029/9979262, Mobil 0175/4115813, www.dav-tegernsee.de

Lenggries-Winkl:
Gasslerwirt, Tel. 08042/2416 (Mi/Do Ruhe)

Adlerhorst: Die Tegernseer Hütte am Buchstein.

Das Brauneck-Gipfelhaus erwartet den Ansturm der Seilbahnbesucher.

Rißtal Vorderriß:
Gasthof Post (bew. ganzjährig; Zimmer, Appartement, 18 Lager), Tel. 08045/277, www.post-vorderriss.de

Rißtal:
Oswaldhütte (Mi Ruhe, geöffnet April bis Okt.), Tel. 0176/56781125

Rißtal am Schafreuter:
Tölzer Hütte, DAV (bew. Mitte Mai bis Mitte Okt., 73 Schlafplätze), Tel. 0157/84483639, www.toelzer-huette.de

Schlehdorf:
Fischerwirt, Tel. 08851/484, www.fischerwirt-schlehdorf.de

Schlehdorf-Kreut von Großweil hinter Glentleiten:
Kreutalm (mit Biergarten, Veranstaltungen), Tel. 08841/5822, www.kreutalm.de

Urfeld am Jochberg:
Jocheralm mit Brotzeit (Mai bis Mitte Oktober), www.jocheralm.de

Urfeld/ Walchensee am Berg:
Herzogstandhaus (Mitte Nov. bis 24. Dez. Ruhe; 40 Betten), Tel. 08851/234, www.berggasthaus-herzogstand.de

Urfeld überm Südende:
Panoramahotel Karwendelblick (tgl., in Nebensaison bis Dunkelheit; Einzel- bis Mehrbettzimmer), Tel. 08851/410, www.hotel-karwendelblick.de

Wackersberg:
Altwirt (Di, Mi Ruhetag), Tel. 08041/4812, www.altwirt-wackersberg.de

Wackersberg-Arzbach:
Waldherralm (Mo/Di Ruhe), Tel. 08041/9520, www.waldherralm.de

Wackersberg-Arzbach im Längental:
Kirchsteinhütte (bew. ganzjährig, Di/Mi Ruhe; 40 Schlafplätze), Tel. 0172/8527795, www.kirchsteinhütte.de

Walchensee/Schlehdorf/ Ohlstadt am Gipfel:
Heimgartenhütte (bew. Ostern bis Okt.), Tel. 0171/9507787

Walchensee Südende See:
Seehotel Einsiedl (Di Ruhe; Zimmer und Appartements), Tel. 08858/9010, www.hotelamwalchensee.de

Wallgau/Krün:
Fischbachalm zwischen Grasberg/Ochsenstaffel (2. Juliwoche bis Mitte September, Mo Ruhe), Tel. 0172/9469734

REGISTER

A
Almbach • 85, 88
Alple • 188
Alte Klause • 131
Altweibersteig • 157
Arzbach • 41
Arzbacher Kapelle • 44, 47
Auerkamp • 70, 74

B
Bad Heilbrunn • 35
Bad Tölz • 27, 32, 98
Baierkarspitze • 130
Baumgartenalm Hochleger • 110
Benediktenwand • 47, 50, 157, 159, 209
Bichler Alm • 159
Blomberg • 39
Blomberghaus • 32, 33, 40
Blomberg-Sessellift • 32
Brauneck • 50, 54, 55
Brauneckbahn • 50
Brauneck-Gipfelhaus • 51, 55
Buchenau-Diensthütte • 74
Buchstein • 90

D
Demeljoch • 103
Denkalm • 57, 58
Draxlalm • 54
Dreierspitz • 130
Dudlalm • 42, 45
Dürrach • 118
Dürrnbergjoch • 104

F
Falkenwand • 147
Fall • 106, 111, 114, 119
Fermerskopf • 130
Finbach • 30
Fischbachalm • 136
Fleck • 82, 84, 87, 90, 93
Fleischbank • 106, 110
Fockenstein • 65, 70
Franz-Marc-Museum • 204
Freilichtmuseum Glentleiten • 174

G
Gaißach • 23
Gaißach-Lehen • 20
Galgenstangenjoch • 130
Galgenstangenkopf • 130
Gammersalm • 121
Gasslerwirt • 82
Geierstein • 59, 69
Glentleiten • 174
Grasberg • 136
Grasköpfel • 119
Grasleitenkopf • 78
Großbach • 40
Guglhör • 177
Gumpenkarspitze • 131
Gumpentunken • 96

H
Heiglkopf • 39
Heimgarten • 171, 180
Heimgartenhütte • 172
Hennenkopf • 44
Herzogstand • 172, 186
Herzogstandbahn • 171
Herzogstandhaus • 172, 188
Hintere Längentalalm • 48, 53
Hirschbachtal • 68, 80
Hirschhörnlkopf • 163
Hirschtalsattel • 67, 70, 74
Hochalm • 93, 95
Hochkopf • 165
Hochplatte • 87
Hochstall-Alm Niederleger • 110
Hochstall-Sattel • 110
Hohenburg • 64
Hoher Grasberg • 134
Hölleialm • 96
Hölzelstaljoch • 106, 110

I
Isar • 26, 143
Isartal • 84, 87, 90, 93, 95, 103, 106, 111, 114, 119, 123, 126, 129, 141, 147, 154

J
Jachenau • 144, 151, 154, 157, 160, 163, 165
Jagdhütte Ludwig II • 166
Jakobsweg • 195
Jochberg • 189
Jochbergrunde • 192
Jocher Alm • 191
Jochfleck • 181, 184
Juifen • 98

K
Kampen • 72
Kesselberg • 192
Kesselbergpass • 186, 189
Kirchmair-Niederalm • 104
Kirchsteinhütte • 47
Kletterwald • 39
Klöster • 176
Kloster Benediktbeuern • 195, 198
Kochel • 183, 199, 202, 206
Kochelsee • 183, 184
Kochelsee-Aussichtspunkt • 193
Kogelberg • 53
Königshütte • 165
Kotzen • 115
Kotzenalm-Niederleger • 115
Kotzental • 114
Krapfenkarkamm • 129
Krapfenkarspitze • 131
Kreutalm • 174
Krün • 134

L
Labelsberg • 152
Laichhansenalm • 152
Lainbachfall • 202
Lainbachtal • 210
Lainer Alm • 142
Laintal • 161
Längenbergalm • 42, 45
Langeneck-Sattel • 152, 159
Langwellenfunk • 173
Latschenkopf • 51, 151
Lenggries • 50, 54, 57, 59, 61, 65, 68, 72, 75, 78

222

Lenggrieser Hütte • 71, 76, 80
Lerchkogel • 111
Lerchkogelalm • 112
Lerchkogelalm-Hochleger • 118
Lerchkogelalm-Niederleger • 118
Lexenalm • 42
Loisach • 196

M ....
Mariaeck • 85, 88
Markeck • 60
Mühlbach • 81
Mühlhagen • 178

N ....
Neuhüttenalm • 67
Neulandhütte • 41, 42
Niedersalm • 150

O ....
Ochsenstaffel • 137
Orterer Alm • 207

P ....
Paindlalm • 130
Pessenbacher Joch • 207
Pestkapelle • 31
Probstalm • 48
Probstenwand • 44

Q ....
Quengeralm • 56

R ....
Rabenkopf • 160, 206
Rappinklamm • 161
Rauchkopf-Kamm • 188
Rautberghütte • 154, 156
Rauteck • 181
Rechelkopf • 20
Rieder Vorberg • 210
Rißsattel • 141
Rißtal • 123, 126, 129
Röhrlmoosalm • 89, 92
Roßfüllaine • 184
Roßstein • 90
Roßsteinalm • 92
Rötelstein • 174
Rotöhrsattel • 48, 52
Rotwandalm-Hochleger • 101

S ....
Sachenbach • 191
Schafreuter • 122, 123
Schloss Hohenburg • 59, 61, 65, 68, 72, 75, 78
Schmiedlaine • 210
Schnaiter-Alm • 39
Schönberg • 84
Schöttelgraben • 139
Schöttelköpfe • 140
Schronbach • 149
Schronbachtal • 147
Schürfenkopf • 23
Schürpfeneck • 104
Schwarzeck • 207
Schweigeralm • 21
Schweigeralm-Kapelle • 21
Seekaralm • 74
Seekarkreuz • 71, 75
Simetsberg • 168
Soiernsattel • 131
Sommerrodelbahn • 33
Sonnenspitz • 199, 200
Sonntraten • 23
Sonntratenweg • 24
Spielhahnjäger-Denkmal • 27
Spitzberg • 141
Staffel • 144
Staffelalm • 140, 161, 207
Stallauer Eck • 37
Stiealm • 56

Stierjoch • 117
Sylvenstein • 147
Sylvensteinsee • 95, 98, 103, 106, 111, 114, 119, 123, 126, 129, 141
Sylvensteinstausee • 150

T ....
Tegernseer Hütte • 92
Tiefentalalm • 45
Tölzer Hütte • 125
Torjoch • 118
Tutzinger Hütte • 209, 210

V ....
Vorderriß • 123, 126, 129, 141
Vorderskopf • 126

W ....
Wackersberg • 26, 29
Wackersberg-Lehen • 38
Walchensee • 156, 168, 171, 191
Walchenseekraftwerk • 184
Waldherralm • 31
Wallgau • 137
Winkl • 81

Z ....
Zwieselberg • 35, 38

Der staatliche Hof Guglhör züchtet Schafrassen.

223

IMPRESSUM

© KOMPASS-Karten, A-6020 Innsbruck (21.01)
1. Auflage 2021   Verlagsnummer 5430   ISBN 978-3-99121-042-9

Text und Fotos: Christian Schneeweiß

Titelbild: Der Walchensee mit dem Jochberg (© cloudless - stock.adobe.com)

Grafische Herstellung: wt-BuchTeam
Wanderkartenausschnitte: © KOMPASS-Karten GmbH
Kartengrundlage für Gebietsübersichtskarte S. 12-13, U4:
© MairDumont, D-73751 Ostfildern 4

Alle Angaben und Routenbeschreibungen wurden nach bestem Wissen gemäß unserer derzeitigen Informationslage gemacht. Die Wanderungen wurden sehr sorgfältig ausgewählt und beschrieben, Schwierigkeiten werden im Text kurz angegeben. Es können jedoch Änderungen an Wegen und im aktuellen Naturzustand eintreten. Wanderer und alle Kartenbenützer müssen darauf achten, dass aufgrund ständiger Veränderungen die Wegzustände bezüglich Begehbarkeit sich nicht mit den Angaben in der Karte decken müssen. Bei der großen Fülle des bearbeiteten Materials sind daher vereinzelte Fehler und Unstimmigkeiten nicht vermeidbar. Die Verwendung dieses Führers erfolgt ausschließlich auf eigenes Risiko und auf eigene Gefahr, somit eigenverantwortlich. Eine Haftung für etwaige Unfälle oder Schäden jeder Art wird daher nicht übernommen. Für Berichtigungen und Verbesserungsvorschläge ist die Redaktion stets dankbar. Korrekturhinweise bitte an folgende Anschrift:

KOMPASS-Karten GmbH
Karl-Kapferer-Straße 5, A-6020 Innsbruck
www.kompass.de/service/kontakt

MIX
Papier aus verantwortungsvollen Quellen
FSC® C015829